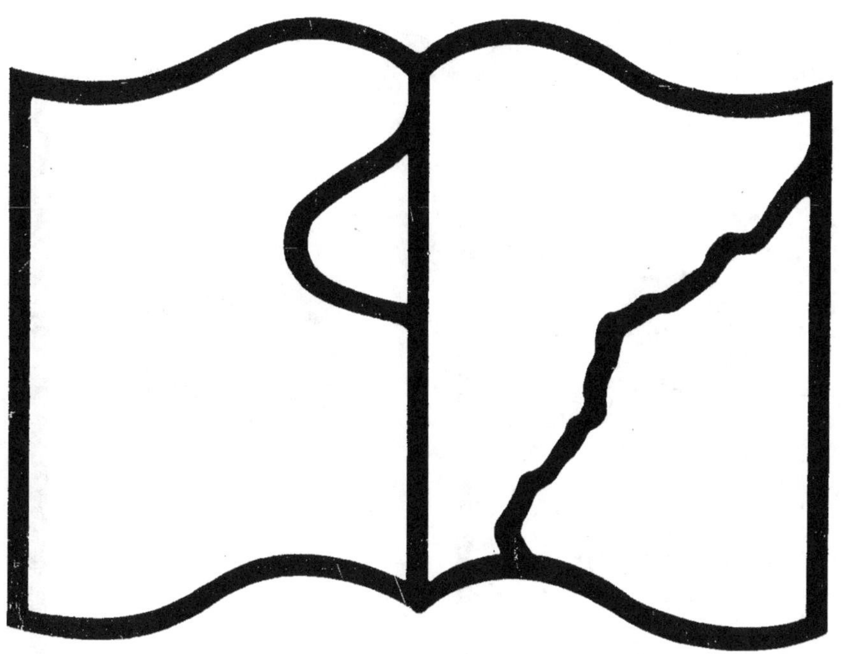

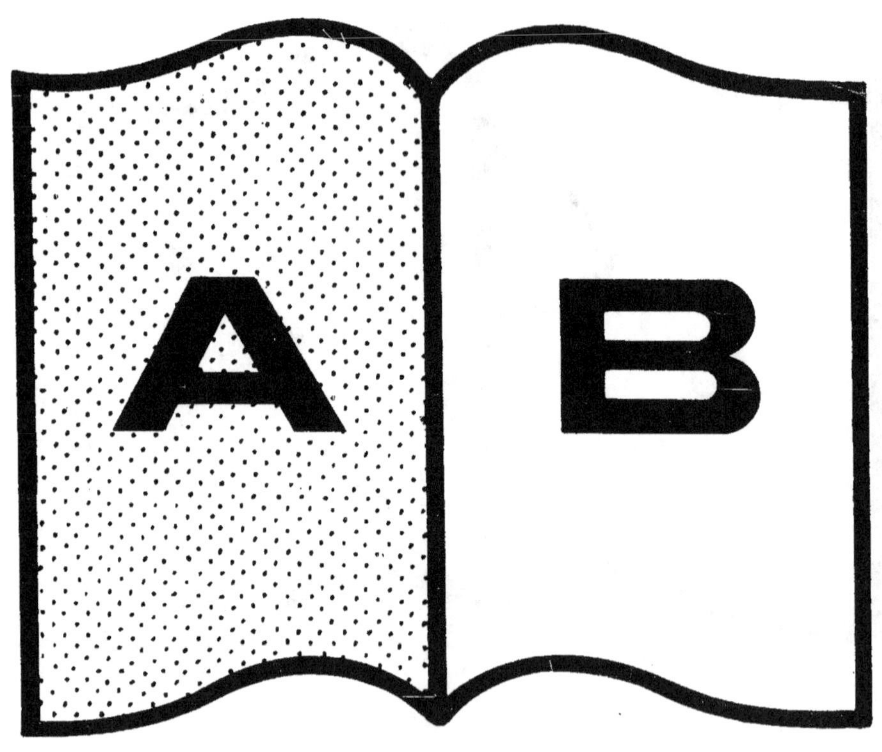

Contraste insuffisant

NF Z 43-120-14

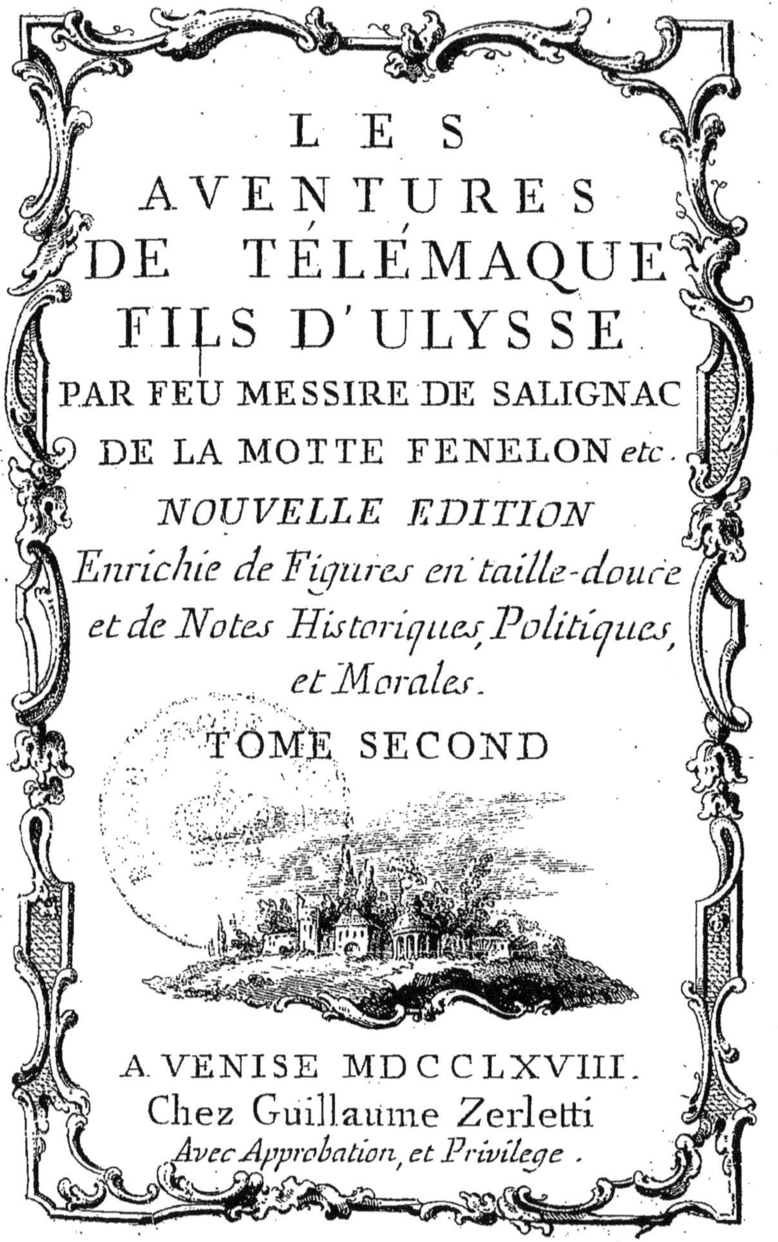

LES AVENTURES DE TÉLÉMAQUE FILS D'ULYSSE

PAR FEU MESSIRE DE SALIGNAC DE LA MOTTE FENELON *etc.*

NOUVELLE EDITION

Enrichie de Figures en taille-douce et de Notes Historiques, Politiques, et Morales.

TOME SECOND

A VENISE MDCCLXVIII.
Chez Guillaume Zerletti
Avec Approbation, et Privilege.

LES

AVENTURES

DE

TELEMAQUE,

TOME SECOND.

SOMMAIRE
DU
LIVRE TREIZIEME.

IDomenée raconte à Mentor sa confiance en Protesilas, & les artifices de ce Favori, qui étoit de concert avec Timocrate pour faire périr Philocles, & pour le trahir lui-même: il lui avoue que prévenu par ces deux hommes contre Philocles, il avoit chargé Timocrate de l'aller tuer dans une expedition où il commandoit sa flotte; que celui ci aïant manqué son coup, Philocles l'avoit épargné, & s'étoit retiré en l'Isle de Samos, après avoir remis le commandement de la flotte à Polimene, que lui Idomenée avoit nommé dans son ordre par écrit; que malgré la trahison de Protesilas, il n'avoit pû se résoudre à se défaire de lui.

LES

LES AVENTURES
DE
TELEMAQUE,
FILS D'ULYSSE.

LIVRE TREIZIEME.

DEJA la réputation du gouvernement doux & modéré d'Idomenée, attire en foule de tous côtés des peuples qui viennent s'incorporer au sien, & chercher leur bonheur sous une si aimable domination. Déjà ces campagnes, qui avoient été si long-tems couvertes de ronces & d'épines, promettent de riches moissons, & des fruits jusqu'alors inconnus. La terre ouvre ſon ſein au tranchant de la charrue, & prépare ſes richeſſes pour récompenſer le laboureur; l'eſpérance reluit de tous côtés. On voit dans les vallons & ſur les collines les troupeaux de moutons qui bondiſſent ſur l'herbe, & les grands troupeaux de bœufs & de geniſſes, qui font retentir les hautes montagnes de leurs mugiſſements : ces troupeaux ſervent à engraiſſer les campagnes. C'eſt Mentor qui a trouvé le moyen d'avoir ces troupeaux. Mentor conſeille à Idomenée de faire avec les Peucetes (1) peuples voiſins, un échange de toutes les choſes ſuperflues, qu'on ne vouloit plus ſouffrir dans Salente, avec ces troupeaux qui manquoient aux Salentins.

En même tems la ville & les villages d'alentour étoient pleins d'une belle jeuneſſe, qui avoit langui longtems dans la miſere, & qui n'avoit oſé ſe marier de peur d'augmenter leurs maux. Quand ils virent qu'Idomenée prenoit des ſentiments d'humanité, & qu'il vouloit être leur pere, ils ne craignirent plus la faim & les autres fléaux par leſquels le Ciel afflige la terre. On n'entendit plus que des cris de joie, que les chanſons des Bergers & des Laboureurs qui célébroient leurs Hymenées. On auroit cru voir le Dieu Pan (*a*) avec une foule de Satyres & de Faunes mêlés parmi les Nymphes, & danſant au ſon de la flûte à l'ombre des bois. Tout étoit tranquille & riant; mais la joie étoit modérée, & ces plaiſirs ne ſervoient qu'à délaſſer des longs travaux: ils en étoient plus vifs & plus purs.

Les Vieillards (2) étonnés de voir ce qu'ils n'auroient oſé

(1) *Les Peucetes étoient des Peuples voiſins des Dauniens; qui habitoient cette partie de l'Italie appellée aujourd'hui la Terre de Bari, dans le Royaume de Naples.*

(a) *Pan étoit le Dieu de la Nature adoré particuliérement par les Bergers & les Paſteurs. Il devint amoureux de la Nymphe Syrinx, & l'ayant changée en Roſeau, il en fit ſa flûte.*

(2) Un Prince peut bien rendre ſes Peuples heureux; mais ſouvent ſes Sujets ne ſentent pas les ſoins qu'il ſe donne pour leur procurer cette félicité. L'Empereur Antonin après avoir établi la ſûreté & l'abondance dans toutes les Provinces, gémiſſoit d'entendre encore cette plainte ſi ancienne; mais ſi injurieuſe à un bon Prince; *les temps ſont mauvais.*

osé espérer dans la suite d'un si long âge, pleuroient par un excès de joie mêlée de tendresse : ils levoient leurs mains tremblantes vers le Ciel. Benissez, disoient-ils, ô grand Jupiter, le Roi qui vous ressemble, & qui est le plus grand don que vous nous ayez fait. Il est né pour le bien des hommes, rendez-lui tout le bien que nous recevons de lui. Nos arrieres-neveux venus de ces mariages qu'il favorise, lui devront tout jusqu'à leur naissance, & il sera véritablement le pere de tous ses sujets. Les jeunes hommes & les jeunes filles qui s'épousoient, ne faisoient éclater leur joie qu'en chantant les louanges de celui, de qui cette joie si douce leur étoit venue. Les bouches & encore plus les cœurs étoient sans cesse remplis de son nom. On se croyoit heureux de le voir. On craignoit de le perdre : sa perte eût été la désolation de chaque famille.

Alors Idomenée avoua à Mentor qu'il n'avoit jamais senti de plaisir aussi touchant que celui d'être aimé, & de rendre tant de gens heureux. Je ne l'aurois jamais cru, disoit-il ; il me sembloit que toute la grandeur des Princes ne consistoit qu'à se faire craindre ; que le reste des hommes étoit fait pour eux ; (3) & tout ce que j'avois oui dire des Rois, qui avoient été l'amour & les délices de leurs peuples, me paroissoit une pure fable ; j'en reconnois maintenant la vérité. Mais il faut que je vous raconte, comment on avoit empoisonné mon cœur dès ma plus tendre enfance sur l'autorité des Rois. C'est ce qui a causé tous les malheurs de ma vie. Alors Idomenée commença cette narration.

(4) Protesilas, qui est un peu plus âgé que moi, fut celui de tous les jeunes gens que j'aimois le plus. Son naturel vif & hardi étoit selon mon goût : il entra dans mes

(3) Il faut des sentiments pour goûter le plaisir délicat de faire du bien aux autres : il faut de l'esprit pour trouver dans les lettres un agréable délassement. Les hommes vulgaires sont exclus de ces plaisirs qu'ils ne peuvent regarder que comme de belles chimeres.

(4) Protesilas est le Marquis de Louvois que le Roi admit dans sa familiarité, qui entra dans ses plaisirs & qui flatta toutes ses passions ; mais il lui rendit bientôt suspect le Vicomte de Turenne, désigné ci après par Philocles.

mes plaisirs; il flatta mes passions: il me rendit suspect un autre jeune homme que j'aimois aussi, & qui se nommoit Philocles. (5) Celui-ci avoit la crainte des Dieux & l'ame grande, mais modérée; il mettoit la grandeur, non à s'élever; mais à se vaincre, & à ne rien faire de bas. Il me parloit librement sur mes défauts; & lors même qu'il n'osoit me parler, son silence & la tristesse de son visage me faisoient assez entendre ce qu'il vouloit me reprocher.

Dans les commencements cette sincérité me plaisoit, & je lui protestois souvent que je l'écouterois avec confiance toute ma vie pour me préserver des flatteurs. Il me disoit tout ce que je devois faire pour marcher sur les traces de Minos, & pour rendre mon Royaume heureux. Il n'avoit pas une aussi profonde sagesse que vous, ô Mentor; mais ses maximes étoient bonnes. Je le reconnois maintenant. Peu à peu les artifices (6) de Protesilas, qui étoit jaloux & plein d'ambition, me dégoûtérent de Philocles. Celui-ci étoit sans empressement, & laissoit l'autre prévaloir. Il se contenta de me dire toujours la vérité, lorsque je voulois l'entendre. C'étoit mon bien & non sa fortuue qu'il cherchoit.

Protesilas me persuada insensiblement que c'étoit un esprit chagrin & superbe, qui critiquoit toutes mes actions, qui ne me demandoit rien, parce qu'il avoit la fierté de ne vouloir rien tenir de moi, & d'aspirer à la réputation d'un homme qui est (7) au dessus de tous les honneurs. Il ajouta que ce jeune homme (8) qui me

(5) Toute la vie de Mr. de Turenne fut une suite d'actions grandes, nobles, & généreuses. Le Roi prenoit un singulier plaisir dans sa conversation, il l'écoutoit avec confiance, & recevoit de lui d'excellentes leçons sur la guerre. Ce fut cette confiance qui excita la jalousie de Louvois.

(6) A l'usage qu'un courtisan fait de sa faveur il est aisé de connoître s'il la doit à son mérite ou à ses intrigues. Agrippa ne déservoit personne, Séjan n'étoit occupé qu'à nourrir les soupçons que l'esprit inquiet de Tibere formoit à tous les instants.

(7) *Au dessus de tous les honneurs*. Mr. de Turenne préféra toujours son titre de Vicomte à celui de Maréchal de France, & crut ne pouvoir porter le dernier sans s'abaisser.

(8) Appelles fut accusé par u Peintre jaloux de sa gloire, d'avoi trempé dans une conspiration con tre le Roi Ptolemée: après qu'o eut reconnu son innocence, Ap pel-

me parloit si librement sur mes défauts, en parloit aux autres avec la même liberté; qu'il faisoit assez entendre qu'il ne m'estimoit guere; & qu'en rabaissant ainsi ma réputation, il vouloit par l'éclat d'une vertu austere s'ouvrir le chemin à la royauté.

D'abord je ne pus croire que Philocles voulût me détrôner. Il y a dans la véritable vertu une candeur & une ingénuité que rien ne peut contrefaire, & à laquelle on ne se méprend point, pourvu qu'on y soit attentif. Mais la fermeté de Philocles contre mes foiblesses commençoit à me lasser. Les complaisances de Protesilas & son industrie inépuisable, pour m'inventer de nouveaux plaisirs, me faisoit sentir encore plus impatiemment l'austérité de l'autre.

Cependant Protesilas ne pouvant souffrir que je ne crusse pas tout ce qu'il me disoit contre son ennemi, prit le parti de ne m'en plus parler, & de me persuader par quelque chose de plus fort que toutes ses paroles. Voici comment il acheva de me tromper; il me conseilla d'envoyer Philocles commander les vaisseaux, qui devoient attaquer ceux de Carpathie (9); & pour m'y déterminer, il me dit: Vous savez que je ne suis pas suspect dans les louanges que je lui donne. J'avoue qu'il a du courage (10) & du génie pour la guerre. Il vous servira mieux qu'un autre, & je préfere l'intérêt de vôtre service à tous mes ressentiments contre lui.

Je fus ravi de trouver cette droiture & cette équité dans le cœur de Protesilas, à qui j'avois confié l'administration de mes plus grandes affaires. Je l'embrassai dans

pelles ne se servit que de son pinceau pour se venger de la calomnie: il la représenta sous la figure d'une femme précédée par l'ignorance & par les soupçons, appuyée sur l'envie: elle adresse la parole à un Homme dont les oreilles vont de pair avec celles de Midas. On peut voir dans Lucien tous les traits emblématiques de ce tableau qui donne beaucoup d'idée de l'invasion du Peintre.

(9) *Carpathie, aujourd'hui Scarpanto, est une Isle de la mer Méditerranée, à l'entrée de l'Archipel, entre Candie & Rhodes.*

(10) Le Marquis de Louvois ne pouvoit refuser cette justice au mérite du Vicomte de Turenne; mais il se servit de ce prétexte pour éloigner d'auprès du Roi ce concurrent qu'il n'y voyoit qu'avec envie.

dans un transport de joie, & je me crus trop heureux d'avoir donné toute ma confiance à un homme qui me paroissoit ainsi au dessus de toute passion & de tout intérêt. Mais hélas! que les Princes sont dignes de compassion ! Cet homme me connoissoit mieux que je ne me connoissois moi-même : il savoit que les Rois sont d'ordinaire défiants & inappliqués ; défiants, par l'expérience continuelle qu'ils ont de l'artifice des hommes corrompus, dont ils sont environnés ; inappliqués, parce que les plaisirs les entraînent, & qu'ils sont accoutumés à avoir des gens chargés de penser pour eux, sans qu'ils en prennent eux-mêmes la peine. Il comprit donc qu'il ne lui seroit pas difficile de me mettre en défiance & en jalousie contre un homme qui ne manqueroit pas de faire de grandes actions, & sur-tout l'absence lui donnant une entiere facilité de lui tendre des pieges.

Philocles en partant prévit ce qui lui pouvoit arriver. Souvenez-vous, me dit-il, que je ne pourrai plus me défendre ; vous n'écouterez que mon ennemi ; & qu'en vous servant au péril de ma vie, je courrai risque de n'avoir d'autre récompense que vôtre indignation. Vous vous trompez, lui dis-je ; Protesilas ne parle point de vous comme vous parlez de lui : il vous loue, il vous estime, il vous croit digne des plus importants emplois. S'il commençoit à me parler contre vous, il perdroit ma confiance. Ne craignez rien, allez, & ne songez qu'à me bien servir. Il partit, & me laissa dans une étrange situation.

Il faut vous l'avouer, Mentor, je voyois clairement combien il m'étoit nécessaire d'avoir plusieurs hommes que je consultasse, & que rien n'étoit plus mauvais, ni pour ma réputation, ni pour le succès des affaires, que de me livrer à un seul. J'avois éprouvé que les sages conseils de Philocles m'avoient garanti de plusieurs fautes dangereuses, où la hauteur de Protesilas m'auroit fait tomber. Je sentois bien qu'il y avoit dans Philocles un fond de probité & de maximes équitables, qui ne se faisoit point sentir de même dans Protesilas : mais j'avois laissé prendre à Protesilas un ton décisif, au-

auquel je ne pouvois presque plus résister. J'étois fatigué de me trouver toujours entre deux hommes, que je ne pouvois accorder; & dans cette lassitude j'aimois mieux par foiblesse hazarder quelque chose aux dépens des affaires, & respirer en liberté. Je n'eusse osé me dire à moi-même une si honteuse raison du parti que je venois de prendre : mais cette honteuse raison que je n'osois développer, ne laissoit pas d'agir secrétement au fond de mon cœur, & d'être le vrai motif de tout ce que je faisois.

(11) Philocles surprit les ennemis, remporta une pleine victoire, & se hâta de revenir pour prévenir les mauvais offices qu'il avoit à craindre : mais Protesilas qui n'avoit pas encore eu le tems de me tromper, lui écrivit; que je desirois qu'il fît une descente dans l'Isle de Carpathie pour profiter de la victoire. En effet, il m'avoit persuadé que je pourrois facilement faire la conquête de cette Isle: mais il fit (12) ensorte que plusieurs choses nécessaires manquérent à Philocles dans cette entreprise, & il l'assujettit (13) à certains ordres qui causérent divers contre-tems dans l'exécution. Cependant il se servit d'un domestique très-corrompu, que j'avois auprès de moi, & qui observoit jusques aux moindres choses pour lui en rendre compte; quoi qu'ils parussent ne se voir guere, & n'être jamais d'accord en rien.

Ce

(11) Ceci regarde la campagne de 1675 en Allemagne, où le Vicomte de Turenne battit Montécuculi & se hâtoit de revenir parce qu'il commençoit à manquer de vivres; mais Louvois y fit marcher le Maréchal de Créqui avec un détachement des Troupes de Flandres pour l'y retenir. Le Vicomte ayant reçu ce renfort se disposoit à donner combat aux Impériaux lorsqu'il fut tué d'un coup de canon à la journée d'Altenheim.

(12) C'est ainsi que Louvois en usa envers les Généraux qui lui portoient ombrage : il les laissa manquer de tout & les rendit responsables des mauvais succès dont il étoit lui-même la cause.

(13) Assujettir un Général à des ordres qui limitent son autorité; c'est l'empêcher de mettre à profit les fautes de son ennemi; de saisir les moments favorables, mais imprévus que la fortune lui présente, c'est l'exposer à perdre la confiance de ses Soldats qui attribuent à lâcheté ce qui n'est qu'obéissance. Les Romains étoient persuadés qu'il en est de l'autorité d'un Général comme de son génie, que ni l'un ni l'autre ne doit avoir des bornes.

Ce domeſtique nommé Timocrate, me vint dire un jour en grand ſecret, qu'il avoit découvert une affaire très-dangereuſe. Philocles, me dit-il, veut ſe ſervir de vôtre armée navale pour ſe faire Roi de l'Isle de Carpathie. Les chefs des Troupes ſont attachés à lui; tous les ſoldats ſont gagnés par ſes largeſſes, & plus encore par la licence pernicieuſe où il les laiſſe vivre. Il eſt enflé de ſa victoire. Voilà une lettre qu'il a écrite à un de ſes amis ſur ſon projet de ſe faire Roi: on n'en peut plus douter après une preuve ſi évidente.

(14) Je lus cette lettre, & elle me parut de la main de Philocles. On avoit parfaitement imité ſon écriture, & c'étoit Proteſilas qui l'avoit faite avec Timocrate. Cette lettre me jetta dans une étrange ſurpriſe. Je la reliſois ſans ceſſe, & ne pouvois me perſuader qu'elle fût de Philocles, repaſſant dans mon eſprit troublé toutes les marques touchantes qu'il m'avoit données de ſon déſintéreſſement & de ſa bonne foi. Cependant que pouvois-je faire? Quel moyen de réſiſter à une lettre, où je croyois être ſûr de reconnoître l'écriture de Philocles?

Quand Timocrate vit que je ne pouvois plus réſiſter à ſon artifice, il le pouſſa plus loin. Oſerai-je, me dit-il, en héſitant, vous faire remarquer un mot qui eſt dans cette lettre? Philocles dit à ſon ami, qu'il peut parler en confiance à Proteſilas ſur une choſe qu'il ne déſigne que par un chiffre. (15) Aſſurément Proteſilas eſt entré dans le deſſein de Philocles, & ils ſe ſont raccom-

(14) Ceci regarde la diſgrace du Duc de Navailles dont on a déjà parlé. On lui attribua la lettre que le Marquis de Vardes & le Comte de Guiche firent tomber entre les mains de la Reine, à qui ils découvrirent l'intrigue du Roi avec la Valiere. On a déjà averti que M. de Cambrai mêle ſouvent ſes caracteres pour donner le change aux yeux de la Cour. C'eſt par cette raiſon qu'il ne faut pas prétendre y trouver beaucoup de ſuite.

(15) On peut encore entendre par cette lettre le projet trouvé dans les papiers de M. Fouquet de fortifier Belle-Isle & de s'y cantonner en cas d'oppreſſion. Alors Timocrate ſera l'Abbé Fouquet qui trahit ſon frere en le découvrant au Cardinal Mazarin. Auquel de ces deux exemples qu'on applique cet endroit, il ſuffit pour fair voir juſqu'où alla la crédulité d Roi, qui condamna légérement ce deux hommes dont l'un n'étoi point coupable, & l'autre l'étoi beaucoup moins qu'on ne le l'imaginoit.

commodés à vos dépens. Vous savez que c'est Protesilas qui vous a pressé d'envoyer Philocles contre les Carpathiens. Depuis un certain tems il a cessé de vous parler contre lui, comme il le faisoit souvent autrefois. Au contraire, il le loue, il l'excuse en toute occasion: ils se voyent depuis quelque tems avec assez d'honêteté. Sans doute Protesilas a pris avec Philocles des mesures pour partager avec lui la conquête de Carpathie. Vous voyez même qu'il a voulu qu'on fît cette entreprise contre toutes les regles, & qu'il s'expose à faire périr votre armée navale pour contenter son ambition. Croyez-vous qu'il voulût ainsi servir à celle de Philocles, s'ils étoient encore mal ensemble! Non, non, on ne peut plus douter que ces deux hommes ne soient réunis pour s'élever ensemble à une grande autorité, & peut-être pour renverser le Trône où vous régnez. En vous parlant ainsi, je sais que je m'expose à leur ressentiment, si malgré mes avis sinceres vous leur laissez encore vôtre autorité dans les mains. Mais qu'importe, pourvu que je vous dise la verité.

Ces dernieres paroles de Timocrate firent une grande impression sur moi. Je ne doutai plus de la trahison de Philocles, & je me défiai de Protesilas, comme de son ami. Cependant Timocrate me disoit sans cesse: Si vous attendez que Philocles ait conquis l'Isle de Carpathie, il ne sera plus temps d'arrêter ses desseins; hâtez-vous de vous en assurer pendant que vous le pouvez. J'avois horreur de la profonde dissimulation des hommes. Je ne savois plus à qui me fier. Après avoir découvert la trahison de Philocles, je ne voyois plus d'homme sur la terre dont la vertu pût me rassurer. J'étois résolu de faire périr au plutôt ce perfide; mais je craignois Protesilas, & je ne savois comment faire à son égard. Je craignois de le trouver coupable, & je craignois aussi de me fier à lui.

Enfin, dans mon trouble, je ne pus m'empêcher de lui dire que Philocles m'étoit devenu suspect. Il en parut surpris; il me représenta sa conduite droite & modérée; il m'exagera ses services; en un mot il fit tout ce qu'il falloit pour me persuader qu'il étoit trop bien avec lui. D'un autre côté Timocrate ne perdit pas un moment pour me faire remarquer cette intelligence, & pour m'obliger à perdre Philocles, pendant que je pouvois encore m'assurer de lui. Voyez, mon cher Mentor, combien les Rois sont malheureux, & exposés à être le jouet des autres hommes, lors même que les autres hommes paroissent tremblants à leurs pieds.

Je crus faire un coup d'une profonde politique, & déconcerter Protesilas, en envoyant secrétement à l'armée navale Timocrate pour faire mourir Philocles. Protesilas poussa jusqu'au bout sa dissimulation, & me trompa d'autant mieux, qu'il parut plus naturellement comme un homme qui se laissoit tromper. Timocrate partit donc, & trouva Philocles assez embarrassé dans sa descente. Il manquoit de tout; car Protesilas ne sachant si la lettre supposée pourroit faire périr son ennemi, vouloit avoir en même tems une autre ressource prête, par le mauvais succès d'une entreprise dont il m'avoit fait tant espérer, & qui ne manqueroit pas de m'irriter contre Philocles. (16) Celui-ci soutenoit cette guerre si difficile, par son courage, par son génie, & par l'amour que les troupes avoient pour lui. Quoique tout le monde reconnût dans l'armée que cette descente étoit téméraire & funeste pour les Crétois, chacun travailloit à la faire réussir, comme s'il eût eu sa vie & son bonheur attachés au succès. Chacun étoit content de hazarder sa vie à toute heure sous un Chef si sage & si appliqué à se faire aimer.

Timocrate avoit tout à craindre, en voulant faire périr

(16) *Celui-ci soutenoit, &c.* Mr. de Turenne soutint ainsi plusieurs fois la guerre en Allemagne, où il manquoit souvent de tout, plutôt par son courage, par son génie, & par l'amour que les Troupes avoient pour lui, que par aucun autre secours.

C'est ainsi que le grand Capitaine Gonsalve de Cordoue assiégé dans Barlette par l'armée Françoise; mais pressé plus vivement encore par la peste & par la famine, trouvoit dans lui-même des ressources supérieures à ces fléaux, & faisoit entrer dans le cœur de ses Soldats ces grands sentiments qu'on croyoit ne devoir être que dans le sien.

périr ce Chef au milieu d'une armée qui l'aimoit avec tant de passion ; mais l'ambition furieuse est aveugle. Timocrate ne trouvoit rien de difficile pour contenter Protesilas, avec lequel il s'imaginoit gouverner absolument après la mort de Philocles. Protesilas ne pouvoit souffrir un homme de bien, dont la seule vue étoit un reproche secret de ses crimes, & qui pouvoit en m'ouvrant les yeux renverser ses projets.

Timocrate s'assura de deux Capitaines qui étoient sans cesse auprès de Philocles ; il leur promit de ma part de grandes récompenses, & ensuite il dit à Philocles qu'il étoit venu pour lui dire par mon ordre des choses secrettes, qu'il ne devoit lui confier qu'en présence de ces deux Capitaines. Philocles se renferma avec eux & avec Timocrate. Alors Timocrate donna un coup de poignard à Philocles. Le coup glissa, & n'enfonça guere avant. Philocles sans s'étonner lui arracha le poignard, & s'en servit contre lui & contre les deux autres. En même tems il cria, on accourut, on enfonça la porte, on dégagea Philocles des mains de ces trois hommes, qui étant troublés l'avoient attaqué foiblement. Ils furent pris, & on les auroit d'abord déchirés, tant l'indignation de l'armée étoit grande, si Philocles n'eût arrêté la multitude. Ensuite il prit Timocrate en particulier, & lui demanda avec douceur ce qui l'avoit obligé à commetre une action si noire Timocrate qui craignoit qu'on ne le fît mourir, se hâta de montrer l'ordre que je lui avois donné par écrit de tuer Philocles ; & comme les traîtres sont toujours lâches, il ne songea qu'à sauver sa vie, en découvrant à Philocles toute la trahison de Protesilas.

Philocles effrayé de voir tant de malice dans les hommes, prit un parti plein de modération. Il déclara à toute l'armée, que Timocrate étoit innocent, il le mit en sûreté, & le renvoya en Créte ; il céda le commandement de l'armée à Polimene, que j'avois nommé dans mon ordre écrit de ma main pour commander, quand on auroit tué Philocles. Enfin, il exhorta les Troupes à la fidélité qu'elles me devoient, & passa pendant la

nuit

nuit dans une légere barque, qui le conduisit dans l'Isle de Samos, où il vit tranquillement dans la pauvreté & dans la solitude, travaillant à faire des statues pour gagner sa vie, ne voulant plus entendre parler des hommes trompeurs & injustes, mais sur-tout des Rois, qu'il croit les plus malheureux & les plus aveugles de tous les hommes.

En cet endroit Mentor arrêta Idomenée: Hé bien, dit-il, fûtes-vous long-tems à découvrir la vérité? Non, répondit Idomenée; je compris peu à peu les artifices de Protesilas & de Timocrate. Ils se brouillérent même; car les méchants ont bien de la peine à demeurer unis. Leur division acheva de me montrer le fond de l'abyme où ils m'avoient jetté. Hé bien, reprit Mentor, ne prîtes-vous point le parti de vous défaire de l'un & de l'autre? Hélas! répondit Idomenée, est-ce que vous ignorez la foiblesse & l'embarras des Princes? Quand ils sont une fois livrés à des hommes, qui ont l'art de se rendre nécessaires, ils ne peuvent plus espérer aucune liberté. Ceux qu'ils méprisent le plus, sont ceux qu'ils traitent le mieux, & qu'ils comblent de bienfaits. (17) J'avois horreur de Protesilas, & je lui laissois toute l'autorité. Etrange illusion! Je me savois bon gré de le connoître, & je n'avois pas la force de reprendre l'autorité que je lui avois abandonnée. D'ailleurs je le trouvois commode, complaisant, industrieux pour flatter mes passions, ardent pour mes intérêts. Enfin, j'avois une raison pour m'excuser en moi-même de ma foiblesse. C'est que je ne connoissois pas de véritable vertu, faute d'avoir su choisir des gens de bien qui conduisissent mes affaires. Je croyois qu'il n'y en avoit point sur la terre, & que la probité étoit un beau fantôme. Qu'importe, disois-je, de faire un grand éclat pour sortir des mains d'un homme corrompu, & pour tomber dans celles de quelqu'autre, qui ne sera ni plus désinté-

reffé,

(17) Le Roi étoit sur la fin fort dégoûté de M. de Louvois, & cependant il n'avoit pas la force de s'en défaire parce qu'il s'étoit livré à lui & qu'il en étoit gouverné.

ressé, ni plus sincere que lui. Cependant l'armée navale commandée par Polimene revint. Je ne songeai plus à la conquête de l'Isle de Carpathie, & Protesilas ne put dissimuler si profondément, que je ne découvrisse combien il étoit affligé de savoir que Philocles étoit en sûreté dans Samos.

Mentor interrompit encore Idomenée pour lui demander, s'il avoit continué, après une si noire trahison, à confier toutes ses affaires à Protesilas. (18) J'étois, lui répondit Idomenée, trop ennemi des affaires & trop inappliqué pour pouvoir me tirer de ses mains. Il auroit fallu renverser l'ordre que j'avois établi pour ma commodité, & instruire un nouvel homme: c'est ce que je n'eus jamais la force d'entreprendre. J'aimai mieux fermer les yeux pour ne pas voir les artifices de Protesilas. Je me consolois seulement, en faisant entendre à certaines personnes de confiance, que je n'ignorois pas sa mauvaise foi. Ainsi je m'imaginois n'être trompé qu'à demi, puisque je savois que j'étois trompé. Je faisois même de tems en temps sentir à Protesilas que je supportois son joug avec impatience. (19) Je prenois souvent plaisir (20) à le contredire, à blâmer publiquement quelque chose qu'il avoit fait, & à décider contre son sentiment. Mais comme il connoissoit ma lenteur & ma paresse, il ne s'embarrassoit point de tous mes chagrins. Il revenoit opiniâtrément à la charge. Il usoit tantôt de manieres pressantes, tantôt de souplesse & d'insinuation; sur-tout quand il s'appercevoit que j'étois piqué contre lui, il redoubloit ses soins pour me fournir de nouveaux amusements propres à m'amollir, ou pour m'embarquer en quelque affaire où il eût occasion

de

(18) Voilà précisément la raison pour laquelle le Roi ne put se résoudre à éloigner un Ministre qui lui étoit devenu nécessaire. Il trouvoit de la commodité à employer un homme qui le servoit bien, quoiqu'il lui vendît souvent bien cher ses services.

(19) La Potenza è troppo gelosa per soffrir compagni.

(20) Ce fut précisément la conduite que tint le Roi d'Espagne Philippe IV. avec le Comte Duc d'Olivarès, après la perte du Royaume de Portugal. Ce Prince ne savoit ni souffrir ce Ministre, ni s'en défaire.

de se rendre nécessaire & de faire valoir son zele pour ma réputation.

Quoique je fusse en garde contre lui, cette maniere de flatter mes passions m'entraînoit toujours ; il savoit mes secrets ; il me soulageoit dans mes embarras ; (21) il faisoit trembler tout le monde par mon autorité. Enfin, je ne pus me résoudre à le perdre : mais en le maintenant dans sa place, je mis tous les gens de bien hors d'état de me représenter mes véritables intérêts. Depuis ce moment on n'entendit plus dans mes conseils aucune parole libre. La vérité s'éloigna de moi. L'erreur qui prépare la chûte des Rois, me punit d'avoir sacrifié Philocles à la cruelle ambition de Protesilas. Ceux mêmes qui avoient le plus de zele pour l'Etat & pour ma personne, se crurent dispensés de me détromper. Après un si terrible exemple, moi-même, mon cher Mentor, je craignois que la vérité ne perçât le nuage, & qu'elle ne parvînt jusqu'à moi malgré les flatteurs ; car n'ayant plus la force de la suivre, sa lumiere m'étoit importune. Je sentois en moi-même qu'elle m'eût causé de cruels remords, sans pouvoir me tirer d'un si funeste engagement. Ma mollesse, & l'ascendant que Protesilas avoit pris insensiblement sur moi, me jettoient dans une espece de désespoir de rentrer jamais en liberté. Je ne voulois ni voir un si honteux état, ni le laisser voir aux autres. Vous savez, cher Mentor, la vaine hauteur & la fausse gloire dans laquelle on éleve les Rois. Ils ne veulent jamais avoir tort. Pour couvrir une faute, il en faut faire cent. Plutôt que d'avouer qu'on s'est trompé, & que de se donner la peine de revenir de son erreur, il faut se laisser tromper toute sa vie. (22) Voilà l'état des Princes foi-

(21) Tout ce qui précede & tout ce qui suit, contient le portrait au naturel de M. de Louvois. Il s'étoit rendu si nécessaire au Roi, & si redoutable à tout le Royaume, que le Monarque ne voyoit que par ses yeux, & que personne n'osoit l'aborder.

(22) Tel fut précisément l'état de Louis XIV pendant tout son regne : il fut trompé toute sa vie, parce que la fausse gloire d'un côté l'empêcha toujours de reconnoître ses erreurs, & que de l'autre, personne n'osa entreprendre de lui découvrir la vérité.

foibles & inappliqués ; c'étoit précisément le mien, lorsqu'il fallut que je partisse pour le siege de Troye. En partant je laissai Protesilas maître des affaires. Il les conduisoit en mon absence avec hauteur & inhumanité. Tout le Royaume de Créte gémissoit sous sa tyrannie : mais personne n'osoit me mander l'oppression des peuples. On savoit que je craignois de voir la vérité; & que j'abandonnois à la cruauté (23) de Protesilas tous ceux qui entreprenoient de parler contre lui : mais moins on osoit éclater, plus le mal étoit violent. Dans la suite il me contraignit de chasser le vaillant Mérion, qui m'avoit suivi avec tant de gloire au siege de Troye. Il en étoit devenu jaloux, comme de tous ceux que j'aimois, & qui montroient quelque vertu.

Il faut que vous sachiez, mon cher Mentor, que tous mes malheurs sont venus delà. Ce n'est pas tant la mort de mon fils qui causa la révolte des Crétois, que la vengeance des Dieux irrités contre mes foiblesses, & la haine des peuples que Protesilas m'avoit attirée. Quand je répandis le sang de mon fils, les Crétois lassés d'un gouvernement rigoureux avoient épuisé toute leur patience, & l'horreur de cette derniere action ne fit que montrer au dehors ce qui étoit depuis longtems dans le fond des cœurs.

Timocrate me suivit au siege de Troye, & rendoit compte secrétement par ses lettres à Protesilas de tout ce qu'il pouvoit découvrir. Je sentois bien que j'étois en captivité; mais je tâchois de n'y pas penser, désespérant d'y remédier. Quand les Crétois à mon arrivée se révoltérent, Protesilas & Timocrate furent les premiers

(23) Tous les flatteurs ont l'ame cruelle; la bouche est clémente, & le cœur est cruel. Vitellius, selon Tacite, en est un bel exemple. Messaline, femme de l'Empereur Claudius, fit accuser Asiaticus de plusieurs crimes d'Etat, pour avoir sa vie, & ses jardins. Claudius consulta Vitellius, le confident de Messaline, & peut-être aussi d'un de ses adulteres. Vitellius, pour se maintenir en faveur auprès d'elle, opina à la mort de son ancien ami. Voilà comment on aime à la Cour.

miers à s'enfuir. Ils m'auroient sans doute abandonné, si je n'eusse été contraint de m'enfuir presque aussi-tôt qu'eux. Comptez, mon cher Mentor, que les hommes insolents pendant la prospérité sont toujours foibles & tremblants dans la disgrace. La tête leur tourne aussitôt que l'autorité absolue leur échappe. (24) On les voit aussi rampants (25) qu'ils ont été hautains, & c'est en un moment qu'ils passent d'une extrêmité à l'autre. (26)

Mentor dit à Idomenée : mais d'où vient que connoissant à fond ces deux méchants hommes, vous les gardez encore auprès de vous comme je le vois? Je ne suis pas surpris qu'ils vous aïent suivi, n'ayant rien de meilleur à faire pour leurs intérêts. Je comprends même que vous aviez fait une action généreuse de leur donner un asyle dans votre nouvel établissement. Mais pourquoi vous livrer encore à eux après tant de cruelles expériences?

Vous ne savez pas, répondit Idomenée, combien toutes les expériences sont inutiles aux Princes amollis & inappliqués qui vivent sans réflexion. Ils sont mécontents de tout, & ils n'ont pas le courage de rien redresser. Tant d'années d'habitudes étoient des chaînes de fer qui me lioient à ces deux hommes, & ils m'obsé-doient

(24) Il n'y a que les grands hommes qui sachent soutenir une disgrace, & relever leur gloire par l'adversité bien soutenue. Ciceron étoit foible dans son exil. Scipion dans sa solitude faisoit voir que sa félicité ne dépendoit point des caprices du peuple.

(25) Tel étoit encore le Marquis de Louvois. Dès que le Roi lui témoignoit quelque froideur, il étoit au désespoir, il faisoit mille bassesses, & il eut besoin, plus d'une fois, du crédit de Madame de Maintenon pour se rétablir.

(26) *Tacite dit, que* Mutien étoit mêlé de douceur & d'arrogance, & que l'Orateur Passienus disoit de Caligula, qui avoit été le plus lâche flatteur de Tibére; qu'il ne s'étoit jamais vu ni de meilleur esclave, ni de pire maître. *Neque meliorem unquam servum, neque deteriorem dominum fuisse. Plutarque dit pareillement, que* Sylla s'humilioit envers ceux, dont il avoit à faire, & se faisoit adorer par ceux qui avoient à faire de lui, de sorte que l'on ne pouvoit dire, lequel des deux il étoit davantage, orgueilleux, ou flatteur.

doient à toute heure. Depuis que je ſuis ici, (27) ils m'ont jetté dans toutes les dépenſes exceſſives que vous avez vues. Ils ont épuiſé cet Etat naiſſant. Ils m'ont attiré cette guerre qui m'alloit accabler ſans vous. J'aurois bientôt éprouvé à Salente les mêmes malheurs que j'ai ſentis en Créte: mais vous m'avez enfin ouvert les yeux, & vous m'avez inſpiré le courage, qui me manquoit pour me mettre hors de ſervitude. Je ne ſais ce que vous avez fait en moi; mais depuis que vous êtes ici, je me ſens un autre homme.

Mentor demanda enſuite à Idomenée quelle étoit la conduite de Proteſilas dans ce changement des affaires. (28) Rien n'eſt plus artificieux, répondit Idomenée, que ce qu'il a fait depuis votre arrivée. D'abord il n'oublia rien pour jetter indirectement quelque défiance dans mon eſprit. Il ne diſoit rien contre vous; mais je voyois diverſes gens qui venoient m'avertir que ces deux étrangers étoient fort à craindre. L'un, diſoient-ils, eſt le fils du trompeur Ulyſſe; l'autre, eſt un homme caché & d'un eſprit profond. Ils ſont accoutumés à errer de Royaume en Royaume. Qui ſait s'ils n'ont point formé quelque deſſein ſur celui-ci? Ces aventuriers racontent eux-mêmes qu'ils ont cauſé de grands troubles dans tous les pays où ils ont paſſé. Voici un Etat naiſſant & mal affermi; les moindres mouvements pourroient le renverſer.

Proteſilas ne diſoit rien: mais il tâchoit de me faire entrevoir le danger & l'excès de toutes ces réformes, que vous me faiſiez entreprendre. Il me prenoit par mon propre intérêt. Si vous mettez, diſoit-il, les peuples

(27) Les Miniſtres intéreſſés inſpirent à leur Prince la prodigalité. Ceux qui ſont au deſſus de l'intérêt le portent à ménager la ſubſtance du peuple. C'eſt peut-être pour cette raiſon que Louis XII. fut plus économe que François I.

(28) Louvois étoit très-artificieux & très-adroit à jetter des ſoupçons dans l'eſprit du Roi contre toutes les perſonnes qui l'approchoient. Il parvint enfin à en écarter tout le monde, & l'on ne pouvoit aborder du Trône que par ſon moyen.

ples dans l'abondance, ils ne travailleront plus, ils deviendront fiers, indociles, & feront toujours prêts à se révolter. (29) Il n'y a que la foiblesse & la misere qui les rende souples, & qui les empêche de résister à l'autorité. Souvent il tâchoit de reprendre son ancienne autorité pour m'entraîner, & il la couvroit d'un prétexte de zele pour mon service. En voulant soulager les peuples, me disoit-il, vous rabaissez la puissance Royale; & par-là vous faites au peuple même un tort irréparable; car il a besoin qu'on le tienne bas pour son propre repos.

A tout cela, je répondois que je saurois bien tenir les peuples dans leur devoir en me faisant aimer d'eux, en ne relâchant rien de mon autorité, quoique je les soulageasse; en punissant avec fermeté tous les coupables; enfin, en donnant aux enfants une bonne éducation, & à tout le peuple une exacte discipline pour le tenir dans une vie simple, sobre, & laborieuse.

Hé, quoi! disois-je, ne peut-on pas soumettre un peuple sans le faire mourir de faim? Quelle inhumanité! Quelle politique brutale! Combien voyons-nous de peuples traités doucement, & très-fideles à leurs Princes! Ce qui cause les révoltes, c'est l'ambition & l'inquiétude des Grands d'un Etat, quand on leur a donné trop de licence, & qu'on a laissé leurs passions s'étendre sans bornes; c'est la multitude des grands & des petits qui vivent dans la molesse, dans le luxe, & dans l'oisiveté; c'est la trop grande abondance d'hommes adonnés à la guerre, qui ont négligé toutes les occupations utiles dans le tems de paix. Enfin, c'est le désespoir des peuples maltraités: c'est la dureté, la hauteur des Rois, & leur mollesse, qui les rend incapables de veiller sur tous les membres

(29) C'a toujours été la maxime des Ministres de France depuis Richelieu, de charger le peuple François pour l'empêcher de se révolter. Louis XIV. s'est cru d'autant plus puissant que ses Sujets étoient plus foibles & plus misérables.

bres de l'Etat pour prévenir les troubles. (30) Voilà ce qui cause les révoltes, (31) & non pas le pain qu'on laisse manger en paix au Laboureur, après qu'il l'a gagné à la sueur de son visage.

Quand Protesilas a vu que j'étois inébranlable dans ces maximes, il a pris un parti tout opposé à sa conduite passée; il a commencé à suivre les maximes qu'il n'avoit pu détruire: il a fait semblant de les goûter, d'en être convaincu, de m'avoir obligation de l'avoir éclairé là-dessus. Il va au devant de tout ce que je pourrois souhaiter pour soulager les pauvres; il est le premier à me représenter leurs besoins, & à crier contre les dépenses excessives. Vous savez même qu'il vous loue, qu'il vous témoigne de la confiance, & qu'il n'oublie rien pour vous plaire. Pour Timocrate, il commence à n'être plus si bien avec Protesilas; il a songé à se rendre indépendant. Protesilas en est jaloux, & c'est en partie par leurs différends que j'ai découvert leur perfidie.

Mentor souriant, répondit ainsi à Idomenée. Quoi donc! vous avez été foible jusqu'à vous laisser tyranniser pendant tant d'années par deux traîtres, dont vous connoissiez la trahison! Ah! vous ne savez pas, répondit Idomenée, ce que peuvent les hommes artificieux sur un Roi foible & inappliqué, qui s'est livré à eux pour toutes ses affaires. D'ailleurs je vous ai déjà dit, que

(30) Il n'y a jamais eu en effet que le désespoir des peuples maltraités par la dureté des Ministres, qui ait porté les François à secouer un joug devenu trop pesant. Tant qu'il est supportable, ils le souffrent par l'affection naturelle qu'ils ont pour leurs Princes, qui les ont de bonne heure accoutumés à un joug modéré.

(31) La flatterie empoisonne le cœur, & corrompt les mœurs. *Adulatio, blanditia, pessimum veri affectus venenum.* Tac. Galba *avoit bien raison de dire, que* la flatterie est sans-amour, & qu'il n'y a point de plus dangereux poison que le sien.

C'est à ces causes que devoient remonter ceux qui ont écrit de la décadence des Etats. Un grand Empire ne tombe jamais que par lui même; les armes étrangeres ne l'assujettissent que quand il a été asservi par l'oisiveté & par la mollesse, ou déchiré par les divisions.

que Protesilas entre maintenant dans toutes vos vues pour le bien public.

Mentor reprit ainsi le discours d'un air grave : Je ne vois que trop combien les méchants prévalent sur les bons auprès de Rois. Vous en êtes un terrible exemple. Mais vous dites que je vous ai ouvert les yeux sur Protesilas, & ils sont encore fermés pour laisser le gouvernement de vos affaires à cet homme indigne de vivre. Sachez que les méchants ne sont point des hommes incapables de faire le bien : ils le font indifféremment de même que le mal, quand il peut servir à leur ambition. Le mal ne leur coûte rien à faire, parce qu' aucun sentiment de bonté, ni aucun principe de vertu ne les retient ; mais aussi ils font le bien sans peine, parce que leur corruption les porte à le faire pour paroître bons, & pour tromper le reste des hommes. A proprement parler, ils ne sont pas capables de la vertu, quoiqu' ils paroissent la pratiquer ; mais ils sont capables d' ajouter à tous les autres vices le plus horrible des vices, qui est l' hypocrisie. Tant que vous voudrez absolument faire le bien, Protesilas sera prêt à le faire avec vous pour conserver l' autorité. Mais si peu qu'il sente en vous de facilité à vous relâcher, il n' oubliera rien pour vous faire retomber dans l' égarement, & pour reprendre en liberté son naturel trompeur & féroce. Pouvez-vous vivre avec honneur & en repos, pendant qu'un tel homme vous obsede à toute heure, & que vous savez le sage & le fidele Philocles pauvre & déshonoré dans l'Isle de Samos ?

Vous reconnoissez bien, ô Idomenée, que les hommes trompeurs & hardis qui sont présents, entraînent les Princes foibles. Mais vous deviez ajouter, que les Princes ont encore un autre malheur, qui n'est pas moindre ; c'est celui d' oublier facilement la vertu & les services d' un homme éloigné. La multitude des hommes, qui environnent les Princes, est cause qu'il n' y en a aucun qui fasse une impression profonde sur eux.

eux. Ils ne sont frappés que de ce qui est présent, & qui les flatte ; tout le reste s'efface bientôt. Sur-tout la vertu les touche peu, parce que la vertu, loin de les flatter, les contredit & les condamne dans leurs foiblesses. Faut-il s'étonner, s'ils ne sont point aimés, (32) puisqu'ils n'aiment rien que leur grandeur & leurs plaisirs?

(32) Louis XIV ne fut point aimé, parce qu'il rapporta tout à lui-même, & qu'il crut que tous les autres hommes n'étoient nés, que pour contribuer à sa grandeur & à ses plaisirs.

Fin du treizieme Livre.

SOMMAIRE

DU

LIVRE QUATORZIEME.

MENTOR oblige Idomenée à faire conduire Protesilas & Timocrate en l'Isle de Samos, & à rappeller Philocles pour le remettre en honneur auprès de lui. Hegesippe qui est chargé de cet ordre l'exécute avec joie. Il arrive avec ces deux hommes à Samos, où il revoit son ami Philocles content d'y mener une vie pauvre & solitaire. Celui-ci ne consent qu'avec beaucoup de peine à retourner parmi les siens : mais après avoir reconnu que les Dieux le veulent, il s'embarque avec Hegesippe, & arrive à Salente, où Idomenée, qui n'est plus le même homme, le reçoit avec amitié.

LI-

LIVRE QUATORZIEME.

APrès avoir dit ces paroles, Mentor persuada à Idoménée qu'il falloit au plutôt chasser Protesilas & Timocrate, pour rappeller Philocles. L'unique difficulté qui arrêtoit le Roi, c'est qu'il craignoit la sévérité de Philocles. J'avoue, disoit-il, que je ne puis m'empêcher de craindre un peu son retour, quoique je l'aime & que je l'estime. Je suis depuis ma tendre jeunesse accoutumé à des louanges, à des empressements, à des complaisances, que je ne saurois espérer de trouver dans cet homme. Dès que je faisois quelque chose qu'il n'approuvoit pas, son air triste me marquoit assez qu'il me condamnoit. Quand il étoit en particulier avec moi, ses manieres étoient respectueuses & modérées, mais seches.

Ne voyez-vous pas, lui répondit Mentor, que les Princes gâtés par la flatterie trouvent sec & austere tout

ce

ce qui est libre & ingénu. Ils vont même jusqu'à s'imaginer qu'on n'est pas zélé pour leur service, & qu'on n'aime pas leur autorité, dès qu'on n'a point l'ame servile, & qu'on n'est pas prêt à les flatter dans l'usage le plus injuste de leur puissance. Toute parole libre & généreuse leur paroît hautaine, critique, & séditieuse. Ils deviennent si délicats, que tout ce qui n'est point flatterie, les blesse & les irrite. Mais allons plus loin. Je suppose que Philocles est effectivement sec & austere; son austérité ne vaut-elle pas mieux que la flatterie pernicieuse de vos Conseillers? Où trouverez-vous un homme sans défauts? (1) Et le défaut de vous dire trop hardiment la vérité, n'est-il pas celui que vous devez le moins craindre? Que dis-je? N'est-ce pas un défaut nécessaire pour corriger les vôtres, & pour vaincre le dégoût de la vérité, où la flatterie vous a fait tomber? Il vous faut un homme qui n'aime que la vérité, & qui vous aime mieux que vous ne savez vous aimer vous-même; qui vous dise la vérité malgré vous: qui force tous vos retranchements; & cet homme nécessaire, c'est Philocles. Souvenez-vous qu'un Prince est trop heureux, quand il naît un seul homme sous son regne avec cette générosité, qui est le plus précieux trésor de l'Etat; & que la plus grande punition qu'il doit craindre des Dieux, est de perdre un tel homme, s'il s'en rend indigne faute de savoir s'en servir. Pour les défauts des gens de bien, il faut les savoir connoître, & ne laisser pas de se servir d'eux. Redressez-les; ne vous livrez jamais aveuglément à leur zele indiscret: mais écoutez-les favorablement, honorez leur vertu, montrez au public que vous savez la distinguer, & surtout gardez-vous bien d'être plus long-tems comme vous avez été jusqu'ici. Les Princes gâtés comme vous l'étiez se contentant de mépriser les hommes corrompus,

(1) La vérité est presque toujours altérée, affoiblie, déguisée par les ménagements, les craintes, les reserves avec lesquelles on l'expose. Elle ne sort avec toute sa force que d'une bouche ennemie. Aussi Plutarque a-t-il prouvé que les ennemis, à qui sait en profiter, sont aussi utiles que les amis.

pus, ne laissent pas de les employer avec confiance, & de les combler de bienfaits. D'un autre côté, ils se piquent de connoître aussi les hommes vertueux, mais ils ne leur donnent que de vains éloges, n'osant ni leur confier les emplois, ni les admettre dans leur commerce familier, ni répandre des bienfaits sur eux.

Alors Idomenée dit, qu'il étoit honteux d'avoir tant tardé à délivrer l'innocence opprimée, & à punir ceux qui l'avoient trompé. Mentor n'eut même aucune peine à déterminer le Roi à perdre son Favori ; car aussi-tôt qu'on est parvenu à rendre les Favoris suspects & importuns à leurs maîtres, les Princes lassés & embarrassés ne cherchent plus qu'à s'en défaire ; leur amitié s'évanouit, les services sont oubliés : la chûte des Favoris ne leur coûte rien, pourvu qu'ils (2) ne le voïent plus.

Aussi-tôt le Roi ordonna en secret à Hegesippe, qui étoit un des principaux Officiers de sa Maison, de prendre Protesilas & Timocrate, & de les conduire en sûreté dans l'Isle de Samos, (*a*) de les y laisser, & de ramener Philocles de ce lieu d'exil. Hegesippe surpris de cet ordre ; ne put s'empêcher de pleurer de joie. C'est maintenant, dit-il au Roi, que vous allez charmer vos Sujets. Ces deux hommes ont causé tous vos malheurs, & tous ceux de vos peuples. Il y a vingt ans qu'ils font gémir tous les gens de bien, & qu'à peine ose-t-on même gémir, tant leur tyrannie est cruelle. Ils accablent tous ceux qui entreprennent d'aller à vous par un autre canal que le leur.

Ensuite Hegesippe découvrit au Roi un grand nombre de perfidies & d'inhumanités commises par ces deux hommes, dont le Roi n'avoit jamais entendu parler, parce que personne n'osoit les accuser. Il lui raconta même ce qu'il avoit découvert d'une conjuration secrette

(2) Tel est le caractere d'un Prince foible ; ceux qui savent s'emparer des avenues du Trône, sont les véritables maîtres de sa personne ; c'est être perdu dans l'esprit d'un tel Prince que d'être absent.

(a) *Samos est une Isle de l'Archipel, près de la côte de la Natolie, environ à deux lieues d'Ephese ; l'invention de la poterie de terre est due à cette Isle.*

te pour faire périr Mentor. Le Roi eut horreur de tout ce qu'il entendoit.

Hegesippe se hâta d'aller prendre Protesilas dans sa maison. Elle étoit moins grande, mais plus commode & plus riante que celle du Roi. L'Architecture étoit de meilleur goût. Protesilas l'avoit ornée avec une dépense tirée du sang des misérables. Il étoit alors dans un sallon de marbre auprès de ses bains, couché négligemment sur un lit de pourpre avec une broderie d'or. Il paroissoit las & épuisé de ses travaux. Ses yeux & ses sourcils montroient je ne sais quoi d'agité, de sombre, & de farouche. Les plus grands de l'Etat étoient autour de lui rangés sur de tapis, composant leurs visages sur celui de Protesilas, dont ils observoient jusqu'au moindre clin d'œil. A peine ouvroit-il la bouche, que tout le monde se récrioit pour admirer ce qu'il alloit dire.

Un des principaux de la troupe lui racontoit avec des exagérations ridicules ce que Protesilas lui-même avoit fait pour le Roi. Un autre lui assuroit que Jupiter, ayant trompé sa mere, lui avoit donné la vie, & qu'il étoit fils du pere des Dieux. Un Poëte venoit lui chanter des vers, où il disoit que Protesilas instruit par les Muses avoit égalé Apollon pour tous les ouvrages d'esprit. Un autre Poëte encore plus lâche & plus impudent l'appelloit dans ses vers l'inventeur des beaux arts, & le pere des peuples qu'il rendoit heureux. Il le dépeignoit tenant en main la corne d'abondance. (3)

(4) Protesilas écoutoit toutes ces louanges d'un air sec, distrait, & dédaigneux, comme un homme qui sait bien qu'il en mérite encore de plus grandes, & qui fait trop de graces de se laisser louer. Il y avoit un flatteur qui prit la liberté de lui parler à l'oreille pour lui dire quelque chose de plaisant contre la police que Men-

(3) Semper magnæ fortunæ comes adest adulatio. *Paterc.*

(4) Tout ce qui suit est une peinture naturelle du Marquis de Louvois, de sa conduite envers les grands, & de la souplesse des Courtisans qu'il faisoit trembler par ses manieres hautaines & bizarres.

Mentor tâchoit d'établir. Protesilas sourit : toute l'assemblée se mit à rire, quoique la plupart ne pussent point encore savoir ce qu'on avoit dit. Mais Protesilas reprenant bientôt son air sévere & hautain, chacun rentra dans la crainte & dans le silence. Plusieurs Nobles cherchoient le moment, où Protesilas pourroit se retourner vers eux & les écouter. Ils paroissoient émus & embarrassés. C'est qu'ils avoient à lui demander des graces. (5) Leur posture suppliante parloit pour eux ; ils paroissoient aussi soumis qu'une mere aux pieds des Autels, lorsqu'elle demande aux Dieux la guérison de son fils unique. Tous paroissoient contents, attendris, pleins d'admiration pour Protesilas, quoique tous eussent contre lui dans le cœur une rage implacable.

Dans ce moment Hegesippe entre, saisit l'épée de Protesilas, & lui déclare de la part du Roi qu'il va l'emmener dans l'Isle de Samos. A ces paroles, toute l'arrogance de ce Favori tomba comme un rocher qui se détache du sommet d'une montagne escarpée. Le voilà qui se jette tremblant aux pieds d'Hegesippe. Il pleure, il hésite, il bégaïe, il tremble, il embrasse les genoux de cet homme qu'il ne daignoit pas une heure auparavant honorer d'un de ses regards. Tous ceux qui l'encensoient, le voyant perdu sans ressource, changérent leurs flatteries en des insultes sans pitié.

Hegesippe ne voulut lui laisser le tems (6) ni de faire ses derniers adieux à sa famille, ni de prendre certains écrits secrets. Tout fut saisi & porté au Roi. Timo-

(5) Il est difficile de demander sans bassesse. *Les Déesses des prieres sont boiteuses*, dit Homere, qui avoit sans doute éprouvé qu'on est contraint de s'avilir dans la mauvaise fortune.

(6) Après avoir peint dans tout ce qui précede le véritable caractere du Marquis de Louvois, on applique ceci à la détention de M. Fouquet, arrêté en 1661, pour s'être rendu suspect dans l'administration des Finances. Sa magnificence & son luxe en furent la cause ; la description qui est ci-devant pag. 28, de la Maison de Protesilas, convient parfaitement à celle de Vaux-le-Viçomte, où M. Fouquet fût arrêté. Il y avoit fait des dépenses immenses, qui achevérent de confirmer le Roi dans ses soupçons. On se saisit de lui dans le tems qu'il y pensoit le moins, & il ne put emporter ses papiers, dans l'esquels on trouva un projet, qui fut une des principales causes de sa perte.

Timocrate fut arrêté dans le même tems, & sa surprise fut extrême ; car il croyoit qu'étant brouillé avec Protesilas, il ne pouvoit être enveloppé dans sa ruine. Ils partent dans un vaisseau qu'on avoit préparé ; on arrive à Samos. Hegesippe y laisse ces deux malheureux, & pour mettre le comble à leur malheur, il les laisse ensemble. Là ils se reprochent avec fureur l'un à l'autre les crimes qu'ils ont faits, & qui sont cause de leur chûte. Ils se trouvent sans espérance de revoir Salente, condamnés à vivre loin de leurs femmes & de leurs enfants. Je ne dis pas (7) loin de leurs amis, car ils n'en avoient point. On les menoit dans une terre inconnue, où ils ne devoient plus avoir d'autre ressource pour vivre que leur travail ; eux qui avoient passé tant d'années dans les délices, & dans le faste. Semblables à deux bêtes farouches, ils étoient toujours prêts à se déchirer l'un l'autre.

Cependant Hegesippe demanda en quel lieu de l'Isle demeuroit Philocles. On lui dit qu'il demeuroit assez loin de la Ville sur une montagne, où une grotte lui servoit de maison. Tout le monde lui parla avec admiration de cet étranger. Depuis qu'il est dans cette Isle, lui disoit-on, il n'a offensé personne. Chacun est touché de sa patience, de son travail, & de sa tranquillité. N'ayant rien, il paroît toujours content. Quoiqu'il soit ici loin des affaires, sans bien & sans autorité, il ne laisse pas d'obliger ceux qui le méritent, & il a mille industries pour faire plaisir à tous ses voisins.

Hegesippe s'avance vers cette grotte. Il la trouva vuide & ouverte ; car la pauvreté & la simplicité des mœurs de Philocles faisoit qu'il n'avoit en sortant aucun besoin de fermer sa porte. Une natte de jonc grossiere lui servoit de lit. Rarement il allumoit du feu, parce qu'il ne mangeoit rien de cuit. Il se nourrissoit pen-

(7) L'amitié la plus désintéressée n'est qu'un commerce de sentiments. Dire que les Grands ne peuvent avoir d'amis, c'est les accuser de n'aimer personne.

pendant l'Eté de fruits nouvellement cueillis, & en Hiver de dattes & de figues seches. Une claire fontaine qui faisoit une nappe d'eau en tombant d'un rocher, le désaltéroit. Il n'avoit dans sa grotte que les instruments nécessaires à la sculpture, & quelques livres qu'il lisoit à certaines heures, non pour orner son esprit, ni pour contenter sa curiosité, mais pour s'instruire en se délassant de ses travaux, & pour apprendre à être bon. Pour la sculpture, il ne s'y appliquoit que pour exercer son corps, fuir l'oisiveté, & gagner sa vie, sans avoir besoin de personne.

Hegesippe en entrant dans la grotte, admira les ouvrages qui étoient commencés. Il remarqua un Jupiter (8) dont le visage serein étoit si plein de majesté, qu'on le reconnoissoit aisément pour le Pere des Dieux & des hommes. D'un autre côté paroissoit Mars avec une fierté rude & menaçante. Mais ce qui étoit de plus touchant étoit une Minerve qui animoit les Arts. Son visage étoit noble & doux, sa taille grande & libre. Elle étoit dans une action si vive, qu'on auroit pu croire qu'elle alloit marcher. Hegesippe ayant pris plaisir à voir les statues, sortit de la grotte, & vit de loin sous un grand arbre Philocles qui lisoit sur le gazon. Il va vers lui, & Philocles qui l'apperçoit, ne sait que croire. N'est-ce point là, dit-il en luimême, Hegesippe avec qui j'ai long-tems vécu en Créte ? Mais quelle apparence qu'il vienne dans une Isle si éloignée? Ne seroit-ce point son ombre qui viendroit après sa mort des rives du Styx.

Pendant qu'il étoit dans ce doute, Hegesippe arriva si proche de lui, qu'il ne put s'empêcher de le reconnoître & de l'embrasser. Est-ce donc vous, dit-il, mon cher & ancien ami? Quel hazard, quelle tempête vous a jetté sur ce rivage? Pourquoi avez-vous abandonné l'

Isle

(8) Les mêmes objets reviennent souvent dans le Poeme, mais toujours avec des couleurs différentes. Cette fécondité d'idées est l'ame de la Poésie; elle tient le Lecteur dans l'enchantement, en lui présentant à tous les instants des trésors qui ne se ressemblent point.

Isle de Créte? Est-ce une disgrace semblable à la mienne, qui vous arrache à notre patrie?

Hegesippe lui répondit: Ce n'est point une disgrace; au contraire, c'est la faveur des Dieux qui m'amene ici. Aussi-tôt il lui raconta (9) la longue tyrannie de Protesilas, ses intrigues avec Timocrate, les malheurs où ils avoient précipité Idomenée, la chûte de ce Prince, sa fuite sur les côtes de l'Hespérie, la fondation de Salente, l'arrivée de Mentor & de Télémaque, les sages maximes dont Mentor avoit rempli l'esprit du Roi, & la disgrace des deux traîtres. Il ajouta qu'il les avoit menés à Samos pour y souffrir l'exil qu'ils avoient fait souffrir à Philocles, & il finit en lui disant qu'il avoit ordre de le conduire à Salente, où le Roi, qui connoissoit son innocence, vouloit lui confier ses affaires, & le combler de biens.

Voyez-vous, lui répondit Philocles, cette grotte plus propre à cacher des bêtes sauvages qu'à être habitée par des hommes? J'y ai goûté depuis tant d'années plus de douceur & de repos que dans les Palais dorés de l'Isle de Créte. Les hommes ne me trompent plus; car je ne vois plus les hommes, & je n'entends plus leurs discours flatteurs & empoisonnés. Je n'ai plus besoin d'eux. Mes mains endurcies au travail me donnent facilement la nourriture simple, qui m'est nécessaire. Il ne me faut, comme vous voyez, qu'une légere étoffe pour me couvrir; n'ayant plus de besoin, jouissant d'un calme profond & d'une douce liberté, dont la sagesse de mes livres m'apprend à faire un bon usage. Qu'irois-je encore chercher parmi les hommes jaloux, trompeurs, & inconstants? Non, non, mon cher Hegesippe, ne m'enviez point mon bonheur. Protesilas s'est trahi lui-même, voulant trahir le Roi, & me perdre; mais il ne m'a fait aucun mal: au contraire, il m'a fait le plus grand des

(9) C'est ainsi que l'Auteur évite ces répétitions si condamnées dans l'Iliade. Tout ce qu'on peut dire pour leur justification, c'est qu'elles rendent l'action plus dramatique. Virgile qui a si bien saisi toutes les beautés de son modele a fait voir ce qu'il pensoit de ces répétitions en les évitant dans l'Enéide.

des biens. Il m'a délivré du tumulte & de la servitude des affaires. Je lui dois ma chere solitude, & tous les plaisirs innocents que j'y goûte. Retournez, ô Hegesippe, retournez vers le Roi, aidez-lui à supporter les miseres de sa grandeur, & faites auprès de lui, ce que vous voudriez que je fisse. Puisque ses yeux si longtems fermés à la vérité, ont été enfin ouverts par cet homme sage que vous nommez Mentor, qu'il le retienne auprès de lui. Pour moi, après mon naufrage, il ne me convient pas de quitter le port, où la tempête m'a heureusement jetté, pour me remettre à la merci des vents. O que les Rois sont à plaindre! O que ceux qui les servent, sont dignes de compassion! S'ils sont méchants, combien font-ils souffrir les hommes, & quels tourments leur sont préparés dans le noir Tartare! S'ils sont bons, quelles difficultés n'ont-ils pas à vaincre! Quels pieges à éviter! Que de maux à souffrir! Encore une fois, Hegesippe, laissez-moi dans mon heureuse pauvreté.

Pendant que Philocles parloit ainsi avec beaucoup de véhémence, Hegesippe le regardoit avec étonnement. Il l'avoit vu autrefois en Créta pendant qu'il gouvernoit les plus grandes affaires, maigre, languissant, épuisé. C'est que son naturel ardent & austere le consumoit dans le travail. Il ne pouvoit voir sans indignation le vice impuni. Il vouloit dans les affaires une certaine exactitude qu'on n'y trouve jamais. Ainsi ses emplois détruisoient sa santé délicate. Mais à Samos Hegesippe le voyoit gras & vigoureux. Malgré les ans, la jeunesse fleurie s'étoit renouvellée sur son visage. Une vie sobre, tranquille, & laborieuse lui avoit fait comme un nouveau tempérament.

Vous êtes surpris de me voir si changé, dit alors Philocles en souriant. C'est ma solitude qui m'a donné cette fraîcheur & cette santé parfaite. Mes ennemis m'ont donné ce que je n'aurois jamais pu trouver dans la plus grande fortune. Voulez-vous que je quitte les vrais biens pour courir après les faux, & pour me replonger dans mes anciennes miseres? Ne soyez pas plus cruel que Protesilas; du moins ne m'enviez pas le bonheur que je tiens de lui.

Alors Hegesippe lui représenta, mais inutilement, tout ce qu'il crut propre à le toucher. E'tes-vous donc, lui disoit-il, insensible au plaisir de revoir vos proches & vos amis, qui soupirent après votre retour, & que la seule espérance de vous embrasser comble de joie? Mais vous qui craignez les Dieux, & qui aimez votre devoir, comptez-vous pour rien de servir votre Roi, de l'aider dans tous les biens qu'il veut faire, & de rendre tant de peuples heureux? Est-il permis de s'abandonner à une Philosophie (10) sauvage, de se préférer à tout le reste du genre humain, & d'aimer mieux son repos que le bonheur de ses Concitoyens? Au reste, on croira que c'est par ressentiment que vous ne voulez plus voir le Roi; s'il vous a voulu faire du mal, c'est qu'il ne vous a point connu. Ce n'est pas le véritable, le bon, le juste Philocles qu'il a voulu faire périr; c'étoit un homme bien différent qu'il vouloit punir. Mais maintenant qu'il vous connoît, & qu'il ne vous prend plus pour un autre, il sent toute son ancienne amitié revivre dans son cœur. Il vous attend. Déja il vous tend les bras pour vous embrasser. Dans son impatience, il compte les jours & les heures. Aurez-vous le cœur assez dur pour être inexorable à votre Roi, & à tous vos plus tendres amis?

Philocles qui avoit d'abord été attendri en reconnoissant Hegesippe, reprit son air austere en écoutant ce discours. Semblable à un rocher contre lequel les vents combattent en vain, & où toutes les vagues vont se briser en gémissant, il demeuroit immobile, & les prieres ni les raisons ne trouvoient aucune ouverture pour entrer dans son cœur. Mais au moment où Hegesippe commençoit à désespérer de le vaincre, Philocles ayant con-

(10) La Philosophie ne tend point à nous exclure de la société. Le vrai sage, est celui qui sait faire goûter la sagesse. Tels furent les premiers Philosophes, & leur vie donnoit encore plus d'idée de leur science que leurs leçons. Les Sophistes les imitoient à demi; ils agissoient en hommes, & parloient en Philosophes.

consulté les Dieux, il découvrit par le vol des oiseaux, (11) par les entrailles des victimes, & par divers autres présages, qu'il devoit suivre Hegesippe.

Alors il ne résista plus. Il se prépara à partir. Mais ce ne fut pas sans regretter le désert où il avoit passé tant d'années. Hélas! disoit-il, faut-il que je vous quitte, ô aimable grotte, où le sommeil paisible venoit toutes les nuits me délasser des travaux du jour! Ici les Parques (*b*) me filoient au milieu de ma pauvreté des jours d'or & de soie. Il se prosterna en pleurant pour adorer la Naïade (*c*) qui l'avoit si long-tems désaltéré par son onde claire, & les Nymphes qui habitoient dans toutes les montagnes voisines. Echo entendit ses regrets, & d'une triste voix les répéta à toutes les Divinités champêtres.

Ensuite Philocles vint à la Ville avec Hegesippe pour s'embarquer: il crut que le malheureux Protesilas plein de honte & de ressentiment ne voudroit point le voir; mais il se trompoit. Car les hommes corrompus n'ont aucune pudeur, & ils sont toujours prêts à toutes sortes de bassesses. Philocles se cachoit modestement, de peur d'être vu par ce misérable: il craignoit d'augmenter sa misere en lui montrant la prospérité d'un ennemi qu'on alloit élever sur ses ruines. Mais Protesilas cherchoit avec empressement Philocles, il vouloit lui faire pitié, & l'engager à demander au Roi qu'il pût retourner à Salente. Philocles étoit trop sincere pour lui promettre de

(11) Les graves augures ne pouvoient s'empêcher de rire quand ils étoient assemblés, dit Cicéron: mais la politique savoit faire usage de ces bizarres cérémonies. Les Prêtres étoient ordinairement vendus aux Généraux, qui avoient, quand ils le vouloient, les victimes propices, & qui relevoient le courage des soldats par ces assurances de la protection des Dieux.

(b) *Les Poëtes feignent qu'il y a trois Parques, Clotho, Lachesis, & Atropos, filles d'Erebus & de la Nuit, qui président au destin & à la mort. Clotho garnit la quenouille, Lachesis file, & Atropos coupe le fil; c'est-à-dire, que la premiere préside à la naissance; la seconde au cours de la vie, & la troisieme à la mort.*

(c) *Naïades, Nymphes des Fontaines & des Fleuves, que les Païens honoroient comme des Divinités. Ce nom vient de ναειν, qui signifie couler.* Aliquando tamen generaliter quaslibet Nymphas hoc nomen designat. Sane Virgilius Eglog. 10. v. 20. Naïades, pro Oreades dicit.

de travailler à le faire rappeller ; car il savoit mieux que personne combien son retour eût été pernicieux. Mais il lui parla fort doucement, lui témoigna de la compassion, tâcha de le consoler, l'exhorta à appaiser les Dieux par des mœurs pures, & par une grande patience dans ses maux. Comme il avoit appris que le Roi avoit ôté à Protesilas tous ses biens injustement acquis, il lui promit deux choses, qu'il exécuta fidelement dans la suite. L'une fut de prendre soin de sa femme & de ses enfants qui étoient demeurés à Salente dans une affreuse pauvreté, exposés à l'indignation publique : l'autre étoit d'envoyer à Protesilas dans cette Isle éloignée quelque secours d'argent pour adoucir sa misere.

Cependant les voiles s'enflent d'un vent favorable. Hegesippe impatient se hâte de faire partir Philocles. Protesilas les voit embarquer, ses yeux demeurent attachés & immobiles sur le rivage ; ils suivent le vaisseau qui fend les ondes, & que le vent éloigne toujours. Lors même qu'il ne peut plus les voir, il en repeint encore l'image dans son esprit. Enfin, troublé, furieux, livré à son désespoir, il s'arrache les cheveux, se roule sur le sable, reproche aux Dieux leur rigueur, appelle en vain à son secours la cruelle mort, qui sourde à ses prieres ne daigne le délivrer de tant de maux, (12) & qu'il n'a pas le courage de se donner lui-même.

Cependant le vaisseau favorisé de Neptune & des vents arriva bientôt à Salente. On vint dire au Roi qu'il entroit déjà dans le port. Aussi-tôt il courut au devant de Philocles avec Mentor ; il l'embrassa tendrement, lui témoigna un sensible regret de l'avoir persécuté avec tant d'injustice. Cet aveu, bien-loin de paroître une foiblesse dans un Roi, fut regardé par tous les Salentins comme l'effort d'une grande ame qui s'éleve au dessus

(12) Persée après avoir été pris prisonnier, supplioit Paul Emile de ne point l'attacher à son char de triomphe. Eh ! pourquoi me demander ce qui ne tient qu'à vous ? lui répondit le vainqueur, lui reprochant d'être assez lâche pour survivre à sa défaite.

ſus de ſes propres fautes, en les avouant avec courage pour les réparer. Tout le monde pleuroit de joie de revoir l'homme de bien qui avoit aimé le peuple, & d'entendre le Roi parler avec tant de ſageſſe & de bonté.

Philocles avec un air reſpectueux & modeſte recevoit les careſſes du Roi, & avoit impatience de ſe dérober aux acclamations du peuple; il ſuivit le Roi au Palais. Bientôt Mentor & lui furent dans la même confiance que s'ils avoient paſſé leur vie enſemble, quoiqu'ils ne ſe fuſſent jamais vus; c'eſt que les Dieux, qui ont refuſé aux méchants des yeux pour connoître les bons, ont donné aux bons de quoi ſe connoître les uns les autres. Ceux qui ont le goût de la vertu, ne peuvent être enſemble, ſans être unis par la vertu qu'ils aiment. Bientôt Philocles demanda au Roi à ſe retirer auprès de Salente dans une ſolitude, où il continua à vivre pauvrement, comme il avoit vécu à Samos. Le Roi alloit avec Mentor le voir preſque tous les jours dans ſon déſert. C'eſt-là qu'on examinoit les moyens d'affermir les loix & de donner une forme ſolide au gouvernement pour le bonheur public.

Les deux principales choſes qu'on examina, furent l'éducation des enfants (*d*) & la maniere de vivre pendant la paix. Pour les enfants, Mentor diſoit qu'ils appartiennent moins à leurs parents qu'à la République; ils ſont les enfants du peuple, ils en ſont l'éſpérance & la force; il n'eſt pas tems de les corriger, quand ils ſe ſont corrompus. C'eſt peu que de les exclure des emplois, lorſqu'on voit qu'ils s'en ſont rendus indignes: il vaut bien mieux prévenir le mal, que d'être réduit à le punir. Le Roi, (13) ajoutoit-il, qui eſt le pere de tout ſon peuple, eſt encore plus particuliérement le pere de toute

(*d*) Educationi boni mores debentur in tantum, ut leges in futurum ſupervacuæ videantur. *Xenophon*.

(13) L'éducation des enfants n'étoit point arbitraire à Lacédémone. Elle étoit confiée à des Magiſtrats qui ſe croyoient honorés par la confiance que leur témoignoit la République, en les chargeant de ce qu'elle avoit de plus précieux. Les enfants des Rois n'étoient point exemptés des exercices auxquels les jeunes Lacédémoniens étoient aſſujettis. Auſſi la valeur & la probité n'étoient à Lacédémone que des vertus communes.

toute la jeunesse, qui est la fleur de toute la Nation. C'est dans la fleur qu'il faut préparer les fruits. Que le Roi ne dédaigne donc pas de veiller, & de faire veiller sur l'éducation qu'on donne aux enfants. Qu'il tienne ferme pour faire observer les Loix de Minos, qui ordonnent, qu'on éleve les enfants dans le mépris de la douleur & de la mort; qu'on mette l'honneur à fuir les délices & les richesses; que l'injustice, le mensonge, l'ingratitude, la molesse passent pour des vices infames; qu'on leur apprenne dès leur plus tendre enfance à chanter les louanges des Héros qui ont été aimés des Dieux, qui ont fait des actions généreuses pour leur patrie, & qui ont fait éclater leur courage dans les combats; que le charme de la musique saisisse leurs ames pour rendre leurs mœurs douces & pures; qu'ils apprennent à être tendres pour leurs amis, fideles à leurs alliés, équitables pour tous les Hommes, même pour leurs plus cruels ennemis; qu'ils craignent moins la mort & les tourments, que le moindre reproche de leurs consciences. Si de bonne heure on remplit les enfants de ces grandes maximes, & qu'on les fasse entrer dans leur cœur par la douceur du chant, il y en aura peu qui ne s'enflamment de l'amour de la gloire & de la vertu.

Mentor ajoutoit, qu'il étoit capital d'établir des écoles publiques, pour accoutumer la jeunesse aux plus rudes exercices du corps, & pour éviter la mollesse & l'oisiveté qui corrompent les plus beaux naturels. Il vouloit une grande variété de jeux (14) & de spectacles, qui animassent tout le peuple, mais sur-tout qui exerçassent les corps pour les rendre adroits, souples & vigoureux. Il ajoutoit des prix pour exciter une noble émulation. Mais ce qu'il souhaitoit le plus pour les bonnes mœurs, c'est que les jeunes gens se mariassent de bonne heure, & que leur parents sans aucune vue d'inté-

(14) Tel étoit le fruit que la Grece retiroit de ses fêtes; elles étoient consacrées à des exercices qui rendoient les Hommes agiles & vigoureux. Les Hymnes qu'on y chantoit, étoient à l'honneur de ceux qui avoient vaincu les barbares. La politique avoit fait d'un culte superstitieux une espece d'école militaire.

d'intérêt leur laissassent choisir des femmes agréables de corps & d'esprit, auxquelles ils pussent s'attacher.

Mais pendant qu'on préparoit ainsi les moyens de conserver la jeunesse pure, innocente, laborieuse, docile & passionnée pour la gloire, Philocles qui aimoit la guerre, disoit à Mentor : en vain vous occuperez les jeunes gens à tous ces exercices, si vous les laissez languir dans une paix continuelle, où ils n'auront aucune expérience de la guerre, ni aucun besoin de s'éprouver sur la valeur. Par-là vous affoiblirez insensiblement la Nation ; les courages s'amolliront ; les délices corrompront les mœurs. D'autres peuples belliqueux n'auront aucune peine à les vaincre ; & pour avoir voulu éviter les maux que la guerre entraîne après elle, il tomberont dans une affreuse servitude.

Mentor lui répondit : les maux de la guerre sont encore plus horribles que vous ne pensez. (15) La guerre épuise un Etat, & le met toujours en danger de périr, lors même qu'on remporte les plus grandes victoires. Avec quelques avantages qu'on la commence, on n'est jamais sûr de la finir sans être exposé aux plus tragiques renversements de fortune. Avec quelque supériorité de forces qu'on s'engage dans un combat, le moindre mécompte, une terreur panique, un rien vous arrache la victoire qui étoit déjà dans vos mains, & la transporte chez vos ennemis. Quand même on tiendroit dans son camp la victoire comme enchaînée, on se détruiroit soi-même en détruisant ses ennemis. On dépeuple son pays ; on laisse les terres presque incultes ; on trouble le commerce : mais ce qui est bien pis, on affoiblit les me[illegible]leures loix, & on laisse corrompre les mœurs. La jeu[illegible] ne s'adonne plus aux lettres. Le pressant besoin f[illegible] qu'on souffre une licence pernicieuse dans les trou[illegible]s. La justice, la police, tout souffre de ce désordre. Un Roi qui verse le sang de tant d'hommes, & o[illegible] cause tant de

(15) Tout ce qui suit est un détail des maux que les guerres presque continuelles du regne de Louis XIV ont causés à la France, qui étoit déjà r[illegible]uite à l'état qu'on décrit ici lorsque cet Ouvrage fut mis e[illegible]re les mains du Duc de Bourgog[illegible]e.

de malheurs pour acquérir un peu de gloire, ou pour étendre les bornes de son royaume, est indigne de la gloire qu'il cherche, & mérite de perdre ce qu'il possede pour avoir voulu usurper ce qui ne lui appartenoit pas.

Mais voici le moyen d'exercer le courage d'une Nation en tems de paix. Vous avez déjà vu les exercices du corps que nous établissons; les prix qui excitent l'émulation; les maximes de gloire & de vertu, (16) dont on remplira les ames des enfants presque dans le berceau par le chant des grandes actions des Héros. Ajoutez à ces secours celui d'une vie sobre & laborieuse. Mais ce n'est pas tout; aussi-tôt qu'un peuple allié de votre Nation aura une guerre, il faut y envoyer la fleur de votre jeunesse, sur-tout ceux en qui on remarquera le génie de la guerre, & qui seront les plus propres à profiter de l'expérience. Par-là vous conserverez une haute réputation chez vos alliés. Votre alliance sera recherchée: on craindra de la perdre. Sans avoir la guerre chez vous, & à vos dépens, vous aurez toujours une jeunesse aguerrie & intrépide. Quoique vous ayiez la paix chez vous, vous ne laisserez pas de traiter avec de grands honneurs ceux qui auront le talent de la guerre. Car le vrai moyen d'éloigner la guerre, & de conserver une longue paix, c'est de cultiver les armes; c'est d'honorer les Hommes excellents dans cette profession, c'est d'en avoir toujours, qui s'y soient exercés dans les pays étrangers, qui connoissent les forces, la discipline & les manieres de faire la guerre des peuples voisins; c'est d'être également incapable & de faire la guerre par ambition, & de la craindre par mollesse. Alors étant toujours prêt à la faire pour la nécessité, on parvient à ne l'avoir presque jamais.

Pour les alliés, quand ils sont prêts à se faire la guerre les uns aux autres, c'est à vous à vous rendre médiateur. Par-là vous acquerez une gloire plus solide & plus sûre que celles des Conquérants. Vous gagnez l'amour & l'estime

(16) *Telles étoient les poësies d'Homere*, elles ont formé tous les Héros de la Grece, *dit Isocrate*.

eſtime des étrangers: ils ont tous beſoin de vous; vous régnez ſur eux par la confiance, comme vous régnez ſur vos ſujets par l'autorité. Vous demeurez le dépoſitaire des ſecrets, l'arbitre des traités, le maître de cœurs. Votre réputation vole dans tous les pays les plus éloignés. Votre nom eſt comme un parfum délicieux qui s'exhale de pays en pays chez les peuples les plus reculés. En cet état, qu'un Peuple voiſin vous attaque contre les regles de la juſtice, il vous trouve aguerri, préparé; mais ce qui eſt bien plus fort, il vous trouve aimé & ſecouru. Tous vos voiſins s'alarment pour vous, & ſont perſuadés que votre conſervation fait la ſûreté publique. Voilà un rempart bien plus aſſuré que toutes les murailles des villes, & que toutes les places les mieux fortifiées. Voilà la véritable gloire. Mais qu'il y a peu de Rois qui ſachent la chercher, & qui ne s'en éloignent point! Ils courent après une ombre trompeuſe, & laiſſent derriere eux le vrai honneur faute de le connoître.

Après que Mentor eut parlé ainſi, Philocles étonné le regardoit; puis il jettoit les yeux ſur le Roi, & étoit charmé de voir avec quelle avidité Idomenée recueilloit au fond de ſon cœur toutes les paroles, qui ſortoient comme un fleuve de ſageſſe de la bouche de cet étranger.

Minerve ſous la figure de Mentor établiſſoit ainſi dans Salente toutes les meilleures loix & les plus utiles maximes du gouvernement, moins pour faire fleurir le royaume d'Idomenée, que pour montrer à Télémaque quand il reviendroit, un exemple ſenſible de ce qu'un ſage gouvernement peut faire pour rendre les peuples heureux, & pour donner à un bon Roi une gloire durable.

Fin du quatorzieme Livre.

SOM-

SOMMAIRE
DU
LIVRE QUINZIEME.

TELE'MAQUE *au camp des Alliés gagne l'inclination de Philoctete, d'abord indisposé contre lui, à cause d'Ulysse son pere. Philoctete lui raconte ses aventures, où il fait entrer les particularités de la mort d'Hercule, causée par la tunique empoisonnée, que le Centaure Nessus avoit donnée à Déjanire. Il lui explique, comment il obtint de ce Héros ses fleches fatales, sans lesquelles la ville de Troye ne pouvoit être prise; comment il fut puni d'avoir trahi son secret, par tous les maux qu'il souffrit dans l'Isle de Lemnos; & comment Ulysse se servit de Neoptoleme pour l'engager à aller au Siege de Troye, où il fut guéri de sa blessure par le fils d'Esculape.*

LIVRE QUINZIEME.

CEpendant Télémaque montroit son courage dans les périls de la guerre. En partant de Salente il s'appliqua à gagner l'affection des vieux Capitaines, dont la réputation & l'expérience étoient au comble. Nestor, qui l'avoit déjà vu à Pylos, & qui avoit toujour aimé Ulysse, le traitoit comme si c'eût été son propre fils. Il lui donnoit des instructions qu'il appuyoit de divers exemples. Il lui racontoit toutes les aventures de sa jeunesse, & tout ce qu'il avoit vu faire de plus remarquable aux Héros de l'âge passé. La mémoire de ce sage Vieillard, qui avoit vécu trois âges d'homme, étoit comme une histoire des anciens tems gravée sur le marbre & sur l'airain.

Philoctete n'eut pas d'abord la même inclination pour Télémaque, que Nestor. La haine qu'il avoit nourrie

si longſi long-tems dans ſon cœur contre Ulyſſe, l'éloignoit de ſon fils, & il ne pouvoit voir qu'avec peine tout ce qu'il ſembloit que les Dieux préparoient en faveur de ce jeune homme pour le rendre égal aux Héros, qui avoient renverſé la ville de Troye. Mais enfin la modération de Télémaque vainquit tous les reſſentiments de Philoctete; il ne put ſe defendre d'aimer cette vertu douce & modeſte. Il prenoit ſouvent Télémaque, & lui diſoit: mon fils, (car je ne crains plus de vous nommer ainſi) votre pere & moi, je l'avoue, nous avons été long-tems ennemis l'un de l'autre: j'avoue même qu' après que nous eûmes fait tomber la ſuperbe ville de Troye, mon cœur n'étoit point encore appaiſé: & quand je vous ai vu, j'ai ſenti de la peine à aimer la vertu dans le fils d'Ulyſſe. Je me le ſuis ſouvent reproché. Mais enfin la vertu, quand elle eſt douce, ſimple, ingénue & modeſte, ſurmonte tout. Enſuite Philoctete s'engagea inſenſiblement à lui raconter ce qui avoit allumé dans ſon cœur tant de haine contre Ulyſſe.

Il faut, dit-il, reprendre mon hiſtoire de plus haut. Je ſuivois par-tout (1) le grand Hercule, qui a délivré la terre de tant de monſtres, & devant qui les autres Héros n'étoient que comme ſont les foibles roſeaux auprès d'un grand chêne, ou comme les moindres oiſeaux en préſence de l'aigle. Ses malheurs & les miens vinrent d'une paſſion, qui cauſe tous les déſaſtres les plus affreux; c'eſt l'amour. Hercule, qui avoit vaincu tant de monſtres, ne pouvoit vaincre cette paſſion honteuſe, & le

(1) Cette narration des aventures de Philoctete eſt preſque traduite de la tragédie de Sophocles qui porte le nom de ce Héros. Elle n'a rien perdu entre les mains de l'Auteur qui a ſu faire d'un des plus beaux reſtes de l'antiquité un des plus beaux ornements de ce Poëme. Ce ſujet tout grand qu'il eſt, n'a jamais oſé ſe produire ſur notre ſcene, & il faut avouer qu'il ſeroit difficile de l'accommoder au goût de notre Nation. Philoctete paroît toujours avec ſon affreuſe maladie, il tombe en foibleſſe, & fait craindre pour ſa vie à tous les inſtants, & on voit aſſez que le goût François ne s'accommoderoit ni de la vue d'un malade ni de ſes pamoiſons. Eh? Comment amener à un pareil ſujet une intrigue d'amour ſans laquelle l'Auteur eſclave du Parterre & aſſervi au goût régnant de la galanterie, ne croit pas qu'on puiſſe faire une tragédie?

& le cruel enfant Cupidon se jouoit de lui. Il ne pouvoit se ressouvenir sans rougir de honte, qu'il avoit autrefois oublié sa gloire jusqu'à filer (*a*) auprès d'Omphale, Reine de Lydie, comme le plus lâche & le plus efféminé de tous les hommes; tant il avoit été entraîné par un amour aveugle. Cent fois il m'a avoué, que cet endroit de sa vie avoit terni sa vertu, & presque effacé la gloire de tous ses travaux. Cependant, ô Dieux! telle est la foiblesse & l'inconstance des hommes; ils se promettent tout d'eux-mêmes, & ne résistent à rien. Hélas! le grand Hercule (*b*) retomba dans les pieges de l'amour qu'il avoit si souvent détestés. Il aima Déjanire (*c*). Trop heureux s'il eût été constant dans cette passion pour une femme qui fut son épouse. Mais bientôt la jeunesse d'Iole, sur le visage de la quelle les graces étoient peintes, ravit son cœur. Déjanire brûla de jalousie. Elle se ressouvint de cette fatale tunique, que le Centaure Nessus lui avoit laissée en mourant, comme un moyen assuré de réveiller l'amour d'Hercule, toutes les fois qu'il paroîtroit la négliger pour en aimer quelqu'autre. Cette tunique pleine du sang venimeux du Centaure, renfermoit le poison des fleches dont ce monstre avoit été percé. Vous savez, que les fleches d'Hercule, qui tua ce perfide Centaure, avoient été trempées dans le sang de l'Hydre de Lerne (*d*) & que ce sang empoisonnoit ces fleches, ensorte que toutes les blessures qu'elles faisoient, étoient incurables.

Her-

(a) *Hercule après tant d'exploits glorieux, fut si possédé des charmes d'Omphale, qu'il changea pour elle sa massue en une quenouille, prit l'habit de fille, & mena la vie des filles de chambre de cette Princesse.*

(b) *Hercule célebre par tant de hauts faits s'avise à la fin de filer comme une femme, & devient ainsi lui-même la Parque de son immortalité. Ce ne sont plus des Colonnes aussi durables que l'airain, c'est un frêle fuseau, qu'il veut laisser aux siecles à venir pour monument de son Héroïsme.*

(c) *Déjanire, fille de Oenée, Roi d'Etolie, pour laquelle Hercule tua le Centaure Nessus d'un coup de fleche trempée dans le sang de l'Hydre. Nessus se voyant prêt de mourir, donna sa robe ensanglantée à Déjanire, & cette femme l'envoya à Hercule, qui l'ayant mise, devint furieux, & se brûla lui-même. Déjanire se tua ensuite d'un coup de la massue d'Hercule son mari.*

(d) *Lerne étoit un Marais dans le territoire d'Argos, célebre par cette Hydre ou Serpent à cent têtes qu'Hercule y défit.*

Hercule s'étant revêtu de cette tunique, sentit bientôt le feu dévorant, qui se glissoit jusques dans la moëlle de ses os: il poussoit des cris horribles, dont le Mont Oéta résonnoit, & faisoit retentir toutes les profondes vallées; la mer même en paroissoit émue: les taureaux les plus furieux qui auroient mugi dans leurs combats, n'auroient pas fait un bruit aussi affreux. Le malheureux Lychas; qui lui avoit apporté de la part de Déjanire cette tunique, ayant osé s'approcher de lui, Hercule dans le transport de sa douleur le prit, le fit pirouetter comme un frondeur fait avec sa fronde tourner la pierre qu'il veut jetter loin de lui. Ainsi Lychas lancé du haut de la montagne par la puissante main d'Hercule, tomba dans les flots de la mer, où il fut changé tout-à-coup en un rocher, qui garde encore la figure humaine, & qui étant toujours battu par les vagues irritées, épouvante de loin les sages Pilotes.

Après ce malheur de Lychas je crus que je ne pouvois plus me fier à Hercule. Je songeois à me cacher dans les cavernes les plus profondes. Je le voyois déraciner sans peine d'une main les hauts sapins & les vieux chênes, qui depuis plusieurs siecles avoient méprisé les vents & les tempêtes. De l'autre main il tâchoit en vain d'arracher de dessus son dos la fatale tunique; elle s'étoit collée sur sa peau, & comme incorporée à ses membres. A mesure qu'il la déchiroit, il déchiroit aussi sa peau & sa chair. Son sang ruisseloit, & trempoit la terre. Enfin sa vertu surmontant sa douleur, il s'écria: Tu vois, ô mon cher Philoctete, les maux que les Dieux me font souffrir; ils sont justes; c'est moi qui les ai offensés; j'ai violé l'amour conjugal. Après avoir vaincu tant d'ennemis, je me suis lâchement laissé vaincre par l'amour d'une beauté étrangere. Je péris, & je suis content de périr pour appaiser les Dieux. Mais hélas! Cher ami, où est-ce que tu fuis? L'excès de la douleur m'a fait commettre, il est vrai, contre ce misérable Lychas une cruauté, que je me reproche; il n'a pas su quel poison il me présentoit; il n'a point mérité ce que je lui ai fait souffrir: mais crois-tu que je puisse ou-

oublier l'amitié que je te dois, & que je veuille t'arracher la vie? Non, non, je ne cesserai point d'aimer Philoctete. Philoctete recevra dans son sein mon ame prête à s'envoler. C'est lui qui recueillira mes cendres. Où es-tu donc, ô mon cher Philoctete, Philoctete la seule espérance qui me reste ici-bas?

A ces mots, je me hâte de courir vers lui, il me tend les bras, & veut m'embrasser; mais il se retient dans la crainte d'allumer dans mon sein le feu cruel dont il est lui-même brûlé. Hélas! dit-il, cette consolation même ne m'est plus permise. En parlant ainsi, il assemble tous ces arbres qu'il vient d'abattre; il en fait un bûcher sur le sommet de la montagne; il monte tranquillement sur le bûcher; il étend la peau du lyon de Némée (*e*), qui avoit si long-tems couvert ses épaules, lorsqu'il alloit d'un bout de la terre à l'autre abattre les monstres, & délivrer les malheureux. Il s'appuie sur sa massue, & il m'ordonne d'allumer le feu du bûcher.

Mes mains tremblantes & saisies d'horreur ne purent lui refuser ce cruel office; car la vie n'étoit plus pour lui un présent des Dieux, tant elle lui étoit funeste. Je craignis même, que l'excès de ses douleurs ne le transportât jusqu'à faire quelque chose d'indigne de cette vertu qui avoit étonné l'Univers.

Comme il vit que la flamme commençoit à prendre au bûcher: c'est maintenant, s'écria-t-il, mon cher Philoctete, que j'éprouve ta véritable amitié; car tu aimes mon honneur plus que ma vie: que les Dieux te le rendent. Je te laisse ce que j'ai de plus précieux sur la terre, ces fleches trempées dans le sang de l'Hydre de Lerne. Tu sais que les blessures qu'elles font, sont incurables; par elles tu seras invincible, comme je l'ai été, & aucun mortel n'osera combattre contre toi. Souviens-toi que je meurs fidele à notre amitié, & n'oublie

(e) *Némée, forêt dans l'Achaïe, où Hercule tua un Lyon prodigieux, de la peau duquel il se couvrit ensuite. On institua à Argos les jeux Néméens pour éterniser la mémoire de cette illustre action.*

blie jamais combien tu m'as été cher. Mais s'il est vrai que tu sois touché de mes maux, tu peux me donner une derniere consolation. Promets-moi de ne découvrir jamais à aucun mortel ni ma mort, ni le lieu où tu auras caché mes cendres. Je le lui promis, hélas! je le jurai même en arrosant son bûcher de mes larmes : un rayon de joie parut dans ses yeux. Mais tout-à-coup un tourbillon de flamme qui l'enveloppa, étouffa sa voix, & le déroba presque à ma vue. Je le voyois encore néanmoins au travers des flammes, avec un visage aussi serein que s'il eût été couronné de fleurs & couvert de parfums dans la joie d'un festin délicieux au milieu de tous ses amis.

Le feu consuma bientôt tout ce qu'il y avoit de terrestre & de mortel en lui. Bientôt il ne lui resta rien de tout ce qu'il avoit reçu dans sa naissance de sa mere Alcmene : mais il conserva par l'ordre de Jupiter cette nature subtile & immortelle, cette flamme céleste qui est le vrai principe de vie, & qu'il avoit reçu du pere des Dieux. Ainsi il alla avec eux sous les voûtes dorées du brillant Olympe boire le Nectar, où les Dieux lui donnérent pour épouse l'aimable Hébé, (*f*) qui est la Déesse de la Jeunesse, & qui versoit le Nectar dans la coupe du grand Jupiter, avant que Ganimede eût reçu cet honneur.

Pour moi je trouvai une source inépuisable de douleurs dans ces fleches qu'il m'avoit données pour m'élever au dessus des Héros. Bientôt les Rois ligués entreprirent de venger Ménélas de l'infame Pâris, qui avoit enlevé Helene, (2) & de renverser l'Empire de Priam. L'Oracle d'Apollon leur fit entendre, qu'ils ne devoient point

(f) *Hébé étoit fille de Junon sans pere, elle se laissa tomber en versant à boire à Jupiter, qui se fit dans la suite servir par Ganimede.*

(2) Entre diverses pieces de M. Jean-François Corradin dell'Aglio, qui rendent témoignage de ses beaux talents, on peut mettre *l'Elena rapita di Colutho, Poeta Tebano, tradotta novellamente dal Greco in versi Italiani; à Venise* 1741. *petit in* 4. Cette traduction est terminée par un Chapitre d'éloges du Cocuage, pour la consolation de Ménélas mari de cette Princesse.

point eſpérer de finir heureuſement cette guerre, à moins qu'ils n'euſſent les fleches d'Hercule.

Ulyſſe votre pere, qui étoit toujours le plus éclairé & le plus induſtrieux dans tous les conſeils, ſe chargea de me perſuader d'aller avec eux au ſiege de Troye, & d'y apporter les fleches qu'il croyoit que j'avois. Il y avoit déjà long-tems qu'Hercule ne paroiſſoit plus ſur la terre. On n'entendoit plus parler d'aucun nouvel exploit de ce Héros: les monſtres & les ſcélérats recommençoient à paroître impunément; les Grecs ne ſavoient que croire de lui. Les uns diſoient qu'il étoit mort; d'autres ſoutenoient qu'il étoit allé juſques ſous l'Ourſe (*g*) glacée dompter les Scythes: mais Ulyſſe ſoutint qu'il étoit mort, & entreprit de me le faire avouer. Il me vint trover dans un tems où je ne pouvois encore me conſoler d'avoir perdu le grand Alcide. Il eut une peine extrême à m'aborder; car je ne pouvois plus voir les hommes; je ne pouvois ſouffrir qu'on m'arrachât de ces déſerts du Monte Oeta (*h*) où j'avois vu perir mon ami. Je ne ſongeois qu'à me repeindre l'image de ce Héros, & qu'à pleurer à la vue de ces triſtes lieux: mais la douce & puiſſante perſuaſion étoit ſur les levres de votre pere. Il parut preſqu'auſſi affligé que moi: il verſa des larmes, il ſut gagner inſenſiblement mon cœur & attirer ma confiance, il m'attendrit pour les Rois Grecs qui alloient combattre pour une juſte cauſe, & qui ne pouvoient réuſſir ſans moi; il ne put jamais néanmoins m'arracher le ſecret de la mort d'Hercule, que j'avois juré de ne dire jamais; mais il ne doutoit plus qu'il ne fût mort, & il me preſſoit de lui découvrir le lieu où j'avois caché ſes cendres.

Hé-

(g) *L'Ourſe eſt une conſtellation proche du Pole Arctique ou Septentrion: elle eſt appellée Glacée à cauſe de l'éloignement où elle eſt du Soleil.*

(h) *Le Mont Oeta eſt dans la Theſſalie, entre le Parnaſſe & le Pinde célebre par le tombeau d'Hercule. Comme le Mont Oeta s'étend juſqu'à la mer Egée, maintenant Archipel, où eſt l'extrêmité de l'Europe vers l'Orient, les Poëtes ont feint, que le Soleil & les Etoiles ſe levoient à côté de cette montagne, & que delà venoit le jour & la nuit.*

Virgile in Culice.

Et piger aurato procedit veſper ab Oeta.

Hélas ! j'eus horreur de faire un parjure, en lui disant un secret que j'avois promis aux Dieux de ne dire jamais. J'eus la foiblesse d'éluder mon serment, n'osant le violer. Les Dieux m'en ont puni. Je frappai du pied la terre à l'endroit où j'avois mis les cendres d'Hercule. Ensuite j'allai joindre les Rois ligués, qui me reçurent avec la même joie qu'ils auroient reçu Hercule même. Comme je passois dans l'Isle de Lemnos, je voulus montrer à tous les Grecs ce que mes fleches pouvoient faire, me préparant à percer un daim qui s'élançoit dans un bois ; je laissai par mégarde tomber la fleche de l'arc sur mon pied, & elle me fit une blessure que je ressens encore. Aussi-tôt j'éprouvai ces mêmes douleurs qu'Hercule avoit souffertes. Je remplissois nuit & jour l'Isle de mes cris. Un sang noir & corrompu coulant de ma plaie, infectoit l'air, & répandoit dans le camp des Grecs une puanteur capable de suffoquer les hommes les plus vigoureux. Toute l'armée eut horreur de me voir dans cette extrêmité. Chacun conclut que c'étoit un supplice qui m'étoit envoyé par les justes Dieux.

Ulysse qui m'avoit engagé dans cette guerre, fut le premier à m'abandonner. J'ai reconnu depuis qu'il l'avoit fait, parce qu'il préféroit l'intérêt commun de la Grece, & la victoire à toutes les raisons d'amitié ou de bienséance particuliere. On ne pouvoit plus sacrifier dans le camp, tant l'horreur de ma plaie, son infection, & la violence de mes cris troubloient toute l'armée. Mais au moment que je me vis abandonné de tous les Grecs par les conseils d'Ulysse, cette politique me parut pleine de la plus horrible inhumanité & de la plus noire trahison. Hélas ! j'étois aveugle, & je ne voyois pas qu'il étoit juste, que les plus sages hommes fussent contre moi, de même que les Dieux que j'avois irrités.

Je demeurai presque pendant tout le siege de Troye seul, sans secours, sans espérance, sans soulagement, livré à d'horribles douleurs dans cette Isle déserte & sauvage, où je n'entendois que le bruit des vagues de

la

la mer qui se brisoient contre les rochers. Je trouvai au milieu de cette solitude une caverne vuide dans un rocher qui élevoit vers le Ciel deux pointes semblables à deux têtes. De ce rocher sortoit une fontaine claire. Cette caverne étoit la retraite des bêtes farouches, à la fureur desquelles j'étois exposé nuit & jour. J'amassai quelques feuilles pour me coucher. Il ne me restoit pour tout bien qu'un pot de bois grossiérement travaillé, & quelques habits déchirés, dont j'enveloppois ma plaie pour arrêter le sang & dont je me servois aussi pour la nettoyer. Là abandonné des hommes, & livré à la colere des Dieux, je passois mon tems à percer de mes fleches les colombes & les autres oiseaux qui voloient autour de ce rocher. Quand j'avois tué quelques oiseaux pour ma nourriture, il falloit que je m traînasse contre terre avec douleur pour aller amasse ma proie. Ainsi mes mains me préparoient de quo me nourrir.

Il est vrai que les Grecs en partant me laisserent quelques provisions; mais elles durérent peu. J'allumois du feu avec des cailloux. Cette vie, toute affreuse qu'elle est, m'eût paru douce, loin des hommes ingrats & trompeurs, si la douleur ne m'eût accablé, & si je n'eusse sans cesse repassé dans mon esprit ma triste aventure. Quoi! disois-je, tirer un homme de sa patrie, comme le seul homme qui puisse venger la Grece, & puis l'abandonner dans cette Isle déserte pendant son sommeil! Car ce fut pendant mon sommeil que les Grecs partirent. Jugez quelle fut ma surprise, & combien je versai de larmes à mon réveil, quand je vis les vaisseaux fendre les ondes. Hélas! cherchant de tous côtés dans cette Isle sauvage & horrible, je n'y trouvai que la douleur.

Dans cette Isle en effet il n'y a ni port, ni commerce, ni hospitalité, ni hommes qui y abordent volontairement. On n'y voit que les malheureux que les tempêtes y ont jettés, & on n'y peut espérer de société que par des naufrages. Encore même ceux qui venoient en ce lieu, n'osoient me prendre pour me ramener: ils craignoient la colere des Dieux & celle des Grecs. Depuis dix ans je souffrois la douleur, la faim; je nourrissois une plaie qui me dévoroit; l'espérance même étoit éteinte dans mon cœur.

Tout-à-coup revenant de chercher des plantes médicinales pour ma plaie, j'apperçus dans mon antre un jeune homme beau & gracieux, mais fier & d'une taille de Héros. Il me sembla que je voyois Achille, tant il en avoit les traits, les regards & la démarche: son âge seul me fit comprendre que ce ne pouvoit être lui. Je remarquai sur son visage tout ensemble la compassion & l'embarras; il fut touché de voir avec quelle peine & quelle lenteur je me traînois. Les cris perçants & douloureux, dont je faisois retentir les échos de tout le rivage, attendrirent son cœur.

O etranger! lui disois-je d'assez loin, quel malheur t'a conduit dans cette Isle inhabitée? Je reconnois l'habit Grec, cet habit qui m'est encore si cher. O! qu'il me tarde d'entendre ta voix, & de trouver sur tes levres cette langue que j'ai apprise dès l'enfance, & que je ne puis plus parler à personne depuis si long-tems dans cette solitude. Ne sois point effrayé de voir un homme si malheureux, tu dois en avoir pitié.

A peine Neoptoleme m'eut dit: je suis Grec; que je m'écriai: o douce parole après tant d'années de silence & de douleur sans consolation! O mon fils! quel malheur, quelle tempête, ou plutôt quel vent favorable t'a conduit ici pour finir mes maux? Il me répondit: je suis de l'Isle de Scyros; (i) j'y retourne; on dit que je suis fils d'Achille; tu sais tout.

Des paroles si courtes ne contentoient pas ma curiosité. Je lui dis: o fils d'un pere que j'ai tant aimé! cher nourrisson de Lycomede, (k) comment viens-tu donc

(i) *Scyros, aujourd'hui Sciro, est une des Isles de l'Archipel, à l'entrée du Golfe de Zeiton, à treize lieues de Négrepont vers le Nord.*

(k) *La mere d'Achille, pour l'empecher d'aller au siege de Troye, le mit déguisé en fille à la Cour du Roi Lycomede, où il devint amoureux de Déidamie, de laquelle il eut Pyrrhus ou Neoptoleme.*

donc ici? d'où viens-tu? il me répondit, qu'il venoit du siege de Troye. Tu n'étois pas, lui dis-je, de la premiere expédition. Et toi, me dit-il, en étois-tu? Alors je lui répondis : tu ne connois, je le vois bien, ni le nom de Philoctete, ni ses malheurs. Hélas! infortuné que je suis, mes persécuteurs m'insultent dans ma misere! la Grece ignore que je souffre; ma douleur augmente; les Atrides (*l*) m'ont mis en cet état; que les Dieux le leur rendent.

Ensuite je lui raccontai de quelle maniere les Grecs m'avoient abandonné. Aussi-tôt qu'il eut écouté mes plaintes, il fit les siennes. Après la mort d'Achille, me dit-il.... D'abord je l'interrompis, en lui disant: quoi! Achille est mort: pardonne-moi, mon fils, si je trouble ton récit par les larmes que je dois à ton pere. Neoptoleme me répondit : Vous me consolez en m'interrompant. Qu'il m'est doux de voir Philoctete pleurer mon pere!

Neoptoleme reprenant son discours, me dit : après la mort d'Achille, Ulysse, & Phénix me vinrent chercher, assurant qu'on ne pouvoit sans moi renverser la ville de Troye. Ils n'eurent aucune peine à m'emmener; car la douleur de la mort d'Achille, & le desir d'hériter de sa gloire dans cette célebre guerre, m'engageoient assez à les suivre. J'arrive à Sigée. (*m*) L'armée s'assemble autour de moi. Chacun jure qu'il revoit Achille. Mais, hélas! il n'étoit plus. Jeune & sans expérience, je croyois pouvoir tout espérer de ceux qui me donnoient tant de louanges. D'abord je demande aux Atrides les armes de mon pere. Ils me répondent cruellement : tu auras le reste de ce qui lui appartenoit, mais pour ses armes elles sont destinées à Ulysse.

Aussi-tôt je me trouble, je pleure, je m'emporte. Mais Ulysse, sans s'émouvoir, me disoit : jeune homme,

(*l*) *Les Atrides sont les fils d'Atrée, savoir Agamemnon & Menelas.*

(*m*) *Sigée, aujourd'hui Cap des Janissaires, est dans la Natolie à l'entrée du Golfe de Gallipoli, vis-à-vis de la pointe de la Romanie. On y voit le village de Trojaki, qui veut dire petite Troye.*

me, tu n'étois pas avec nous dans les périls de ce long siege; tu n'as pas mérité de telles armes, & tu parles déjà trop fiérement; jamais tu ne les auras. Dépouillé injustement par Ulysse, je m'en retourne dans l'Isle de Scyros, moins indigné contre Ulysse que contre les Atrides. Que quiconque est leur ennemi, puisse être l'ami des Dieux! O Philoctete, j'ai tout dit.

Alors je demandai à Neoptoleme comment Ajax Telamonien n'avoit pas empêché cette injustice. Il est mort, me répondit-il. Il est mort, m'écriai-je! & Ulysse ne meurt pas? Au contraire il fleurit dans l'armée. Ensuite je lui demandai des nouvelles d'Antiloque fils du sage Nestor, & de Patrocle si chéri par Achille. Ils sont morts aussi, me dit-il. Aussi-tôt je m'écriai encore: quoi morts! Hélas! que me dis-tu? Ainsi la cruelle guerre moissonne les bons, & épargne les méchants. Ulysse est donc en vie, Tersite (*n*) l'est aussi sans doute. Voilà ce que font les Dieux; & nous les louerions encore!

Pendant que j'étois dans cette fureur contre votre pere, Neoptoleme continuoit à me tromper. Il ajouta ces tristes paroles: loin de l'armée Grecque, où le mal prévaut sur le bien, je vais vivre content dans la sauvage Isle de Scyros. Adieu, je pars, que les Dieux vous guérissent.

Aussi-tôt je lui dis: o mon fils, je te conjure par les manes de ton pere, par ta mere, par tout ce que tu as de plus cher sur la terre, de ne me pas laisser seul dans les maux que tu vois. Je n'ignore pas combien je te serai à charge; mais il y auroit de la honte à m'abandonner; jette-moi à la prouve, à la pouppe, dans la sentine même, par-tout où je t'incommoderai le moins. Il n'y a que les grands cœurs qui sachent combien il y a de gloire à être bon. Ne me laisse point en un désert où il n'y a aucun vestige d'homme; mene-moi dans ta patrie

(n) *Tersite étoit un des plus malfaits & des plus lâches de l'armée des Grecs, & si porté à contredire les plus sages & les plus habiles, qu'Achille indigné de ses manieres le tua d'un coup de poing.*

patrie ou dans l'Eubée, (*o*) qui n'est pas loin du Mont Oéta, de Trachine, (*p*) & des bords agréables du fleuve Sperchius: (*q*) rends-moi à mon pere. Hélas! que je crains qu'il ne soit mort! je lui avois mandé de m'envoyer un vaisseau. Ou il est mort, ou bien ceux qui m'avoient promis de lui dire ma misere ne l'ont pas fait. J'ai recours à toi. O mon fils! Souviens-toi de la fragilité des choses humaines. Celui qui est dans la prospérité, doit craindre d'en abuser, & secourir les malheureux.

Voilà ce que l'excès de la douleur me faisoit dire à Neoptoleme. Il me promit de m'emmener. Alors je m'écriai encore: o heureux jour! O aimable Neoptoleme, digne de la gloire de ton pere! Chers Compagnons de ce voyage, souffrez que je dise adieu à cette demeure. Voyez où j'ai vécu. Comprenez ce que j'ai souffert. Nul autre n'eût pu le souffrir; mais la nécessité m'avoit instruit, & elle apprend aux hommes ce qu'ils ne pourroient jamais savoir autrement. Ceux qui n'ont jamais souffert ne savent rien; ils ne connoissent ni les biens ni les maux; ils ignorent les hommes. Ils s'ignorent eux-mêmes. Après avoir parlé ainsi, je pris mon arc & mes fleches.

Neoptoleme me pria de souffrir qu'il baisât ces armes si célebres & consacrées par l'invincible Hercule. Je lui répondis: tu peux tout. C'est toi, mon fils, qui me rends aujourd'hui la lumiere, ma patrie, mon pere accablé de vieillesse, mes amis, moi-même. Tu peux toucher ces armes, & te vanter d'être seul d'entre les Grecs, qui ait mérité de les toucher. Aussi-tôt Neoptoleme entre dans ma grotte pour admirer mes armes.

Cependant une douleur cruelle me saisit, elle me trouble, je ne sais plus ce que je fais; je demande un glaive tranchant pour couper mon pied; je m'écrie: o mort

(o) *Eubée, Isle de la mer Egée, aujourd'hui Négrepont.*

(p) *Trachine.* Trachina, Civitas Thessaliæ, quæ & Heraclea ab Hercule dicta fuit. *Thucydid. L.2.*

(q) *Sperchius.* Thessaliæ fluvius natus in jugis Pelii montis, in sinum influit Maliacum. *Virgilius 2. Georg. v. 487.*

mort tant desirée, que ne viens-tu! O jeune homme, brûle-moi tout-à-l'heure, comme je brûlai le fils de Jupiter! ô terre! ô terre, reçois un mourant qui ne peut plus se relever! De ce transport de douleur, je tombe soudainement selon ma coutume dans un assoupissement profond; une grande sueur commença à me soulager; un sang noir & corrompu coula de ma plaie. Pendant mon sommeil il eût été facile à Neoptoleme d'emporter mes armes & de partir; mais il étoit fils d'Achille, & n'étoit pas né pour tromper.

En m'éveillant je reconnus son embarras: il soupiroit comme un homme qui ne sait pas dissimuler, & qui agit contre son cœur. Me veux-tu donc surprendre, lui dis-je? Qu'y a-t-il donc? Il faut, me répondit-il, que vous me suiviez au siege de Troye. Je repris aussitôt: Ah! qu'as-tu dit, mon fils? Rends-moi cet arc. Je suis trahi, ne m'arrache pas la vie. Hélas! il ne répond rien; il me regarde tranquillement, rien ne le touche. O rivages! ô promontoires de cette Isle! ô bêtes farouches! ô rochers escarpés! c'est à vous que je me plains; car je n'ai que vous à qui je puisse me plaindre; vous êtes accoûtumés à mes gémissements. Faut-il que je sois trahi par le fils d'Achille? Il m'enleve l'arc sacré d'Hercule. Il veut me traîner dans le camp des Grecs pour triompher de moi. Il ne voit pas que c'est triompher d'un mort, d'une ombre, d'une image vaine. O s'il m'eût attaqué dans ma force! Mais encore à présent ce n'est que par surprise. Que ferai-je? Rends, mon fils, sois semblable à ton pere, semblable à toi-même. Que dis-tu? Tu ne dis rien! O rocher sauvage, je reviens à toi, nu, misérable, abandonné, sans nourriture. Je mourrai seul dans cet antre. N'ayant plus mon arc pour tuer les bêtes, les bêtes me dévoreront; n'importe. Mais, mon fils, tu ne parois pas méchant, quelque conseil te pousse; rends-moi mes armes; va-t-en.

Neoptoleme les larmes aux yeux disoit tous bas: plût aut Dieux que je ne fusse jamais parti de Scyros! Cependant je m'écrie: Ah! que vois-je? N'est-ce pas Ulysse?

se? Aussi-tot j'entends sa voix, & il me répond : oui, c'est moi. Si le sombre Royaume de Pluton se fût entr'ouvert, & que j'eusse vu le noir Tartare, que les Dieux mêmes craignent d'entrevoir, je n'aurois pas été saisi, je l'avoue, d'une plus grande horreur. Je m'écriai encore : O terre de Lemnos, je te prends à témoin ! O Soleil tu le vois, & tu le souffres! Ulysse me répondit sans s'émouvoir, Jupiter le veut, & je l'exécute. Oses-tu, lui disois-je, nommer Jupiter? Vois tu ce jeune homme, qui n'étoit point né pour la fraude, & qui souffre en exécutant ce que tu l'obliges de faire? Ce n'est pas pour vous tromper, me dit Ulysse, ni pour vous nuire que nous venons; c'est pour vous délivrer, vous guérir, vous donner la gloire de renverser Troye, & vous ramener dans votre Patrie. C'est vous, & non pas Ulysse, qui êtes l'ennemi de Philoctete.

Alors je dis à votre pere tout ce que la fureur pouvoit m'inspirer. Puisque tu m'as abandonné sur ce rivage, lui disois-je, que ne m'y laisses-tu en paix ? Va chercher la gloire des combats & tous les plaisirs. Jouis de ton bonheur avec les Atrides. Laisse-moi ma misere & ma douleur. Pourquoi m'enlever ? Je ne suis plus rien, je suis dejà mort. Pourquoi ne crois-tu pas encore aujourd'hui, comme tu le croyois autrefois, que je ne saurois partir ; que mes cris, & l'infection de ma plaie troubleroient les sacrifices ? O Ulysse, auteur de mes maux, que les Dieux puissent te... Mais les Dieux ne m'écoutent point, au contraire, ils excitent mon ennemi. O terre de ma patrie, que je ne reverrai jamais! O Dieux ! s'il en reste encore quelqu'un d'assez juste pour avoir pitié de moi, punissez, punissez Ulysse, alors je me croirai guéri.

Pendant que je parlois ainsi, votre pere tranquille me regardoit avec un air de compassion, comme un homme qui loin d'être fâché, supporte & excuse le trouble d'un malheureux que la fortune a aigri. Je le voyois semblable à un rocher, qui sur le sommet d'une montagne se joue de la fureur des vents, & laisse épuiser

ſer leur rage, pendant qu'il demeure immobile. Ainſi votre pere demeurant dans le ſilence, attendoit que ma colere fût épuiſée. Car il ſavoit qu'il ne faut attaquer les paſſions des hommes pour les réduire à la raiſon, que quand elles commencent à s'affoiblir par une eſpece de laſſitude. Enſuite il me dit ces paroles : o Philoctete ! qu'avez-vous fait de votre raiſon & de votre courage ? Voici le moment de s'en ſervir. Si vous refuſez de nous ſuivre pour remplir les grands deſſeins de Jupiter ſur vous, adieu ; vous êtes indigne d'être le libérateur de la Grece, & le deſtructeur de Troye. Demeurez à Lemnos. Ces armes que j'emporte, me donneront une gloire qui vous étoit deſtinée. Neoptoleme, partons ; il eſt inutile de lui parler. La compaſſion pour un ſeul homme ne doit pas nous faire abandonner le ſalut de la Grece entiere.

Alors je me ſentis comme une lionne à qui ont vient d'arracher ſes petits ; elle remplit les forêts de ſes rugiſſements. O caverne ! diſois-je, jamais je ne te quitterai, tu ſeras mon tombeau ! O ſéjour de ma douleur ! plus de nourriture, plus d'eſpérance ! Qui me donnera un glaive pour me percer ? O ſi les oiſeaux de proie pouvoient m'enlever ! Je ne les percerai plus de mes fleches. O arc précieux ! arc conſacré par les mains du fils de Jupiter ! O cher Hercule, s'il te reſte encore quelque ſentiment, n'es-tu pas indigné ? Cet arc n'eſt plus dans les mains de ton fidele ami. Il eſt dans les mains impures & trompeuſes d'Ulyſſe. Oiſeaux de proie, bêtes farouches, ne fuyez plus cette caverne, mes mains n'ont plus de fleches. Miſérable ! je ne puis vous nuire, venez me dévorer ; ou plutôt que la foudre de l'impitoyable Jupiter m'écraſe !

Votre pere ayant tenté tous les autres moyens pour me perſuader, jugea enfin que le meilleur étoit de me rendre mes armes. Il fit ſigne à Neoptoleme qui me les rendit auſſi-tôt. Alors je lui dis : digne fils d'Achille, tu montres que tu l'es : mais laiſſe-moi percer mon ennemi. J'allois tirer une fleche contre votre pere. Mais

Mais Neoptoleme m'arrêta, en me disant : la colere vous trouble, & vous empêche de voir l'indigne action que vous voulez faire.

Pour Ulysse, il paroissoit aussi tranquille contre mes fleches que contre mes injures. Je me sentis touché de cette intrepidité & de cette patience. J'eus honte d'avoir voulu dans ce premier transport me servir de mes armes pour tuer celui qui me les avoit fait rendre. Mais comme mon ressentiment n'étoit pas encore appaisé, j'étois inconsolable de devoir mes armes à un homme que je haïssois tant. Cependant Neoptoleme me disoit : sachez que le divin Hélenus fils de Priam, (r) étant sorti de la ville de Troye par l'ordre & par l'inspiration des Dieux, nous a dévoilé l'avenir. La malheureuse Troye tombera, a-t-il dit, mais elle ne peut tomber qu'après qu'elle aura été attaquée par celui qui tient les fleches d'Hercule. Cet homme ne peut guérir que quand il sera devant les murailles de Troye. Les enfants d'Esculape (ſ) le guériront.

En ce moment je sentis mon cœur partagé. J'étois touché de la naïveté de Neoptoleme, & de la bonne foi avec laquelle il m'avoit rendu mon arc ; mais je ne pouvois me résoudre à voir encore le jour s'il falloit céder à Ulysse, & une mauvaise honte me tenoit en suspens. Me verra-t-on, disois-je en moi-même, avec Ulysse & avec les Atrides ? Que croira-t-on de moi ?

Pendant que j'étois dans cette incertitude, tout-à-coup j'entends une voix plus qu'humaine. Je vois Hercule dans un nuage éclatant, il étoit environné de rayons de gloire. Je reconnus facilement ses traits un peu rudes, son corps robuste, & ses manieres simples ; mais il avoit une

(r) *Hélenus, fils de Priam & d'Hécube, qui découvrit aux Grecs les lieux les plus aisés, pour emporter la ville de Troye.*

(ſ) *Esculape, fils d'Apollon & de la Nymphe Coronis, étoit si savant en Médecine, que les Païens en firent un Dieu. On l'adoroit sous la forme d'un serpent particuliérement en Epidaure & à Pergame. Homere lui donne deux fils, tous deux fameux Médecins, l'un nommé Machaon, & l'autre Podalyre.*

une hauteur & une majesté, qui n'avoient jamais paru si grandes en lui, quand il domptoit les monstres. Il me dit: tu entends, tu vois Hercule. J'ai quitté le haut Olympe pour t'annoncer les ordres de Jupiter. Tu sais par quels travaux j'ai acquis l'immortalité. Il faut que tu ailles avec le fils d'Achille, pour marcher sur mes traces dans le chemin de la gloire: tu guériras, tu perceras de mes fleches Pâris auteur de tant de maux. Après la prise de Troye, tu enverras de riches dépouilles à Pœan ton pere, sur le Mont Oéta. Ces dépouilles seront mises sur mon tombeau comme un monument de la victoire due à mes fleches. Et toi, ô fils d'Achille! je te déclare que tu ne peux vaincre sans Philoctete, ni Philoctete sans toi. Allez donc comme deux lions qui cherchent ensemble leur proie. J'enverrai Esculape à Troye pour guérir Philoctete. Sur-tout, ô Grecs! aimez & observez la Religion; le reste meurt; elle ne meurt jamais.

Après avoir entendu ces paroles, je m'écriai: ô heureux jour! douce lumiere, tu te montres enfin après tant d'années. Je t'obéis, je pars après avoir salué ces lieux. Adieu, cher antre: adieu, Nymphes de ces prés humides; je n'entendrai plus le bruit sourd des vagues de cette mer. Adieu, rivage, où tant de fois j'ai souffert les injures de l'air. Adieu, promontoires, où Echo répéta tant de fois mes gémissements. Adieu, douces fontaines, qui me fûtes si ameres. Adieu, ô terre de Lemnos! laisse-moi partir heureusement, puisque je vais où m'appelle la volonté des Dieux & des mes amis.

Ainsi nous partîmes, nous arrivâmes au siege de Troye. Machaon & Podalyre, par la divine science de leur pere Esculape, me guérirent, ou du moins me mirent dans l'état où vous me voyez. Je ne souffre plus; j'ai retrouvé toute ma vigueur; mais je suis un peu boiteux. Je fis tomber Pâris comme un timide faon de biche, qu'un chasseur perce de ses traits. Bientôt Ilion fut réduit en cendre. Vous savez le reste.

J'avois

J'avois néanmoins encore je ne sais quelle aversion pour le sage Ulysse, par le souvenir de mes maux, & sa vertu ne pouvoit appaiser ce ressentiment; mais la vue d'un fils, qui lui ressemble, & que je ne puis m'empêcher d'aimer, m'attendrit le cœur pour le pere même.

Fin du quinzieme Livre

SOM-

SOMMAIRE
DU
LIVRE SEIZIEME.

TÉLÉMAQUE entre en différend avec Phalante pour des prisonniers qu'ils se disputent : il combat & vainc Hippias, qui méprisant sa jeunesse, prend de hauteur ces prisonniers pour son frere Phalante : mais étant peu content de sa victoire, il gémit en secret de sa témérité & de sa faute qu'il voudroit réparer. Au même tems Adraste, Roi des Dauniens étant informé que les Rois alliés ne songent qu'à pacifier le différend de Télémaque & d'Hippias, va les attaquer à l'improviste. Après avoir surpris cent de leurs vaisseaux pour transporter ses troupes dans leur camp, il y met d'abord le feu, commence l'attaque par le quartier de Phalante, tue son frere Hippias, & Phalante lui-même est tout percé de ses coups.

LIVRE SEIZIEME.

PEndant que Philoctete avoit raconté ainsi ses aventures, Télémaque étoit demeuré comme suspendu & immobile. Ses yeux étoient attachés sur ce grand homme qui parloit. Toutes les Passions, qui avoient agité Hercule, Philoctete, Ulysse, Neoptoleme, paroissoient tour-à-tour sur le visage naïf de Télémaque, à mesure qu'elles étoient représentées dans la suite de cette narration. Quelquefois il s'écrioit & interrompoit Philoctete, sans y penser : quelquefois il paroissoit rêveur, comme un homme qui pense profondément à la suite des affaires. Quand Philoctete dépeignoit l'embarras de Neoptoleme, qui ne savoit point dissimuler, Télémaque paroissoit dans le même embarras, & dans ce moment on l'auroit pris pour Neoptoleme.

L'armée des alliés marchoit en bon ordre contre Adra-

ste

ste Roi des Dauniens, qui méprisoit les Dieux, & qui ne cherchoit qu'à tromper les Hommes. Télémaque trouva de grandes difficultés pour se ménager parmi tant de Rois (1) jaloux les uns des autres. Il falloit ne se rendre suspect à aucun, & se faire aimer de tous. (2) Son naturel étoit bon & sincere, mais peu caressant. Il ne s'avisoit guere de ce qui pouvoit faire plaisir aux autres. Il n'étoit point attaché aux richesses, mais il ne savoit point donner. Ainsi avec un cœur noble & porté au bien, il ne paroissoit ni obligeant, ni sensible à l'amitié, ni libéral, ni reconnoissant des soins qu'on prenoit pour lui, ni attentif à distinguer le mérite. Il suivoit son goût sans réflexion. Sa mere Pénélope l'avoit nourri, malgré Mentor dans une hauteur & dans une fierté, qui ternissoient tout ce qu'il y avoit de plus aimable en lui. Il se regardoit comme étant d'une autre nature que le reste des hommes. Les autres ne lui sembloient mis sur la terre par les Dieux que pour lui plaire, pour le servir, pour prévenir tous ses desirs, & pour rapporter tout à lui comme à une Divinité. Le bonheur de le servir étoit selon lui une assez haute récompense pour ceux qui le servoient. Il ne falloit jamais rien trouver d'impossible, quand il s'agissoit de le contenter; & les moindres retardements irritoient son naturel ardent.

Ceux qui l'auroient vu ainsi dans son naturel, (3) auroient jugé qu'il étoit incapable d'aimer aucune autre chose que lui-même, qu'il n'étoit sensible qu'à sa gloire & à son plaisir. Mais cette indifférence pour les autres, & cette attention continuelle sur lui-même, ne ve-

(1) Il pouvoit acquérir l'estime, mais non pas l'amitié de tous. Quand on a le malheur de vivre avec des personnes de ce caractere, c'est assez d'être ami de l'un pour devenir suspect à l'autre.

(2) Tout ceci est un tableau achevé du naturel du Roi Louis XIV dans sa jeunesse. Il n'y a pas un trait qui ne lui convienne parfaitement. Les troubles mêmes de sa minorité ne purent rien rabbattre de sa fierté & de sa hauteur.

(3) Il ne faut souvent qu'un seul vice pour obscurcir toutes les vertus. On aime à rabaisser la fierté & à ne voir dans les personnes hautaines que cette odieuse qualité.

venoient que du transport continuel où il étoit jetté par la violence de ses passions. Il avoit été flatté par sa mere dès le berceau, & il étoit un grand exemple du malheur de ceux qui naissent dans l'élévation. Les rigueurs de la fortune qu'il sentit dès sa premiere jeunesse, n'avoient pu modérer cette impétuosité & cette hauteur. Dépourvu de tout, abandonné, exposé à tant de maux, il n'avoit rien perdu de sa fierté. Elle se relevoit toujours comme la palme souple se releve sans cesse d'elle-même, quelque effort qu'on fasse pour l'abaisser.

Pendant que Télémaque étoit avec Mentor, ces défauts ne paroissoient point, & ils diminuoient tous les jours. Semblable à un coursier fougueux, qui bondit dans les vastes prairies, que ni les rochers escarpés, ni les précipices, ni les torrents n'arrêtent; qui ne connoît que la voix & la main d'un seul homme capable de le dompter; Télémaque plein d'une noble ardeur ne pouvoit être retenu que par le seul Mentor. Mais aussi un de ses regards l'arrêtoit tout-à-coup dans sa plus grande impétuosité. Il entendoit d'abord ce que signifioit ce regard. Il rappelloit aussi-tôt dans son cœur tous les sentiments de vertu. Sa sagesse rendoit en un moment son visage doux & serein. Neptune quand il éleve son trident, & qu'il menace les flots soulevés, n'appaise point plus soudainement les noires tempêtes.

Quand Télémaque se trouva seul, toutes ses passions suspendues comme un torrent arrêté par une forte digue, reprirent leur cours. Il ne put souffrir l'arrogance des Lacédémoniens & de Phalante, qui étoit à leur tête. Cette Colonie qui étoit venue fonder Tarente, étoit composée de jeunes hommes nés pendant le siege de Troye, qui n'avoient eu aucune éducation. Leur naissance illégitime, le déréglement de leurs meres, la licence dans laquelle ils avoient été élevés, leur donnoient je ne sais quoi de farouche & de barbare. Ils ressembloient plutôt à une troupe de brigands, qu'à une Colonie Grecque.

Phalante en toute occasion cherchoit à contredire Té-

 lé-

lémaque. Souvent il l'interrompoit dans les assemblées, méprisant ses conseils comme ceux d'un jeune homme sans expérience. Il en faisoit des railleries, le traitant de foible & d'efféminé. Il faisoit remarquer aux Chefs de l'armée ses moindres fautes. Il tâchoit de semer partout la jalousie, & de rendre la fierté de Télémaque odieuse à tous les Alliés.

Un jour Télémaque ayant fait sur les Dauniens quelques prisonniers, Phalante prétendit que ces captifs devoient lui appartenir, parce que c'étoit-lui, disoit-il, qui à la tête de ses Lacédémoniens avoit défait cette troupe d'ennemis, & que Télémaque trouvant les Dauniens déjà vaincus & mis en fuite, n'avoit eu d'autre peine que celle de leur donner la vie, & de les mener dans le camp. Télémaque soutenoit au contraire, que c'étoit lui qui avoit empêché Phalante d'être vaincu, & qui avoit remporté la victoire sur les Dauniens. Ils allérent tous deux défendre leur cause dans l'assemblée des Rois alliés. Télémaque s'y emporta jusqu'à menacer Phalante. Ils se fussent battus sur le champ, (4) si on ne les eût arrêtés.

Phalante avoit un frere nommé Hippias, célebre dans toute l'armée par sa valeur, par sa force & par son adresse. Pollux, (a) disoient les Tarentins, ne combattoit pas mieux du Ceste. Castor n'eût pu le surpasser pour conduire un cheval. Il avoit presque la force & la taille d'Hercule. Toute l'armée le craignoit; car il étoit encore plus querelleux & plus brutal qu'il n'étoit fort & vaillant.

Hippias ayant vu avec quelle hauteur Télémaque avoit

(4) Les Grecs étoient trop sages pour exposer si facilement leur vie; ils aimoient mieux être vengés par les loix que de se venger par la violence; & je ne connois dans l'antiquité nulle nation policée qui ait eu nos précautions & nos fausses délicatesses sur le point d'honneur. C'est un malheureux reste de l'ancienne férocité de notre Nation & du mauvais gouvernement de nos peres qui autorisoient la guerre de particulier à particulier. Ne soyez point surpris que l'usage soit plus puissant que la raison & les loix.

(a) *Pollux, fils de Jupiter & de Léda femme de Tyndare, partagea l'immortalité avec Castor, étant alternativement une année dans le Ciel, & une année dans les Champs Elisiens.*

avoit menacé son frere, va à la hâte prendre les prisonniers pour les emmener à Tarente sans attendre le jugement de l'assemblée. Télémaque, a qui on vint le dire en secret, sortit en frémissant de rage. Tel qu'un sanglier écumant, qui cherche le chasseur par lequel il a été blessé; on le voyoit errer dans le camp, cherchant des yeux son ennemi, & branlant le dard dont il le vouloit percer. Enfin il le rencontre, & en le voyant, sa fureur se redouble.

Ce n'étoit plus ce sage Télémaque instruit par Minerve sous la figure de Mentor; c'étoit un frénétique, ou un lion furieux. Aussi-tôt il crie à Hippias: arrête, ô le plus lâche de tous les hommes! arrête, nous allons voir si tu pourras m'enlever les dépouilles de ceux que j'ai vaincus. Tu ne les conduiras point à Tarente. Va, descends tout-à l'heure dans les rives sombres du Styx. Il dit, & il lança son dard: mais il le lança avec tant de fureur, qu'il ne put mesurer son coup. Le dard ne toucha point Hippias. Aussi-tôt Télémaque prend son épée, dont la garde étoit d'or, & que Laërte (*b*) lui avoit donnée, quand il partit d'Ithaque, comme un gage de sa tendresse. Laërte s'en étoit servi avec beaucoup de gloire pendant qu'il étoit jeune, & elle avoit été teinte du sang de plusieurs fameux Capitaines des Epirottes, dans une guerre où Laërte fut victorieux.

A peine Télémaque eut tiré cette épée, qu'Hippias qui vouloit profiter de l'avantage de sa force, se jetta pour l'arracher des mains du jeune fils d'Ulysse. L'épée se rompt dans leurs mains. Ils se saisirent, & se serrérent l'un l'autre. Les voilà comme deux bêtes cruelles qui cherchent à se déchirer. Le feu brille dans leurs yeux. Ils se racourcissent, ils s'alongent, ils se baissent, ils se relevent, ils s'élancent, ils sont altérés de sang. Les voilà aux prises, pied contre pied, main contre main.

Ces

(b) Laërte. *Le pere d'Ulysse; le grand pere de Télémaque; Arcesius étoit son bisaïeul.*

Ces deux corps entrelaſſés paroiſſent n'en faire qu'un. Mais Hippias d'un âge plus avancé, ſembloit devoir accabler Télémaque, dont la tendre jeuneſſe étoit moins nerveuſe. Déjà Télémaque hors d'haleine ſentoit ſes genoux chanceler. Hippias le voyant ébranlé redouble ſes efforts. C'étoit fait du fils d'Ulyſſe; il alloit porter la peine de ſa témérité & de ſon emportement, ſi Minerve qui veilloit de loin ſur lui, & qui ne le laiſſoit dans cette extrêmité de péril que pour l'inſtruire, n'eût déterminé la victoire en ſa faveur. (5)

Elle ne quitta point le Palais de Salente; mais elle envoya Iris (c) la prompte meſſagere des Dieux. Celle-ci volant d'une aile légere fendoit les eſpaces immenſes des airs, laiſſant après elle une longue trace de lumiere, qui peignoit un nuage de mille diverſes couleurs. Elle ne ſe repoſa que ſur les rivages de la mer où étoit campée l'armée innombrable des Alliés. Elle voit de loin la querelle, l'ardeur, & les efforts des deux combattants. Elle frémit à la vue du danger où étoit le jeune Télémaque. Elle s'approche enveloppée d'un nuage clair qu'elle avoit formé de vapeurs ſubtiles. Dans le moment où Hippias ſentant toute ſa force, ſe crut victorieux, elle couvrit le jeune nourriſſon de Minerve de l'Egide, que la ſage Déeſſe lui avoit confiée. Auſſi-tôt Télémaque, dont les forces étoient épuiſées, commence à ſe ranimer. A meſure qu'il ſe ranime, Hippias ſe trouble. Il ſent je ne ſais quoi de divin qui l'étonne & qui l'accable. Télémaque le preſſe & l'attaque, tantôt dans une ſituation, tantôt dans une autre; il l'ébranle; il ne lui laiſſe aucun moment pour ſe raſſurer; enfin il le jette par terre & tombe ſur lui. Un grand chêne du Mont-Ida, que la hache a coupé par mille coups, dont toute la forêt a retenti, ne fait pas un plus horrible bruit

(5) La protection des Dieux ne pouvoit être mieux menagée. Il ne falloit point que Télémaque dût à ſa ſeule valeur le ſuccès d'un combat où ſa ſeule témérité l'avoit expoſé.

(c) *Iris étoit fille de Thaumas & d'Electra, & meſſagere de Junon qui étoit Déeſſe de la pluie.*

bruit en tombant. La terre en gémit; tout ce qui l'environne en est ébranlé.

Cependant la sagesse étoit revenue avec la force au-dedans de Télémaque. A peine Hippias fut-il tombé sous lui, que le fis d'Ulysse comprit la faute qu'il avoit faite d'attaquer ainsi le frere d'un des Rois alliés qu'il étoit venu secourir. Il rappella en lui-même avec confusion les sages conseils de Mentor. Il eut honte de sa victoire, & vit bien qu'il avoit mérité d'être vaincu. Cependant Phalante transporté de fureur accouroit au secours de son frere. Il eût percé Télémaque d'un dard qu'il portoit, s'il n'eût craint de percer aussi Hippias que Télémaque tenoit sous lui dans la poussiere. Le fils d'Ulysse eût pu sans peine ôter la vie à son ennemi; mais sa colere étoit appaisée, & il ne songeoit plus qu'à réparer sa faute, en montrant de la modération. Il se leve, en disant: o Hippias! il me suffit de vous avoir appris à ne mépriser jamais ma jeunesse. Vivez, j'admire votre force & votre courage. Les Dieux m'ont protégé; cedez à leur puissance: ne songeons plus qu'à combattre ensemble contre les Dauniens.

Pendant que Télémaque parloit ainsi, Hippias se relevoit couvert de poussiere & de sang, plein de honte & de rage. Phalante n'osoit ôter la vie à celui qui venoit de la donner si généreusement à son frere. Il étoit en suspens, & hors de lui-méme. Tous les Rois alliés accoururent. Ils menérent d'un côté Télémaque, & de l'autre Phalante & Hippias, qui ayant perdu sa fierté n'osoit lever les yeux. Toute l'armée ne pouvoit assez s'étonner que Télémaque dans un âge si tendre, où les Hommes n'ont point encore toute leur force, eût pu renverser Hippias, semblable en force & en grandeur à ces géants enfants de la terre, qui tentérent autrefois de chasser de l'Olympe les immortels.

Mais le fils d'Ulysse étoit bien éloigné de jouir du plaisir de cette victoire. Pendant qu'on ne pouvoit se lasser de l'admirer, il se retira dans sa tente, honteux de sa faute, & ne pouvant plus se supporter lui-même, il gémissoit de sa promptitude. Il reconnoissoit combien il étoit injuste & déraisonnable dans ses emportements. Il trouvoit je ne sais quoi de vain, de foible, & de bas dans cette hauteur démesurée. Il reconnoissoit que la véritable grandeur n'est que dans la modération, la justice, la modestie, & l'humanité. Il le voyoit; mais il n'osoit espérer de se corriger après tant de rechûtes. Il étoit aux prises avec lui-même, & on l'entendoit rugir comme un lion furieux.

Il demeura deux jours enfermé seul dans sa tente, ne pouvant se résoudre à se rendre dans aucune société, & se punissant soi-même. Hélas! disoit-il, oserai-je revoir Mentor? Suis-je le fils d'Ulysse, le plus sage & le plus patient des Hommes? Suis-je venu porter la division & le désordre dans l'armée des Alliés? Est-ce leur sang, ou celui des Dauniens leurs ennemis que je dois répandre? J'ai été téméraire. Je n'ai pas même su lancer mon dard. Je me suis exposé dans un combat avec Hippias à forces inégales. Je n'en devois attendre que la mort avec la honte d'être vaincu. Mais qu'importe? Je ne serois plus; non, je ne serois plus ce téméraire Télémaque, ce jeune insensé, qui ne profite d'aucun conseil. Ma honte finiroit avec ma vie. Hélas! Si je pouvois au moins espérer de ne plus faire ce que je suis désolé d'avoir fait! Trop heureux! Trop heureux! Mais peut-être qu'avant la fin du jour je ferai & voudrai faire encore les mêmes fautes, dont j'ai maintenant tant de honte & d'horreur. O funeste victoire! O louanges que je ne puis souffrir, & qui sont de cruels reproches de ma folie!

Pendant qu'il étoit seul & inconsolable, Nestor & Philoctete le vinrent trouver. Nestor (6) voulut lui remontrer le tort qu'il avoit. Mais ce sage vieillard reconnoissant bientôt la désolation du jeune homme, changea ses graves remontrances en des paroles de tendresse pour adoucir son désespoir.

Les

(6) Les grands Hommes qui font des fautes ne sauroient entendre des reproches plus amers & plus cuisants que ceux que leur fait leur vertu.

Les Princes alliés étoient arrêtés par cette querelle, ils ne pouvoient marcher vers les ennemis qu'après avoir réconcilié Télémaque avec Phalante & Hippias. On craignoit à toute heure que les troupes des Tarentins n'attaquassent les cent jeunes Crétois, qui avoient suivi Télémaque dans cette guerre. Tout étoit dans le trouble par la faute du seul Télémaque; & Télémaque qui voyoit tant de maux présents & de périls pour l'avenir, dont il étoit l'auteur, s'abandonnoit à une douleur amere. Tous les Princes étoient dans un extrême embarras. Ils n'osoient faire marcher l'armée, de peur que dans la marche les Crétois de Télémaque, & les Tarentins de Phalante ne combatissent les uns contre les autres. On avoit bien de la peine à les retenir au dedans du camp où ils étoient gardés de près. Nestor & Philoctete alloient & revenoient sans cesse de la tente de Télémaque à celle de l'implacable Phalante, qui ne respiroit que la vengeance. La douce éloquence de Nestor, & l'autorité du grand Philoctete, ne pouvoient modérer ce cœur farouche, qui étoit encore sans cesse irrité par les discours pleins de rage de son frere Hippias. Télémaque étoit bien plus doux; mais il étoit abbattu par une douleur que rien ne pouvoit consoler.

Pendant que les Princes étoient dans cette agitation, toutes les troupes étoient consternées; tout le camp paroissoit comme une maison désolée qui vient de perdre un pere de famille, l'appui de tous ses proches, & la douce espérance de ses petits enfants.

Dans ce désordre & cette consternation de l'armée, on entend tout-à-coup un bruit effroyable de charriots, d'armes, de hennissements de chevaux, de cris d'hommes, les uns vainqueurs & animés au carnage, les autres ou fuyants, ou mourants, ou blessés. Un tourbillon de poussiere forme un épais nuage qui couvre le Ciel, & qui enveloppe tout le camp. Bientôt à la poussiere se joint une fumée épaisse qui troubloit l'air, & qui ôtoit la respiration. On entendoit un bruit sourd semblable à celui des tourbillons de flamme, que le Mont Etna vomit du fond de ses entrailles embrasées, lorsque

Vulcain avec ses Cyclopes y forge des foudres pour le Pere des Dieux. L'épouvante saisit les cœurs.

Adraste vigilant & infatigable avoit surpris les Alliés. Il leur avoit caché sa marche, & il étoit instruit de la leur. Il avoit fait une incroyable diligence pour faire le tour d'une montagne presque inaccessible, dont les Alliés avoient saisi presque tous les passages; tenants ces défilés, ils se croyoient en pleine sûreté, & prétendoient même pouvoir par ces passages qu'ils occupoient, tomber sur l'ennemi, derriere la montagne, quand quelques troupes qu'ils attendoient, leur seroient venues.

Adraste, qui répandoit l'argent à pleines mains pour savoir le secret de ses ennemis, avoit appris leur résolution; car Nestor & Philoctete, ces deux Capitaines d'ailleurs si sages & si expérimentés, n'étoient pas assez secrets dans leurs entreprises. Nestor dans ce déclin de l'âge se plaisoit trop à raconter ce qui pouvoit lui attirer quelque louange. Philoctete naturellement parloit moins, mais il étoit prompt, & si peu qu'on excitât sa vivacité, on lui faisoit dire ce qu'il avoit résolu de taire. Les gens artificieux avoient trouvé la clef de son cœur pour en tirer les plus importants secrets. On n'avoit qu'à l'irriter: alors fougueux & hors de lui-même, il éclatoit par des menaces; il se vantoit d'avoir des moyens sûrs de parvenir à ce qu'il vouloit. Si peu qu'on parût douter de ses moyens, il se hâtoit de les expliquer inconsidérément, & le secret le plus intime échappoit du fond de son cœur. Semblable à un vase précieux, mais fêlé, d'où s'écoulent toutes les liqueurs les plus délicieuses, le cœur de ce grand Capitaine ne pouvoit rien garder.

Les traîtres corrompus par l'argent d'Adraste ne manquoient pas de se jouer de la foiblesse de ces deux Rois. Ils flattoient sans cesse Nestor par de vaines louanges. Ils lui rappelloient ses victoires passées, admiroient sa prévoyance, ne se lassoient jamais de l'applaudir. D'un autre côté ils tendoient des pieges continuels à l'humeur impatiente de Philoctete. Ils ne lui parloient que de difficultés, de contre-tems, de dangers, d'inconvénients,

de

de fautes irrémédiables. Aussi-tôt que ce naturel prompt étoit enflammé, sa sagesse l'abandonnoit, & il n'étoit plus le même homme.

Télémaque (7) malgré les défauts que nous avons vus, étoit bien plus prudent pour garder un secret. Il étoit accoutumé par ses malheurs, & par la nécessité, où il avoit été dès son enfance de se cacher aux amants de Pénélope. Il savoit taire un secret sans dire aucun mensonge. Il n'avoit point même certain air réservé & mystérieux qu'ont d'ordinaire les gens secrets. Il ne paroissoit point chargé du secret qu'il devoit garder. On le trouvoit toujours libre, naturel, ouvert, comme un homme qui a son cœur sur ses levres. Mais en disant tout ce qu'on pouvoit dire sans conséquence, il savoit s'arrêter précisément & sans affectation aux choses qui pouvoient donner quelque soupçon, & entamer son secret. Par-là son cœur étoit impénétrable & inaccessible. Ses meilleurs amis mêmes ne savoient que ce qu'il croyoit utile de leur découvrir pour en tirer de sages conseils, & il n'y avoit que le seul Mentor pour lequel il n'avoit aucune réserve. Il se confioit à d'autres amis, mais à divers degrés, & à proportion de ce qu'il avoit éprouvé leur amitié & leur sagesse.

Télémaque avoit souvent remarqué que les résolutions du conseil se répandoient un peu trop dans le camp. Il en avoit averti Nestor & Philoctete; mais ces deux hommes si expérimentés ne firent pas assez d'attention à un avis si salutaire. La vieillesse n'a plus rien de souple, la longue habitude la tient comme enchaînée. Elle n'a plus de ressource contre ses défauts. Semblable aux arbres, dont le tronc rude & noueux s'est endurci par le nombre des années, & ne peut plus se redresser; les hommes à un certain âge ne peuvent presque plus se plier eux-mêmes contre certaines habitudes, qui ont vieilli

(7) Laisser échapper son secret c'est souvent laisser échapper la victoire; une parole avancée indiscrétement a coûté la vie à plusieurs milliers d'Hommes & à de grands Capitaines la perte de leur réputation.

vieilli avec eux, & qui sont entrées jusques dans la moëlle de leurs os. Souvent ils les connoissent, mais trop tard. Ils gémissent en vain, & la tendre jeunesse est le seul âge, où l'homme peut encore tout sur lui-même pour se corriger.

Il y avoit dans l'armée un Dolope (*d*) nommé Eurimaque, flatteur insinuant, (8) sachant s'accommoder à tous les goûts, & à toutes les inclinations des Princes; inventif & industrieux pour trouver de nouveaux moyens de leur plaire. A l'entendre, rien n'étoit jamais difficile. Lui demandoit-on son avis? il devinoit celui qui seroit le plus agréable. Il étoit plaisant, railleur contre les foibles, complaisant pour ceux qu'il craignoit, habile pour assaisonner une louange délicate, qui fût bien reçue des hommes les plus modestes. Il étoit grave avec les graves, enjoué avec ceux qui étoient d'une humeur enjouée. Il ne lui coûtoit rien de prendre toutes sortes de formes. Les hommes sinceres & vertueux, qui sont toujours les mêmes, & qui s'assujettissent aux regles de la vertu, ne sauroient jamais être aussi agréables aux Princes, que ceux qui flattent leurs passions dominantes. Eurimaque savoit la guerre: il étoit capable d'affaires. C'étoit un aventurier, qui s'étoit donné à Nestor, & qui avoit gagné sa confiance. Il tiroit du fond de son cœur un peu vain & sensible aux louanges, tout ce qu'il en vouloit savoir.

Quoique Philoctete ne se confiât point à lui, la colere & l'impatience faisoient en lui, ce que la confiance faisoit dans Nestor. Eurimaque n'avoit qu'à le contredire, en l'irritant il découvroit tout. (9) Cet homme avoit reçu de grandes sommes d'Adraste pour lui mander tous les desseins des Alliés. Ce Roi des Dauniens

(d) *Les Dolopes étoient des peuples de Thessalie, que Pelée leur Roi, envoya au siege de Troye, sous la conduite de Phénix.*

(8) Que de Courtisans peuvent se reconnoître à ce caractere, & qu'il seroit important qu'on les y reconnût? Heureux le Prince qui a assez de pénétration pour les connoître & assez de courage pour les mépriser!

(9) Louis XIV. faisoit de même beaucoup de dépense en espions, dont il étoit très-bien servi. Il en avoit dans toutes les Cours & dans toutes le armées, & savoit par ce moyen tous les desseins des Alliés.

niens avoit dans l'armée un certain nombre de Transfuges, qui devoient l'un après l'autre s'échapper du camp des Alliés, & retourner au sien. A mesure qu'il y avoit quelque affaire importante à faire savoir à Adraste, Eurimaque faisoit partir un de ces Transfuges. La tromperie ne pouvoit pas être facilement découverte, parce que ces Transfuges ne portoient point de lettres. Si on les surprenoit, on ne trouvoit rien qui pût rendre Eurimaque suspect.

Cependant Adraste prévenoit toutes les entreprises des Alliés. A peine une résolution étoit-elle prise dans le Conseil, que les Dauniens faisoient précisément ce qui étoit nécessaire pour en empêcher le succès. Télémaque ne se lassoit point d'en chercher la cause, & d'exciter la défiance de Nestor & de Philoctete; mais son soin étoit inutile. Ils étoient aveuglés.

On avoit résolu dans le Conseil d'attendre les troupes nombreuses qui devoient arriver, & on avoit fait avancer secrétement pendant la nuit cent vaisseaux, pour conduire plus promptement ces troupes depuis une côte de la mer très-rude où elles devoient arriver, jusqu'au lieu où l'armée campoit. Cependant on se croyoit en sûreté, parce qu'on tenoit avec des troupes les détroits de la montagne voisine, qui est une côte presque inaccessible de l'Apennin. (*e*) L'armée étoit campée sur les bords du fleuve Galese, (*f*) assez près de la mer. Cette campagne délicieuse est abondante en pâturages, & en tous les fruits qui peuvent nourrir une armée. Adraste étoit derriere la montagne, & on comptoit qu'il ne pouvoit passer. Mais comme il sut que les Alliés étoient encore foibles, qu'il leur venoit un grand secours, que les vaisseaux attendoient des troupes qui devoient arriver, & que l'armée étoit divisée par la querelle de Télémaque avec Phalante, il se hâta de faire un grand tour. Il vint en dili-

(c) *Apennin, montagne d'Italie : elle commence près de Savone, sur les côtes de Gênes, où elle se joint aux Alpes maritimes, ensuite elle traverse toute l'Italie presque par le milieu.*

(f) *Galese, est une riviere du Royaume de Naples qui a sa source près d'Oria, en la terre d'Otrante, & qui, après avoir coulé vers le couchant, entre dans le Golfe de Tarente.*

diligence jour & nuit sur le bord de la mer, & passa par des chemins qu'on avoit toujours cru absolument impraticables. Ainsi la hardiesse & le travail surmontent les plus grands obstacles. Ainsi il n'y a presque rien d'impossible à ceux qui savent oser & souffrir. Ainsi ceux qui s'endorment, comptant que les choses difficiles sont impossibles, méritent d'être surpris & accablés.

Adraste surprit au point du jour les cent vaisseaux qui appartenoient aux Alliés. Comme ces vaisseaux étoient mal gardés, & qu'on ne se défioit de rien, il s'en saisit sans résistance, & s'en servit pour transporter ses troupes avec une incroyable diligence à l'embouchure du Galese. Puis il remonta très-promptement les bords du fleuve. Ceux qui étoient dans les postes avancès autour du camp vers la riviere, crurent que ces vaisseaux leur amenoient les troupes qu'on attendoit. On poussa d'abord de grands cris de joie. Adraste & ses soldats descendirent avant qu'on pût les reconnoître. Ils tombent sur les Alliés qui ne se défient de rien. Ils les trouvent dans un camp tout ouvert, sans ordre, sans chef, sans armes.

Le côté du camp qu'il attaqua d'abord, fut celui des Tarentins, où commandoit Phalante. Les Dauniens y entrérent avec tant de vigueur, que cette jeunesse Lacédémonienne étant surprise ne put résister. Pendant qu'ils cherchent leurs armes, & qu'ils s'embarrassent les uns les autres dans cette confusion, Adraste fait mettre le feu au camp. Aussi-tôt la flamme s'éleve des pavillons, & monte jusqu'aux nues. Le bruit du feu est semblable à celui d'un torrent, qui inonde toute une campagne, & qui entraîne par sa rapidité les grands chênes avec leurs profondes racines, les moissons, les granges, les étables, & les tropeaux. Le vent pousse impétueusement la flamme de pavillon en pavillon, & bientôt tout le camp est comme une vieille forêt, qu'une étincelle de feu a embrasée.

Phalante, qui voit le péril de plus près qu'un autre, ne peut y remédier. Il comprend que toutes ses troupes vont périr dans cet incendie, si on ne se hâte d'aban-

don-

donner le camp. Mais il comprend auſſi combien le déſordre de cette retraite eſt à craindre devant un ennemi victorieux. Il commence à faire ſortir ſa jeuneſſe Lacédémonienne encore à demi déſarmée. Mais Adraſte ne les laiſſe point reſpirer. D'un côté une troupe d'Archers adroits perce de fleches innombrables les ſoldats de Phalante. De l'autre des Frondeurs jettent une grêle de groſſes pierres. Adraſte lui-même l'épée à la main marchant à la tête d'une troupe choiſie des plus intrépides Dauniens, pourſuit à la lueur du feu les troupes qui s'enfuient. Il moiſſonne par le fer tranchant tout ce qui a échappé au feu. Il nage dans le ſang; il ne peut s'aſſouvir de carnage. Les lions & les tygres n'égalent point ſa furie, quand ils égorgent les Bergers avec leurs troupeaux. Les troupes de Phalante ſuccombent, & le courage les abandonne. La pâle mort conduite par une furie infernale, dont la tête eſt hériſſée de ſerpents, glace le ſang de leurs veines; leurs membres engourdis ſe roidiſſent, & leurs genoux chancelants leur ôtent même l'eſpérance de la fuite.

Phalante à qui la honte & le déſeſpoir donne encore un reſte de force & de vigueur, éleve les mains & les yeux vers le Ciel. Il voit tomber à ſes pieds ſon frere Hippias ſous les coups de la main foudroyante d'Adraſte. Hippias étendu par terre ſe roule dans la pouſſiere. Un ſang noir & bouillonnant ſort comme un ruiſſeau de la profonde bleſſure qui lui traverſe le côté. Ses yeux ſe ferment à la lumiere: ſon ame furieuſe s'enfuit avec tout ſon ſang. Phalante lui-même tout couvert du ſang de ſon frere, & ne pouvant le ſecourir, ſe voit enveloppé par une foule d'ennemis qui s'efforcent de le renverſer. Son bouclier eſt percé de mille traits. Il eſt bleſſé en pluſieurs endroits de ſon corps; il ne peut plus rallier ſes troupes fugitives. Les Dieux le voïent, & ils n'en ont aucune pitié.

Fin du ſeizieme Livre.

SOM-

SOMMAIRE
DU
LIVRE DIX-SEPTIEME.

TELEMAQUE s'étant revêtu de ses armes divines court au secours de Phalante, renverse d'abord Iphicles, fils d'Adraste, & remporteroit sur lui une victoire complette, si une tempête survenant ne faisoit finir le combat. Ensuite Télémaque fait emporter les blessés, prend soin d'eux, & principalement de Phalante. Il fait l'honneur des obseques de son frere Hippias, dont il lui va présenter les cendres qu'il a recueillies dans une urne d'or.

LIVRE DIX-SEPTIEME.

JUpiter (1) au milieu de toutes les Divinités céleſtes regardoit du haut de l'Olympe ce carnage des Alliés. En même-tems il conſultoit les immuables deſtinées, & voyoit tous les Chefs dont la trame devoit ce jour-là être tranchée par le ciſeau de la Parque. Chacun des Dieux étoit attentif pour découvrir ſur le viſage de Jupiter quelle ſeroit ſa volonté. Mais le pere des Dieux & des hommes leur dit d'une voix douce & majeſtueſe: vous voyez en quelle extrêmité ſont réduits les Alliés: vous voyez Adraſte qui renverſe tous ſes ennemis. Mais ce ſpectacle eſt bien trompeur, la gloire & la

(1) L'Aſſemblée de Dieux paroît perdre dans Homere beaucoup de majeſté & devenir le théatre de la diſcorde, par les intérêts différents que chaque Divinité y apporte. Dans ce Poëme les Dieux n'y ſont jamais que pour la vertu.

& la prospérité des méchants est courte. Adraste impie & odieux par sa mauvaise foi ne remportera point une entiere victoire. Ce malheur n'arrive aux Alliés, que pour leur apprendre à se corriger, & à mieux garder le secret de leurs entreprises. Ici la sage Minerve prépare une nouvelle gloire à son jeune Télémaque, dont elle fait ses délices. Alors Jupiter cessa de parler. Tous les Dieux en silence continuoient à regarder le combat.

Cependant Nestor & Philoctete furent avertis qu'une partie du camp étoit déjà brûlée; que la flamme poussée par les vents s'avançoit toujours; que leurs troupes étoient en désordre, & que Phalante ne pouvoit plus soutenir les efforts des ennemis. A peine ces funestes paroles frappent leurs oreilles, qu'ils courent aux armes, assemblent les Capitaines, & ordonnent qu'on se hâte de sortir du camp pour éviter cet incendie.

Télémaque, qui étoit abattu & inconsolable, oublie sa douleur. Il prend ses armes, don précieux de la sage Minerve, qui paroissant sous la figure de Mentor, fit semblant de les avoir reçues d'un excellent ouvrier de Salente, mais qui les avoit fait faire à Vulcain dans les cavernes fumantes du Mont Etna.

Ces armes étoient polies (2) comme une glace, & brillantes comme les rayons du Soleil. On y voyoit Neptune & Pallas, qui disputoient entr'eux à qui auroit la gloire de donner son nom à une Ville naissante. Neptune

(2) La description du bouclier d'Achille & celle du bouclier d'Enée, font un des principaux ornements de l'Iliade & de l'Eneide; & c'est contre ces deux grands originaux que lutta M. de Cambrai. Virgile a su se servir habilement de la connoissance que les Dieux ont de l'avenir pour mettre sur le bouclier d'Enée les ornements qui doivent faire la gloire de sa postérité. Sa description devient intéressante pour les Romains, en ne leur offrant que ce qu'il y a de plus relevé dans leur histoire, & ce sont là de ces traits de maître que l'on peut non plus lui ravir qu'à Hercule sa massue. M. de Cambrai a été contraint de se renfermer dans l'histoire fabuleuse pour ne point franchir les bornes de son dessein. Il commence par l'histoire d'OEdipe, & il emprunte les plus beaux traits de la tragédie de Sophocles; dont le pinceau n'étoit pas moins vif que la gravure attribuée à Vulcain. Les descriptions riantes des délices de la campagne, & des plaisirs de l'âge d'or, retirent agréablement le Lecteur de ces tragiques objets.

ptune de son trident frappoit la terre, & on en voyoit sortir un cheval fougueux. Le feu sortoit de ses yeux, & l'écume de sa bouche; ses crins flottoient au gré du vent: ses jambes souples & nerveuses se replioient avec vigueur & légéreté. Il ne marchoit point, il sautoit à force de reins, mais avec tant de vîtesse, qu'il ne laissoit aucune trace de ses pas. On croyoit l'entendre hennir.

D'un autre côté Minerve donnoit aux habitans de sa nouvelle Ville l'olive, fruit de l'arbre qu'elle avoit planté. Le rameau auquel pendoit son fruit, représentoit la douce paix avec l'abondance, préférable aux troubles de la guerre, dont ce cheval étoit l'image. La Déesse demeuroit victorieuse par ses dons simples & utiles, & la superbe Athenes portoit son nom.

On voyoit aussi Minerve assemblant autour d'elle tous les beaux Arts, qui étoient des enfants tendres & ailés. Ils se réfugioient autour d'elle, étant épouvantés des fureurs brutales de Mars, qui ravage tout; comme les agneaux bêlants se réfugient autour de leur mere, à la vue d'un loup affamé, qui d'une gueule béante & enflammée s'élance pour les dévorer. Minerve d'un visage dédaigneux & irrité, confondoit par l'excellence de ses ouvrages la folle témérité d'Arachné, (*a*) qui avoit osé disputer avec elle pour la perfection des tapisseries. On voyoit cette malheureuse, dont tous les membres exténués se défiguroient & se changeoient en araignée.

Auprès de cet endroit paroissoit encore Minerve, qui dans la guerre des Géants servoit de conseil à Jupiter même, & soutenoit tous les autres Dieux étonnés. Elle étoit aussi représentée avec sa lance & son Egide sur les bords du Xanthe (*b*) & du Simoïs, (*c*) menant Ulysse par

(a) *Arachné, fille d'Idomon du pays de Lidie, fut changée en araignée par Minerve, parce qu'elle croyoit mieux travailler en tapisseries que cette Déesse, à qui on en attribue l'invention.*

(b) *Le Xanthe ou Scamandre, est une riviere de l'ancien Royaume de Troye, qui tombe dans la mer Egée.*

(c) *Le Simoïs est une riviere du même pays, qui se mêle avec le Scamandre, & qui tombe avec lui dans la mer Egée.*

par la main, ranimant les troupes fugitives des Grecs, soutenant les efforts des plus vaillants Capitaines Troyens, & du redoutable Hector même. Enfin, introduisant Ulysse dans cette fatale machine, qui devoit en une seule nuit renverser l'Empire de Priam.

D'un autre côté ce bouclier représentoit Cérès dans les fertiles campagnes d'Enna, (*d*) qui sont au milieu de la Sicile. On voyoit la Déesse qui rassembloit les peuples épars çà & là, cherchant leur nourriture par la chasse, ou cueillant les fruits sauvages qui tomboient des arbres. Elle montroit à ces hommes grossiers l'art d'adoucir la terre, & de tirer de son sein fécond leur nourriture. Elle leur présentoit une charrue, & y faisoit atteler des bœufs. On voyoit la terre s'ouvrir en sillons par le tranchant de la charrue. Puis on appercevoit les moissons dorées qui couvroient ces fertiles campagnes. Le moissonneur avec sa faux coupoit les doux fruits de la terre, & se payoit de toutes ses peines. Le fer destiné ailleurs à tout détruire, ne paroissoit employé en ce lieu qu'à préparer l'abondance, & à faire naître tous les plaisirs. Les Nymphes couronnées de fleurs dansoient ensemble dans une prairie sur le bord d'une riviere auprès d'un bocage. Pan jouoit de la flûte. Les Faunes & les Satyres folâtres sautoient dans un coin. Bacchus y paroissoit aussi couronné de lierre, appuyé d'une main sur son thyrse, & tenant de l'autre une vigne ornée de pampres, & de plusieurs grappes de raisins. C'étoit une beauté molle, avec je ne sais quoi de noble, de passionné, & de languissant. Il étoit tel qu'il parut à la malheureuse Ariadne (*e*) lorsqu'il la trouva seule, abandonnée, & abymée dans la douleur sur un rivage inconnu.

En-

(*d*) *Enna, ancienne ville de Sicile au milieu de l'Isle ; elle étoit fort célebre à cause d'un Temple dédié à Cérès. C'est où l'on tient que Proserpine fut enlevée par Pluton.*

(*e*) *Ariadne, fille de Minos & de Pasiphaë, donna à Thesée un fil pour se conduire dans le Labyrinthe sans s'égarer, & le suivit jusques dans l'Isle de Naxos, où cet ingrat l'abandonna à la merci des bêtes. Ce fût là où Bacchus la vit, & en fût charmé.*

Enfin, on voyoit de toutes parts un peuple nombreux, des vieillards qui alloient porter dans les Temples les prémices de leurs fruits ; de jeunes hommes qui revenoient vers leurs épouses, lassés du travail de la journée ; les femmes alloient au devant d'eux, menant par la main leurs petits enfants qu'elles caressoient. On voyoit aussi des Bergers qui paroissoient chanter, & quelques-uns dansoient au son du chalumeau. Tout représentoit la paix, l'abondance, & les délices. Tout paroissoit riant & heureux. On voyoit même dans les pâturages les loups se jouer au milieu des moutons. Le lion & le tigre ayant quitté leur férocité, paissoient avec les tendres agneaux. Un petit Berger les menoit ensemble sous sa houlette, & cette aimable peinture rappelloit tous les charmes de l'âge d'or.

Télémaque s'étant revêtu de ces armes divines, au lieu de prendre son bouclier ordinaire, prit la terrible Egide que Minerve lui avoit envoyée, (3) en la confiant à Iris prompte messagere des Dieux. Iris lui avoit enlevé son bouclier sans qu'il s'en apperçût, & lui avoit donné en la place cette Egide redoutable aux Dieux mêmes.

En cet état, il court hors du camp pour en éviter les flammes. Il appelle à lui d'une voix forte tous les Chefs de l'armée ; & cette voix ranime déjà tous les Alliés éperdus. Un feu divin étincelle dans les yeux du jeune guerrier. Il paroît toujours doux, toujours libre & tranquille, toujours appliqué à donner des ordres, comme pourroit faire un sage vieillard attentif à régler sa famille, & à instruire ses enfants ; mais il est prompt & rapide dans l'exécution. Semblable à un fleuve impétueux, qui non seulement roule avec précipitation ses flots écumeux, mais qui entraîne encore dans sa course les plus pesants vaisseaux dont il est chargé.

Philoctete, Nestor, & les Chefs des Manduriens & des

(3) C'étoit la piece la plus redoutable de son armure, la valeur de Mars est aveugle, téméraire, insensée ; celle de Minerve est sage, éclairée, & toujours égale.

des autres Nations sentent dans le fils d'Ulysse je ne sais quelle autorité, à la quelle il faut que tout cede. L'expérience des vieillards leur manque : le conseil & la sagesse sont ôtés à tous les Commandants ; la jalousie même si naturelle aux hommes s'éteint dans tous les cœurs. Tous se taisent, tous admirent Télémaque, tous se rangent pour lui obéir, sans y faire de réflexions, & comme s'ils y eussent été accoutumés. Il s'avance & monte sur une colline, d'où il observe la disposition des ennemis. Puis tout-à-coup il juge qu'il faut se hâter de les surprendre dans le désordre où ils se sont mis, en brûlant le camp des Alliés. Il fait le tour en diligence, & tous les Capitaines les plus expérimentés le suivent. Il attaque les Dauniens par derriere, dans un tems où ils croyoient l'armée des Alliés enveloppée dans les flammes de l'embrasement.

Cette surprise les trouble. Ils tombent sous la main de Télémaque, comme les feuilles dans les derniers jours de l'Automne tombent des forêts, quand un fier Aquilon ramenant l'Hiver, fait gémir le troncs des vieux arbres, & en agite toutes les branches. La terre est couverte des hommes que Télémaque renverse. De son dard il perce le cœur d'Iphicles, le plus jeune des enfants d'Adraste. Celui-ci osa se présenter contre lui au combat pour sauver la vie de son pere, qui pensa être surpris par Télémaque.

Les fils d'Ulysse & Iphicles étoient tous deux beaux, vigoureux, pleins d'adresse & de courage, de la même taille, de la même douceur, du même âge, tous deux chéris de leurs parents. Mais Iphicles étoit comme une fleur qui s'épanouit dans un champ, & qui doit être coupée par le tranchant de la faux du moissonneur. Ensuite Télémaque renverse Euphorion, le plus célebre de tous les Lydiens venus en Etrurie. Enfin, son glaive perce Cléomenes nouveau marié, qui avoit promis à son épouse de lui porter les riches dépouilles des ennemis, mais qui ne devoit jamais la revoir.

Adraste frémit de rage voyant la mort de son fils, celle de plusieurs Capitaines, & la victoire qui échappe de de ses mains. Phalante presque abattu à ses pieds, est comme une victime à demi égorgée, qui se dérobe au couteau sacré, & qui s'enfuit loin de l'Autel. Il ne falloit plus à Adraste qu'un moment pour achever la perte du Lacédémonien.

Phalante noyé dans son sang, & dans celui des soldats qui combattent avec lui, entend les cris de Télémaque qui s'avance pour le secourir. En ce moment la vie lui est rendue, un nuage qui couvroit déjà ses yeux se dissipe. Les Dauniens sentant cette attaque imprévue, abandonnérent Phalante pour aller repousser un plus dangereux ennemi. Adraste est tel qu'un tigre, à qui des Bergers assemblés arrachent la proie qu'il étoit prêt à dévorer. Télémaque le cherche dans la mêlée, & veut finir tout-à-coup la guerre, en délivrant les Alliés de leur implacable ennemi. Mais Jupiter ne vouloit pas donner au fils d'Ulysse une victoire si prompte & si facile. Minerve même vouloit qu'il eût à souffrir des maux plus longs pour mieux apprendre à gouverner les hommes.

L'impie Adraste fut donc conservé par le pere des Dieux, afin que Télémaque eût le tems d'acquérir plus de gloire & plus de vertu. Un nuage épais que Jupiter assembla dans les airs, sauva les Dauniens. Un tonnerre effroyable déclara la volonté des Dieux. On auroit cru que les voûtes éternelles du haut Olympe alloient s'écrouler sur les têtes des foibles mortels. Les éclairs fendoient la nue de l'un à l'autre Pole; & dans le moment où ils éblouissoient les yeux par leurs feux perçants, on retomboit dans les affreuses ténebres de la nuit. Une pluie abondante qui tomba dans l'instant, servit encore à séparer les deux armées.

Adraste profita du secours des Dieux, sans être touché de leur pouvoir, & mérita, par cette ingratitude, d'être réservé à une plus cruelle vengeance. Il se hâta de faire passer ses troupes entre le camp à demi brûlé, & un marais qui s'étendoit jusqu'à la riviere. Il le fit avec tant d'industrie & de promptitude, que cette retraite montra combien il avoit de ressource & de préſence d'eſprit. Les Alliés animés par Télémaque, vouloient le pourſuivre, mais à la faveur de cet orage il leur échappa, comme un oiſeau d'une aile légere échappe aux filets des chaſſeurs.

Les Alliés ne ſongérent plus qu'à rentrer dans leur camp, & à réparer leurs pertes. En y rentrant, ils virent ce que la guerre a de plus lamentable. Les malades & les bleſſés manquant de forces pour ſe traîner hors des tentes, n'avoient pu ſe garantir du feu. Ils paroiſſoient à demi brûlés, pouſſant vers les Ciel d'une voix plaintive & mourante, des cris douloureux. Le cœur de Télémaque en fut percé; il ne put retenir ſes larmes. Il détourna pluſieurs fois les yeux, étant ſaiſi d'horreur & de compaſſion. Il ne pouvoit voir ſans frémir ces corps encore vivants & dévoués à une longue & cruelle mort: ils paroiſſoient ſemblables à la chair des victimes qu'on a brûlées ſur les autels, & dont l'odeur ſe répand de tous côtés.

Hélas! s'écrioit Télémaque, voilà donc lex maux que la guerre entraîne après elle! Quelle fureur aveugle pouſſe les malheureux mortels? Ils ont ſi peu de jours à vivre ſur la terre; ces jours ſont ſi miſérables! Pourquoi précipiter une mort déjà ſi prochaine? Pourquoi ajouter tant de deſolations affreuſes à l'amertume, dont les Dieux ont rempli cette vie ſi courte? Les hommes ſont tous freres, & ils s'entredéchirent: les bêtes farouches ſont moins cruelles qu'eux. Les lions ne font point la guerre aux lions, ni les tigres aux tigres; ils n'attaquent que les animaux d'eſpece différente. L'homme ſeul, malgré ſa raiſon, fait ce que les animaux ſans raiſon ne firent jamais. Mais encore, pourquoi ces guerres? N'y a-t-il pas aſſez de terre dans l'Univers pour en donner à tous les hommes plus qu'ils n'en peuvent cultiver? Combien y a-t-il de terres déſertes? Le genre humain ne ſauroit les remplir. Quoi donc! (4)

une

(4) Ce paragraphe renferme une triſte peinture des maux dont Louis XIV a été la cauſe par les guerres cruelles que ſon ambition a allumées dans toute l'Europe. L'Auteur répete ſouvent le mot de gloi-

une fausse gloire, un vain titre de Conquérant, qu'un Prince veut acquérir, allume la guerre dans des pays immenses! Ainsi un seul homme, donné au monde par la colere des Dieux, en sacrifie brutalement tant d'autres à sa vanité. Il faut que tout périsse, que tout nage dans le sang, que tout soit dévoré par les flammes; que tout ce qui échappe au fer & au feu, ne puisse échapper à la faim encore plus cruelle, afin qu'un seul homme, qui se joue de la nature humaine entiere, trouve dans cette destruction générale son plaisir & sa gloire. Quelle gloire monstrueuse! Peut-on trop abhorrer & trop mépriser des hommes (5) qui ont tellement oublié l'humanité?

Non, non, bien-loin d'être des demi-Dieux, ce ne sont pas même des hommes; ils doivent être en exécration dans tous les siecles mêmes, dont ils ont cru être admirés. Oh! que les Rois doivent prendre garde aux guerres qu'ils entreprennent! Elles doivent être justes; ce n'est pas assez, il faut qu'elles soient nécessaires pour le bien public. Le sang du peuple ne doit être versé que pour sauver ce même peuple dans les besoins extrêmes. Mais les conseils flatteurs, les fausses idées de gloire, les vaines jalousies, l'injuste avidité, qui se couvre de beaux prétextes, enfin les engagements insensibles entraînent presque toujours les Rois dans des guerres, qui les rendent malheureux, où ils hazardent tout sans nécessité, & où ils font autant de mal à leurs sujets qu'à leurs ennemis. Ainsi raisonnoit Télémaque.

Mais il ne se contentoit pas de déplorer les maux de la guerre; il tâchoit de les adoucir. On le voyoit aller dans les tentes secourir lui-même les malades & les mourants; il leur donnoit de l'argent & des remedes; il les consoloit, & les encourageoit par des discours pleins d'ami-

re, parce qu'en effet ce Monarque n'a presque jamais allégué d'autres motifs dans les guerres qu'il a déclarées à ses voisins.

(5) L'humanité est une vertu trop tranquille pour frapper l'imagination, & les hommes qui ne connoissent rien de grand que ce qui la remue, n'y trouveront jamais beaucoup de gloire.

amitié, & envoyoit visiter ceux qu'il ne pouvoit visiter lui-même.

Parmi les Crétois qui étoient avec lui, il y avoit deux vieillards, dont l'un se nommoit Traumaphile, & l'autre Nosophuge. Traumaphile avoit été au siege de Troye avec Idomenée, & avoit appris des enfants d'Esculape l'art divin de guérir les plaies. Il répandoit dans les blessures les plus profondes & les plus envenimées, une liqueur odoriférante, qui consumoit les chairs mortes & corrompues, sans avoir besoin de faire aucune incision, & qui formoit promptement de nouvelles chairs plus saines & plus belles que les premieres.

Pour Nosophuge, il n'avoit jamais vu les enfants d'Esculape; mais il avoit eu par le moyen de Mérione, (*f*) un Livre sacré & mystérieux qu'Esculape avoit donné à ses enfants. D'ailleurs Nosophuge étoit ami des Dieux. Il avoit composé des Hymnes en l'honneur des enfants de Latone. (*g*) il offroit tous les jours le sacrifice d'une brebis blanche & sans tache à Apollon, par lequel il étoit souvent inspiré.

A peine avoit-il vu un malade, (6) qu'il connoissoit à ses yeux, à la couleur de son teint, à la conformation de son corps, & à sa respiration, la cause de sa maladie. Tantôt il donnoit des remedes qui faisoient suer, & il montroit par le succès des sueurs, combien la transpiration facilitée ou diminuée, déconcerte ou rétablit toute la machine du corps. Tantôt il donnoit pour les maux de langueur, certains breuvages, qui fortifioient peu à peu les parties nobles, & qui rajeunissoient les hommes en adoucissant leur sang; mais il assuroit

(f) *Mérione étoit le conducteur du char d'Idomené, & le chef de l'armée navale qu'il mena au siege de Troye. C'étoit un Capitaine très brave & très-expérimenté.*

(g) *Latone étoit fille de Cœus; elle eut de Jupiter, Apollon & Diane, dans l'Isle d'Asterie.*

(6) L'on remarque dans l'Histoire, que la Médecine doit beaucoup au déréglement des mœurs; elle est ignorée chez les peuples qui ne connoissent point le luxe; & si l'on savoit se réduire à la frugalité, l'on se passeroit facilement de Médecins, & les Médecins seroient obligés de se passer de malades: ce qui seroit un peu plus difficile pour eux.

furoit que c'étoit faute de vertu & de courage, que les hommes avoient si souvent besoin de la médecine.

C'est une honte, disoit-il, pour les hommes, qu'ils aient tant de maladies ; car les bonnes mœurs produisent la santé. Leur intempérance, disoit-il encore, change en poisons mortels les aliments destinés à conserver la vie. Les plaisirs pris sans modération, abrégent plus les jours des hommes que les remedes ne peuvent les prolonger. Les pauvres sont moins souvent malades faute de nourriture, que les riches ne le deviennent pour en prendre trop. Les aliments qui flattent trop le goût & qui font manger au-delà du besoin, empoisonnent au lieu de nourrir. Les remedes sont eux-mêmes de véritables maux qui ruinent la nature, & dont il ne faut se servir que dans les pressants besoins. Le grand remede, qui est toujours innocent, & toujours d'un usage utile, c'est la sobriété, c'est la tempérance dans tous les plaisirs, c'est la tranquillité de l'esprit, c'est l'exercice du corps. Par-là on fait un sang doux & tempéré, & on dissipe toutes les humeurs superflues. Ainsi le sage Nosophuge étoit moins admirable par ses remedes que par le régime qu'il conseilloit pour prévenir les maux, & pour rendre les remedes inutiles.

Ces deux hommes furent envoyés par Télémaque pour visiter tous les malades de l'armée. Ils en guérirent beaucoup par leurs remedes ; mais ils en guérirent bien davantage par le soin qu'ils prirent pour les faire servir à propos ; car ils s'appliquoient à les tenir proprement, à empêcher le mauvais air par cette propreté, à leur faire garder un régime de sobriété exacte dans leur convalescence.

Tous les soldats touchés de ces secours rendoient graces aux Dieux d'avoir envoyé Télémaque dans l'armée des Alliés. Ce n'est pas un homme, disoient-ils, c'est sans doute quelque Divinité bienfaisante sous une figure humaine. Du moins si c'est un Homme, il ressemble moins au reste des Hommes qu'aux Dieux ; il n'est sur la terre que pour faire du bien ; il est encore plus aimable par sa douceur & par sa bonté que par sa valeur.

O si

O si nous pouvions l'avoir pour Roi ! Mais les Dieux le réservent pour quelque peuple plus heureux qu'ils chérissent, & chez lequel ils veulent renouveller l'âge d'or.

Télémaque, pendant qu'il (8) alloit la nuit visiter les quartiers du camp par précaution contre les ruses d'Adraste, entendoit ces louanges qui n'étoient point suspectes de flatterie, comme celles que les flatteurs donnent souvent en face des Princes, supposant qu'ils n'ont ni modestie, ni délicatesse, & qu'il n'y a qu'à les louer sans mesure pour s'emparer de leur faveur. Le fils d'Ulysse ne pouvoit goûter que ce qui étoit vrai, il ne pouvoit souffrir d'autres louanges que celles qu'on lui donnoit en secret loin de lui, & qu'il avoit véritablement méritées. Son cœur n'étoit pas insensible à celles-là. Il sentoit ce plaisir si doux & si pur, que les Dieux ont attaché à la seule vertu, & que les méchants, faute de l'avoir éprouvé, ne peuvent ni concevoir, ni croire : mais il ne s'abandonnoit point à ce plaisir ; aussi-tôt revenoient en foule dans son esprit toutes les fautes qu'il avoit faites. Il n'oublioit point sa hauteur naturelle, & son indifférence pour les hommes ; il avoit une honte secrete d'être né si dur, & de paroître si inhumain. Il renvoyoit à la sage Minerve toute la gloire qu'on lui donnoit, & qu'il ne croyoit pas mériter.

C'est vous, disoit-il, ô grande Déesse ! qui m'avez donné Mentor pour m'instruire, & pour corriger mon mauvais naturel. C'est vous qui me donnez la sagesse de

(8) Le Duc de Savoie a fait la même chose plus d'une fois, il alloit aussi *incognito* dans les Cafés & autres lieux publics de Turin pour entendre ce que l'on y disoit de lui, avec cette différence qu'il y entendoit souvent autre chose que des louanges. Mais on ne dit pas qu'il ait jamais fait punir personne pour cela. Plusieurs grands Princes comme l'Empereur Charles-Quint & le Roi François Premier, plusieurs fameux Capitaines se sont fait un plaisir délicat d'aller ainsi recueillir en secret le fruit de leurs victoires & de leurs vertus. Le Grand Germanicus, au rapport de Tacite, alloit écouter pendant la nuit ce que les Soldats disoient de lui dans leurs tentes : ces louanges sont bien plus glorieuses que celles que la flatterie grave sur l'airain ou sur le marbre. Le Grand Antiochus au sortir d'une petite cabane, où il avoit raisonné quelque tems avec des pauvres gens qui ne le connoissoient pas, a dit qu'il n'avoit jamais oui la vérité que ce jour-là.

le profiter de mes fautes pour me défier de moi-même. C'est vous qui retenez mes passions impétueuses. C'est vous qui me faites sentir le plaisir de soulager les malheureux. Sans vous je serois haï, & digne de l'être. Sans vous je ferois des fautes irréparables. Je serois comme un enfant qui ne sentant pas sa foiblesse, quitte sa mere, & tombe dés le premier pas.

Nestor & Philoctete étoient étonnés de voir Télémaque devenu si doux, si attentif à obliger les hommes, si officieux, si secourable, si ingénieux pour prévenir tous les besoins. Ils ne savoient que croire. Ils ne reconnoissoient plus en lui le même homme. Ce qui les surprit davantage, fut le soin qu'il prit des funerailles d'Hippias. (9) Il alla lui-même retirer son corps sanglant & défiguré, de l'endroit où il étoit caché sous un monceau de corps morts; il versa sur lui des larmes pieuses; Il dit: o grande ombre! Tu le sais maintenant combien j'ai estimé ta valeur. Il est vrai que ta fierté m'avoit irrité; mais tes défauts venoient d'une jeunesse ardente. Je sais combien cet âge à besoin qu'on lui pardonne. Nous eussions dans la suite été sincérement unis. J'avois tort de mon côté. O Dieux! pourquoi me le ravir avant que j'aye pu le forcer de m'aimer?

Ensuite Télémaque fit laver le corps dans des liqueurs odoriférantes. Puis on prépara par son ordre un bûcher. Les grands pins gémissants sous les coups des haches tombent en roulants du haut des montagnes. Les chênes, ces vieux enfants de la terre, qui sembloient menacer le ciel, les hauts peupliers, les ormeaux, dont les têtes sont si vertes & si ornées d'un épais feuillage, les hêtres qui sont l'honneur des forêts, viennent tomber sur le bord du fleuve Galese. Là s'éleve avec ordre un bûcher, qui ressemble à un bâtiment régulier, la flamme commence à paroître, un tourbillon de fumée monte jusqu'au ciel.

Les

(9) Tous les Peuples ont eu de l'immortalité de l'ame une preuve de sentiment; les honneurs de la sépulture ne sont qu'une suite de cette persuasion.

Les Lacédémoniens s'avancent d'un pas lent & lugubre, tenant leurs piques renversées & leurs yeux baissés : la douleur amere est peinte sur ces visages farouches, & les larmes coulent abondamment. Puis on voyoit venir Phérécide, vieillard moins abattu par le nombre des années que par la douleur de survivre à Hippias, qu'il avoit élevé depuis son enfance. Il levoit vers le Ciel ses mains, & ses yeux noyés de larmes. Depuis la mort d'Hippias il se refusoit toute nourriture ; le doux sommeil n'avoit pu appesantir ses paupieres, ni suspendre un moment sa cuisante peine : il marchoit d'un pas tremblant, suivant la foule, & ne sachant où il alloit. Nulle parole ne sortoit de sa bouche, car son cœur étoit trop serré ; c'étoit un silence de désespoir & d'abattement. Mais quand il vit le bûcher allumé, (10) il parut tout à-coup furieux, & il s'écria :

O Hippias, Hippias ! Je ne te verrai plus ; Hippias n'est plus, & je vis encore ! O mon cher Hippias ! C'est moi cruel, moi impitoyable, qui t'ai appris à mépriser la mort. Je croyois que tes mains fermeroient mes yeux, & que tu recueillirois mon dernier soupir. O Dieux cruels ! vous prolongez ma vie pour me faire voir la fin de celle d'Hippias ; ô mon cher enfant que j'ai nourri, & qui m'as coûté tant de soins ! Je ne te verrai plus ; mais je verrai ta mere qui mourra de tristesse en me reprochant ta mort. Je verrai ta jeune épouse frappant sa poitrine, arrachant ses cheveux, & j'en serai cause. O chere ombre, appelle moi sur les rives du Styx. La lumiere m'est odieuse ; c'est toi seul, mon cher Hippias, que je veux revoir. Hippias ! Hippias ! O mon cher Hippias ! Je ne vis encore que pour rendre à tes cendres le dernier devoir.

Cependant on voyoit le corps du jeune Hippias étendu, qu'on portoit dans un cercueil orné de pourpre, d'or

(10) L'usage de brûler les corps morts remonte jusqu' à l'antiquité la plus reculée ; mais il n'a commencé à Rome que du tems de Sylla. Hérodien qui a conservé dans le bas Empire le goût de l'ancienne Grece, nous a laissé une description fort détaillée de la maniere dont on brûloit à Rome le corps des Empereurs.

d'or & d'argent. La mort qui avoit éteint ses yeux, n'avoit pu effacer toute sa beauté, & les graces étoient encore à demi peintes sur son visage pâle. On voyoit flotter autour de son cou plus blanc que la neige, mais penché sur l'épaule, ses longs cheveux noirs plus beaux que ceux d'Atis (*h*) ou de Ganimede, qui alloient être réduits en cendre. On remarquoit dans le côté la blessure profonde par où tout son sang s'étoit écoulé, & qui l'avoit fait descendre dans le royaume sombre de Pluton.

Télémaque triste & abattu suivoit de près le corps, & lui jettoit des fleurs. Quand on fut arrivé au bûcher, le fils d'Ulysse ne put voir la flamme pénétrer les étoffes qui enveloppoient le corps, sans répandre de nouvelles larmes. Adieu, dit-il, ô magnanime Hippias! Car je n'ose te nommer mon ami. Appaise-toi, ô ombre, qui as mérité tant de gloire. Si je ne t'aimois, j'envierois ton bonheur: Tu es délivré des miseres où nous sommes encore, & tu en es sorti par le chemin le plus glorieux. Hélas! Que je serois heureux de finir de même! Que le Styx n'arrête point ton ombre; que les Champs Elisées lui soient ouvertes, que la renomée conserve ton nom dans tous les siecles, & que tes cendres reposent en paix.

A peine eut-il dit ces paroles entremêlées de soupirs que toute l'armeé poussa un cri. On s'attendrissoit sur Hippias, dont on racontoit les grandes actions; & la douleur de sa mort rappellant toutes ses bonnes qualités, faisoit oublier les défauts qu'une jeunesse impétueuse & une mauvaise éducation lui avoient donnés: mais on étoit encore plus touché des sentiments tendres de Télémaque. Est-ce donc là, disoit-on, ce jeune Grec si fier, si hautain, si dédaigneux, si intraitable? Le voilà devenu doux, humain, tendre. Sans doute Minerve, qui

(h) *Atis étoit un jeune homme de Phrygie, fort aimé de Cybelle, & qui présidoit aux Sacrifices de cette Déesse, à condition de garder sa chasteté. Mais ayant violé son vœu, il s'emporta de fureur contre lui-même & se fit Eunuque. Cybelle le changea ensuite en pin.*

qui a tant aimé ſon pere, l'aime auſſi. Sans doute elle lui a fait les plus précieux dons que les Dieux puiſſent faire aux hommes, en lui donnant avec la ſageſſe un cœur ſenſible à l'amitié!

Le corps étoit déjà conſumé par les flammes : Télémaque lui-même arroſa de liqueurs parfumées ces cendres encore fumantes ; puis il les mit dans une urne d'or qu'il couronna de fleurs, & il porta cette urne à Phalante. Celui-ci étoit étendu, percé de diverſes bleſſures, & dans ſon extrême foibleſſe il entrevoyoit près de lui les portes ſombres des Enfers.

Déjà Traumaphile & Noſophuge envoyés par les fils d'Ulyſſe, lui avoient donné tous les ſecours de leur art. Ils rappelloient peu à peu ſon ame prête à s'envoler : de nouveaux eſprits le ranimoient inſenſiblement ; une force douce & pénétrante, un baume de vie s'inſinuoit de veine en veine juſqu'au fond de ſon cœur ; une chaleur agréable le déroboit aux mains glacées de la mort. En ce moment la défaillance ceſſant, la douleur ſuccéda. Il commença à ſentir la perte de ſon frere, qu'il n'avoit point été juſqu'alors en état de ſentir. Hélas! diſoit-il, pourquoi prend on de ſi grands ſoins de me faire vivre? Ne me vaudroit-il pas mieux mourir, & ſuivre mon cher Hippias? Je l'ai vu périr tout auprès de moi. O Hippias, la douceur de ma vie, mon frere, mon cher frere, tu n'es plus! Je ne pourrai donc plus ni te voir, ni t'entendre, ni t'embraſſer, ni te dire mes peines, ni te conſoler dans les tiennes! O Dieux, ennemis des Hommes! Il n'y a plus d'Hippias pour moi! Eſt-il poſſible? Mais n'eſt-ce point un ſonge? Non ; il n'eſt que trop vrai. O Hippias! je t'ai perdu, (11) je t'ai vu mourir, & s'il faut que je vive encore autant qu'il ſera néceſſaire pour te venger, je veux immoler à tes manes le cruel Adraſte teint de ton ſang. Pen-

(11) *C'eſt par des regrets ſinceres que les Anciens donnoient un libre cours à leur douleur & non par des louanges étudiées. Le deuil & les oraiſons funebres ont dégénéré en cérémonie. Dans leur uſage primitif des perſonnes véritablement affligées s'en ſervoient pour nourrir & pour appaiſer leur douleur.*

Pendant que Phalante parloit ainsi, les deux hommes divins tâchoient d'appaiser sa douleur, de peur qu'elle n'augmentât ses maux, & n'empêchât l'effet des remedes. Tout-à-coup il apperçoit Télémaque qui se présente à lui. D'abord son cœur fut comb ttu par deux passions contraires. Il conservoit un ressentiment de tout ce qui s'étoit passé entre Télémaque & Hippias. La douleur de la perte d'Hippias rendoit ce ressentiment encore plus vif. D'un autre côté il ne pouvoit ignorer qu'il devoit la conservation de sa vie à Télémaque, qui l'avoit tiré sanglant & à demi mort des mains d'Adraste. Mais quand il vit l'urne d'or, où étoient renfermées les cendres si cheres de son frere Hippias, il versa un torrent de larmes, il embrassa d'abord Télémaque sans pouvoir lui parler, & lui dit enfin d'une voix languissante, entrecoupée de sanglots:

Digne fils d'Ulysse, votre vertu me force à vous aimer. Je vous dois ce reste de vie qui va s'éteindre : mais je vous dois quelque chose qui m'est bien plus cher. Sans vous le corps de mon frere auroit été la proie des vautours. Sans vous son ombre privée de la sépulture seroit malheureusement errante sur les rives du Styx, & troujours repoussée par l'impitoyable Caron. (*i*) Faut-il que je doive tant à un Homme que j'ai tant haï? O Dieux! récompensez le, & délivrez-moi d'une vie si malheureuse. Pour vous, ô Télémaque, rendez-moi les derniers devoirs que vous avez rendus à mon frere, afin que rien ne manque à votre gloire.

A ces paroles Phalante demeura épuisé & abattu d'un excès de douleur. Télémaque se tint auprés de lui sans oser lui parler, & attendant qu'il reprît ses forces. Bientôt Phalante revenant de cette défaillance, prit l'urne des mains de Télémaque, la baisa plusiers fois, l'arrosa de ses larmes, & dit: o cheres, ô précieuses cendres!

(*i*) *Caron, fils d'Erebus & de la Nuit, batelier d'Enfer, qui passe les ames dans sa barque sur le fleuve Styx & les autres fleuves d'Enfer.*

dres ! quand eſt-ce que les miennes ſeront renfermées avec vous dans cette même urne ? O ombre d'Hippias ! je te ſuis dans les enfers : Télémaque nous vengera tous deux.

Cependant le mal de Phalante diminua de jour en jour par les ſoins des deux hommes qui avoient la ſcience d'Eſculape. Télémaque étoit ſans ceſſe avec eux auprès du malade pour les rendre plus attentifs à avancer ſa guériſon, & toute l'armée admiroit bien plus la bonté de cœur avec laquelle il ſecouroit ſon plus grand ennemi, que la valeur & la ſageſſe qu'il avoit montrées en ſauvant dans la bataille l'armée des Alliés. En même tems Télémaque ſe montroit infatigable dans les plus rudes travaux de la guerre ; il dormoit peu, & ſon ſommeil étoit ſouvent interrompu, ou par les avis qu'il recevoit à toutes les heures de la nuit, comme du jour, ou par la viſite de tous les quartiers du camp qu'il ne faiſoit jamais deux fois de ſuite aux mêmes heures, pour mieux ſurprendre ceux qui n'étoient pas aſſez vigilants : il revenoit ſouvent dans ſa tente couvert de ſueur & de pouſſiere ; ſa nourriture étoit ſimple ; il vivoit comme les Soldats (12) pour leur donner l'exemple de la ſobriété & de la patience. L'armée ayant peu de vivres dans ce campement, il jugea à propos d'arrêter les murmures des Soldats, en ſouffrant lui-même volontairement les mêmes incommodités qu'eux. Son corps, loin de s'affoiblir dans une vie ſi pénible, ſe fortifioit & s'endurciſſoit chaque jour : il commençoit à n'avoir plus ces graces ſi tendres, qui ſont comme la fleur de la premiere jeuneſſe ; ſon teint devenoit plus

(12) Tel étoit l'uſage des plus grands Généraux de Rome. Le Soldat Romain faiſoit partie d'un peuple libre, naturellement ennemi de la ſubordination ; & ſi l'autorité n'étoit pas ſoutenue par l'exemple, les ſéditions & les révoltes étoient fréquentes dans les armées. Nos Soldats plus dociles par la conſtitution de notre Gouvernement n'attendent point qu'un Général vive comme eux. Mais ſi l'on vouloit retrancher le faſte & la molleſſe qui ſuivent les armées, on y entretiendroit une certaine vigueur de diſcipline bien mieux que par la hauteur & par la ſévérité du commandement militaire.

plus brun & moins délicat; ses membres moins mous & plus nerveux (13).

(13) Toute cette peinture du soin que Télémaque prenoit des Soldats, de son attention à les soulager dans leurs besoins, de sa vigilance à les tenir dans une exacte discipline, de sa tendresse à partager toutes leurs incommodités, est un vrai tableau du Vicomte de Turenne, qui étoit appellé le pere des Soldats, & qui leur distribuoit le pain de sa table, plutôt que de les voir souffrir la faim.

Fin du dix-septieme Livre.

SOMMAIRE
DU
LIVRE DIX-HUITIEME.

TÉLÉMAQUE persuadé par divers songes, que son pere Ulysse n'est plus sur la terre, exécute son dessein de l'aller chercher dans les Enfers : il se dérobe du camp, étant suivi de deux Crétois jusqu'à un temple près de la fameuse caverne d'Acherontia : il s'y enfonce au travers des ténebres, arrive au bord du Styx, & Caron le reçoit dans sa barque : il se va presenter devant Pluton, qu'il trouve préparé à lui permettre de chercher son pere : il traverse le Tartare, (*) où il voit les tourments que souffrent les ingrats, les parjures, les hypocrites, & sur-tout les mauvais Rois.

(*) *Il traverse le Tartare.* Lisez Struchtmeyeri J. Christ. Theologiam Mysticam, sive de Origine Tartari & Elysii Libri V. 8, Leidæ 1746. 2. Alph. 92. pl.

LIVRE DIX-HUTIEME.

ADraste, dont les troupes avoient été considerablement affoiblies dans le combat, s'étoit retiré derriere la montagne d'Aulon (a) pour attendre divers secours, & pour tâcher de surprendre encore une fois ses ennemis. Semblable à un lion affamé, qui ayant été repoussé d' une bergerie s'en retourne dans les sombres forêts, & rentre dans sa caverne, où il aiguise ses dents & ses griffes, attendant le moment favorable pour égorger tous les troupeaux.

Télémaque ayant pris soin de mettre une exacte discipline dans tout le camp, ne songea plus qu'à exécuter

(a) *Aulon, aujourd'hui Caulo, est une montagne de la Calabre ulterieure, vers le cap de Stilo, sur laquelle est une Ville de même nom, autrefois episcopale & suffragante de Reggio.*

ter un dessein qu'il avoit conçu, & qu'il cacha à tous les chefs de l'armée. Il y avoit déjà long-tems qu'il étoit agité pendant toutes les nuits par des songes qui lui représentoient son pere Ulysse. Cette chere image revenoit toujours sur la fin de la nuit, avant que l'aurore vînt chasser du Ciel par ses feux naissants les inconstantes étoiles, & de dessus la terre le doux sommeil suivi des songes voltigeants. Tantôt il croyoit voir Ulysse nu dans une Isle fortunée, sur la rive d'un fleuve, dans une prairie ornée de fleurs, & environné des Nymphes qui lui jettoient des habits pour se couvrir. Tantôt il croyoit l'entendre parler dans un Palais tout éclatant d'or & d'ivoire, où des Hommes couronnés de fleurs l'écoutoient avec plaisir & admiration. Souvent Ulysse lui apparoissoit tout-à-coup dans des festins où la joie éclatoit parmi les délices, & où l'on entendoit les tendres accords d'une voix avec une lyre plus douce que la lyre d'Apollon, & que les voix de toutes les Muses.

Télémaque en s'éveillant s'attristoit de ces songes si agréables. O mon pere ! ô mon cher pere Ulysse ! s'érioit-il ; les songes les plus affreux me seroient plus doux. Ces images de félicité me font comprendre que vous êtes déjà descendu dans le séjour des ames bienheureuses, que les Dieux récompensent de leurs vertus par une éternelle tranquillité. Je crois voir les Champs Elisées. O qu'il est cruel de n'espérer plus ; quoi donc, ô mon cher pere ! je ne vous verrai jamais ? Jamais je n'embrasserai celui qui m'aimoit tant, & que je cherche avec tant de peine ? Jamais je n'entendrai parler cette bouche d'où sortoit la sagesse ; jamais je ne baiserai ces mains, ces cheres mains, ces mains victorieuses qui ont abattu tant d'ennemis ! Elles ne puniront point les insensés amants de Pénélope, & Ithaque ne se relevera jamais de sa ruine.

O Dieux ennemis de mon pere ! vous m'envoyez ces songes funestes pour arracher toute espérance de mon cœur ; c'est m'arracher la vie. Non, je ne puis plus vivre danc cette incertitude. Que dis-je ! hélas ! je ne suis que trop certain que mon pere n'est plus. Je vais cher-

chercher ſon ombre juſques dans les enfers. (1) Théſée (*b*) y eſt bien deſcendu; Theſée, cet impie, qui vouloit outrager les Divinités infernales : & moi j'y vais conduit par la piété. Hercule y deſcendit. Je ne ſuis pas Hercule, mais il eſt beau d'oſer l'imiter. Orphée (*c*) a bien touché par le récit de ſes malheurs le cœur de ce Dieu qu'on dépeint comme inexorable. Il obtint de lui qu'Euridice retourneroit parmi les vivants. Je ſuis plus digne de compaſſion qu'Orphée; car ma perte eſt plus grande. Qui pourra comparer une jeune fille ſemblable à tant d'autres, avec le ſage Ulyſſe admiré de toute la Grece? Allons, mourons, s'il le faut. Pourquoi craindre la mort, quand on ſouffre tant dans la vie? O Pluton! ô Proſerpine! j'éprouverai bientôt ſi vous êtes auſſi impitoyables qu'on le dit. O mon pere! après avoir parcouru en vain les terres & les mers pour vous trouver, je vais enfin voir ſi vous n'êtes point dans les ſombres demeures des morts. Si les Dieux me refuſent de vous poſſéder ſur la terre, & de jouir de la lumiere du Soleil, peut-être ne me refuſeront-ils pas de voir au moins votre ombre dans le royaume de la nuit.

En diſant ces paroles, Télémaque arroſoit ſon lit de ſes larmes. Auſſi-tôt il ſe levoit, & cherchoit par la lumiere à ſoulager la douleur cuiſante que ces ſonges lui avoient cauſée. Mais c'étoit une fleche qui avoit percé ſon cœur, & qu'il portoit par-tout avec lui. Dans cette peine il entreprit de deſcendre aux enfers par un lieu célebre qui n'étoit pas éloigné du camp. On l'appelloit *Acherontia* (*d*) à cauſe qu'il y avoit en ce lieu une caverne

(1) Ce Livre eſt une imitation du II de l'Odiſſée & du 6. de l'Enéide. La même fable y paroît avec des agréments nouveaux. M. de Cambrai riche de ſon propre fond, n'eſt jamais plagiaire ni ſervile imitateur. Il releve la fable par des traits de morale qui manquent aux deux modeles de l'antiquité.

(b) *Theſée fils d'Egée, Roi d'Athenes, deſcendit aux Enfers avec Pirithoüs pour enlever Proſerpine; Il y fut enchaîné par l'ordre de Pluton, jusqu'à ce qu'Hercule le vint délivrer.*

(c) *Orphée deſcendit aux Enfers pour enlever ſa femme Euridice. Il l'en auroit retirée, s'il ne l'eût regardée trop tôt contre le commandement de Proſerpine.*

(d) *Acherontia étoit une ville de la Pouille, ſituée ſur une montagne à l'extrémité de l'Italie. Au pié de*

verne affreuſe de laquelle on deſcendoit ſur les rives de l'Acheron, par lequel les Dieux mêmes craignent de jurer. La ville étoit ſur un rocher, poſée comme un nid ſur le haut d'un arbre. Au pied de ce rocher on trouvoit la caverne, de laquelle les timides mortels n'oſoient approcher. Les bergers avoient ſoin d'en détourner leurs troupeaux. La vapeur ſoufrée du marais Stygien, qui s'exhaloit ſans ceſſe par cette ouverture, empeſtoit l'air. Tout au tour il ne croiſſoit ni herbes ni fleurs; on n'y ſentoit jamais les doux zéphyrs, ni les graces naiſſantes du Printems, ni les riches dons de l'Automne. La terre aride y languiſſoit: on y voyoit ſeulement quelques arbuſtes dépouillés, & quelques Cyprès funeſtes. Au loin, même tout à l'entour, Cerès refuſoit aux laboureurs ſes moiſſons dorées. Bacchus ſembloit en vain y promettre ſes doux fruits: les grappes de raiſin ſe deſſechoient au lieu de meurir. Les Naïades triſtes ne faiſoient point couler une onde pure; leurs flots étoient toujours amers & troubles. Les oiſeaux ne chantoient jamais dans cette terre hériſſée de ronces & d'épines, & n'y trouvoient aucun bocage pour ſe retirer. Ils alloient chanter leurs amours ſous un Ciel plus doux. Là on n'entendoit que le croaſſement des corbeaux, & la voix lugubre des hiboux. L'herbe même y étoit amere, & les troupeaux qui la paiſſoient, ne ſentoient point la douce joie qui les fait bondir. Le taureau fuyoit la geniſſe, & le berger tout abattu oublioit ſa muſette & ſa flûte.

De cette caverne ſortoit de tems en tems une fumée noire & épaiſſe, qui faiſoit une eſpece de nuit au milieu du jour. Les peuples voiſins redoubloient alors leurs ſacrifices pour appaiſer les Divinités infernales: mais ſouvent les hommes à la fleur de leur âge, & dès leur plus tendre jeuneſſe, étoient les ſeules victimes que ces Divinités cruelles prenoient plaiſir à immoler par une funeſte contagion.

C'eſt

cette montagne eſt une caverne où le fleuve Acheron ſe précipite avec tant d'impétuoſité, que les Poëtes ont appellé ce lieu une entrée de l'Enfer. C'eſt par-là qu'Hercule y deſcendit, & qu'il en tira le Cerbere.

C'eſt là que Télémaque réſolut de chercher le chemin de la ſombre demeure de Pluton. Minerve qui veilloit ſans ceſſe ſur lui, & qui le couvroit de ſon Egide, lui avoit rendu Pluton favorable. Jupiter même, à la priere de Minerve, avoit ordonné à Mercure, qui deſcend chaque jour aux enfers pour livrer à Caron un certain nombre de morts, de dire au Roi des ombres, qu'il laiſſât entrer le fils d'Ulyſſe dans ſon Empire.

Télémaque ſe dérobe du camp pendant la nuit ; il marche à la clarté de la Lune, & il invoque cette puiſſante Divinité, qui étant dans le Ciel l'Aſtre brillant de la nuit, & ſur la terre la chaſte Diane, (*e*) eſt aux enfers la redoutable Hécate. Cette Divinité écouta favorablement ſes vœux, parce que ſon cœur étoit pur, & qu'il étoit conduit par l'amour pieux qu'un fils doit à ſon pere.

A peine fut-il auprès de l'entrée de la caverne, qu'il entendit l'Empire ſouterrein mugir. La terre trembloit ſous ſes pas ; le Ciel s'arma d'éclairs & de feux, qui ſembloient tomber ſur la terre. Le jeune fils d'Ulyſſe ſentit ſon cœur ému, & tout ſon corps étoit couvert d'une ſueur glacée : mais ſon courage le ſoutint, il leva les yeux & les mains au Ciel. Grands Dieux ! s'écria-t-il, j'accepte ces préſages que je crois heureux ; achevez votre ouvrage. Il dit, & redoublant ſes pas, il ſe préſenta hardiment.

Auſſi-tôt la fumée épaiſſe, qui rendoit l'entrée de la caverne funeſte à tous les animaux, dés qu'ils en approchoient, ſe diſſipe ; l'odeur empoiſonnée ceſſa pour un peu de tems. Télémaque entra ſeul ; car quel autre mortel eût oſé le ſuivre ? Deux Crétois qui l'avoient accompagné juſqu'à une certaine diſtance de la caverne, & auſquels il avoit confié ſon deſſein, demeurérent tremblants & à demi morts aſſez loin de là, dans un Temple, faiſant des vœux, & n'eſpérant plus de revoir Télémaque.

Ce-

(c) Diane, *Déeſſe de la Chaſſe, étoit fille de Jupiter & de Latone, & ſœur d'Apollon qui l'aima fort. Elle a ordinairement trois noms. & s'appelle en Enfer Hécate: Diane ſur Terre: & au Ciel la Lune ou Phebé.*

Cependant le fils d'Ulysse l'épeé à la main, s'enfonce dans ces ténebres horribles. Bientôt il apperçoit une foible & sombre lueur, telle qu'on la voit pendant la nuit sur la terre: il remarque les ombres légeres qui voltigent autour de lui; il les écarte avec son épée; ensuite il voit les tristes bords du fleuve marécageux, dont les eaux bourbeuses & dormantes ne font que tournoyer; il découvre sur ce rivage une foule innombrable de morts privés de la sépulture, qui se présentent en vain à l'impitoyable Caron. Ce Dieu, dont la vieillesse éternelle est toujours triste & chagrine, mais pleine de vigueur, les menace, les repousse, & admet d'abord dans sa barque le jeune Grec. En entrant, Télémaque entend les gémissements d'une ombre qui ne pouvoit se consoler.

Quel est donc, lui dit-il, votre malheur? Qui étiez-vous sur la terre? (2) J'étois, lui répondit cette ombre, Nabopharzan (3) Roi de la superbe Babylone: tous les peuples de l'Orient trembloient au seul bruit de mon nom; je me faisois adorer par les Babyloniens dans un Temple de marbre, où j'étois représenté par une statue d'or, devant laquelle on brûloit nuit & jour les plus précieux parfums de l'Ethiopie. Jamais personne n'osa me contredire sans être aussi-tôt puni: on inventoit chaque jour de nouveaux plaisirs pour me rendre la vie plus délicieuse; j'étois encore jeune & robuste. Hélas! que de prospérités ne me restoit-il pas encore à goûter sur le Trône! Mais une femme que j'aimois, & qui ne m'aimoit pas, m'a bien fait sentir que je n'étois pas Dieu; elle m'a empoisonné; je ne suis plus rien; on mit hier avec pompe mes cendres dans une urne d'or: on pleura,

on

(2) C'est ici que l'Auteur réunit ce qu'il y a de plus instructif dans les Dialogues de Lucien. Ce satyrique s'est contenté d'exposer le ridicule des passions. M. de Cambrai fait les rendre odieuses, & il a au dessus de Lucien le grand avantage de parler au cœur.

(3) Nabuchodonosor II, dit le *Grand*, fils du premier. Il fit la guerre contre les Assyriens, & les Egyptiens: & étant mal satisfait de Joackim Roi de Juifs, il l'attaqua dans ses Etats, prit Jérusalem, emporta ses richesses, & fit ce Roi prisonnier. Ce Prince ayant subjugué presque toute l'Asie, voulut être adoré comme Dieu. Il fit faire une statue d'or, & par un Edit public il commanda à tous ses sujets de l'adorer; & comme les compagnons de Daniel refusérent de l'adorer, ce Roi irrité les fit jetter dans une fornaise ardente.

on s'arracha les cheveux ; on fit semblant de vouloir se jetter dans les flammes de mon bûcher pour mourir avec moi. On va encore gémir au pied du superbe tombeau où l'on a mis mes cendres ; mais personne ne me regrette, ma mémoire est en horreur, même dans ma famille ; & ici-bas je souffre déjà d'horribles traitements.

Télémaque touché de ce spectacle, lui dit : étiez-vous véritablement heureux pendant votre regne ? Sentiez-vous cette douce paix, sans laquelle le cœur demeure toujours serré & flétri au milieu des délices ? Non, répondit le Babylonien, je ne sais même ce que vous voulez dire. Les sages vantent cette paix comme l'unique bien ; pour moi je ne l'ai jamais sentie ; mon cœur étoit sans cesse agité de desirs nouveaux, de crainte & d'espérance. Je tâchois de m'étourdir moi-même par l'ébranlement de mes passions : j'avois soin d'entretenir cette ivresse pour la rendre continuelle : le moindre intervalle de raison tranquille m'eût été trop amer. Voilà la paix dont j'ai joui ; toute autre me paroît une fable & un songe. Voilà les biens que je regrette.

En parlant ainsi, le Babylonien pleuroit comme un homme lâche qui a été amolli par les prospérités, & qui n'est point accoutumé à supporter constamment un malheur. Il avoit auprès de lui quelques esclaves, qu'on avoit fait mourir pour honorer ses funérailles. Mercure les avoit livrés à Caron avec leur Roi, & leur avoit donné une puissance absolue sur ce Roi qu'ils avoient servi sur la terre. Ces ombres d'esclaves ne craignoient plus l'ombre de Nabopharzan, elles la tenoient enchaînée, & lui faisoient les plus cruelles indignités. L'un lui disoit : n'étions-nous pas hommes aussi-bien que toi ? Comment étois-tu assez insensé pour te croire un Dieu ? & ne falloit-il pas te souvenir que tu étois de la race des autres hommes ? Un autre, pour lui insulter, disoit : tu avois raison de ne vouloir pas qu'on te prît pour un homme, car tu étois un monstre sans humanité. Un autre lui disoit : hé bien ! où sont maintenant tes flatteurs ? tu n'as plus rien à donner, malheureux : tu ne peux plus faire aucun mal ; te voilà deve-

devenu esclave de tes esclaves mêmes. Les Dieux sont lents à faire justice, mais enfin ils la font.

A ces dures paroles, Nabopharzan se jettoit le visage contre terre, arrachant ses cheveux dans un excès de rage & de désespoir. Mais Caron disoit aux esclaves : tirez-le par sa chaîne ; relevez-le malgré lui, il n'aura pas même la consolation de cacher sa honte : il faut que toutes les ombres du Styx en soient témoins, pour justifier les Dieux qui ont souffert si long-tems que cet impie régnât sur la terre. Ce n'est encore là, ô Babylonien, que le commencement de tes douleurs ; prépare-toi à être jugé par l'inflexible Minos, juge des enfers.

Pendant ce discours du terrible Caron, la barque touchoit déjà le rivage de l'Empire de Pluton ; toutes les ombres accouroient pour considérer cet homme vivant, qui paroissoit au milieu de ces morts dans la barque : mais dans le moment où Télémaque mit pied à terre, elles s'enfuirent, semblables aux ombres de la nuit, que la moindre clarté du jour dissipe. Caron montrant au jeune Grec un front moins ridé, & des yeux moins farouches qu'à l'ordinaire, lui dit : Mortel chéri des Dieux, puisqu'il t'est donné d'entrer dans le Royaume de la nuit, inaccessible aux autres vivants, hâte-toi d'aller où les destins t'appellent ; va par ce chemin sombre au Palais de Pluton, que tu trouveras sur son Trône ; il te permettra d'entrer dans les lieux dont il m'est défendu de te découvrir le secret.

Aussi-tôt Télémaque s'avance à grands pas ; il voit de tous côtés voltiger des ombres plus nombreuses que les grains de sable qui couvrent les rivages de la mer ; & dans l'agitation de cette multitude infinie, il est saisi d'une horreur divine, observant le profond silence de ces vastes lieux. Ses cheveux se dressent sur sa tête, quand il aborde le noir séjour de l'impitoyable Pluton ; il sent ses genoux chancelants, la voix lui manque ; & c'est avec peine qu'il peut prononcer au Dieu ces paroles : Vous voyez, ô terrible Divinité, le fils du malheureux Ulysse ; je viens vous demander si mon pere est descendu dans votre Empire, ou s'il est encore errant sur la terre.

Plu-

Pluton étoit sur un Trône d'ébene, son visage étoit pâle & sévere, ses yeux creux & étincelants, son front ridé & menaçant. La vue d'un homme vivant lui étoit odieuse, comme la lumiere offense les yeux des animaux qui ont accoutumé de ne sortir de leurs retraites que pendant la nuit. A son côté paroissoit Proserpine, qui attiroit seule ses regards, & qui sembloit un peu adoucir son cœur. Elle jouissoit d'une beauté toujours nouvelle, mais elle paroissoit avoir joint à ses graces divines je ne sais quoi de dur & de cruel de son époux.

Aux pieds du Trône étoit la mort pâle & dévorante avec sa faux tranchante qu'elle aiguisoit sans cesse. Autour d'elle voloient les noirs soucis, les cruelles défiances, les vengeances toutes dégoûtantes de sang, & couvertes de plaies; les haines injustes, l'avarice qui se ronge elle-même, le désespoir qui se déchire de ses propres mains, l'ambition forcenée qui renverse tout, la trahison qui veut se repaître de sang, & qui ne peut jouir des maux qu'elle a faits; l'envie qui verse son venin mortel autour d'elle, & qui se tourne en rage dans l'impuissance où elle est de nuire; l'impiété qui se creuse elle-même un abyme sans fond où elle se précipite sans espérance; les spectres hideux, les fantômes qui représentent les morts pour épouvanter les vivants; les songes affreux; les insomnies aussi cruelles que les tristes songes. Toutes ces images funestes environnoient le fier Pluton, & remplissoient le Palais où il habite. Il répondit à Télémaque d'une voix basse, qui fit mugir le fond de l'Erebe: (*f*) Jeune mortel, le destin t'a fait violer cet asyle sacré des ombres; suis ta haute destinée; je ne te dirai point où est ton pere; il suffit que tu sois libre de le chercher: puisqu'il a été Roi sur la terre, tu n'as qu'à parcourir d'un côté l'endroit du noir Tartare où les mauvais Rois sont punis, & de l'autre les champs Elysées où les bons Rois sont récompensés. Mais tu ne peux aller d'ici dans les champs Elysées, qu'après

(*f*) *Erebe, Dieu des Enfers, pere de la Nuit, engendré du Cahos & de l'Obscurité, est souvent pris pour l'Enfer même par les Poëtes: c'est dans ce dernier sens qu'il faut l'entendre ici.*

après avoir passé par le Tartare. Hâte-toi d'y aller, & de sortir de mon Empire.

A l'instant Télémaque semble voler dans ces espaces vuides & immenses, tant il lui tarde de savoir s'il verra son pere, & de s'éloigner de la présence horrible du Tyran, qui tient en crainte les vivants & les morts : il apperçoit bientôt assez près de lui le noir Tartare ; (g) il en sortoit une fumée noire & épaisse, dont l'odeur empestée donneroit la mort, si elle se répandoit dans la demeure des vivants : cette fumée couvroit un fleuve de feu & des tourbillons de flamme, dont le bruit semblable à celui des torrents les plus impétueux, quand ils s'élancent des plus hauts rochers dans le fond des abymes, faisoit qu'on ne pouvoit rien entendre distinctement dans ces tristes lieux.

Télémaque secrétement animé par Minerve, entre sans crainte dans ce gouffre. D'abord il apperçut un grand nombre d'hommes qui avoient vécu dans les plus basses conditions, & qui étoient punis pour avoir cherché les richesses par des fraudes, des trahisons, & des cruautés : il remarqua beaucoup d'impies hypocrites, (4) qui faisant semblant d'aimer la Religion, s'en étoient servis comme d'un beau prétexte pour contenter leur ambition, & pour se jouer des hommes crédules. Ces hommes qui avoient abusé de la vertu même, quoiqu'elle soit le plus grand don des Dieux, étoient punis comme les plus scélérats de tous les hommes. Les enfants qui avoient égorgé leurs peres & leurs meres ; les épouses qui avoient trempé leurs mains dans le sang de leurs époux ; les traîtres qui avoient livré leur patrie après avoir violé tous les serments, souffroient des peines moins cruelles que ces hypocrites. Les trois Juges des enfers l'avoient ainsi

(g) *Le Tartare est le lieu où les méchants son tourmentés dans les Enfers.*

(4) Il y en avoit grand nombre, parce qu'il n'y a pas de défaut plus ordinaire que celui qui se couvre du voile de la religion, rien qui joue plus communément les hommes que la fausse vertu. Le plus vertueux de tous les hommes, dit Platon, c'est celui qui se contente d'être bon sans chercher à le paroître ; le plus coupable, celui qui cherche sa félicité dans le crime, & sa gloire dans de faux dehors de vertu,

ainsi voulu, & voici leur raison. C'est que les hypocrites ne se contentent pas d'être méchants comme le reste des impies, ils veulent encore passer pour bons, & font par leur fausse vertu que les hommes n'osent plus se fier à la véritable. Les Dieux dont ils se sont joués, & qu'ils ont rendus méprisables aux hommes, prennent plaisir à employer toute leur puissance pour se venger de leurs insultes.

Auprès de ceux-ci paroissoient d'autres hommes que le vulgaire ne croit guere coupables, & que la vengeance divine poursuit impitoyablement: ce sont les ingrats, les menteurs, les flatteurs qui ont loué le vice; les critiques malins qui ont tâché de fletrir la plus pure vertu; enfin, ceux qui ont jugé témérairement des choses sans les connoître à fond, & qui par-là ont nui à la réputation des innocents.

Mais parmi toutes les ingratitudes, celle qui étoit punie comme la plus noire, c'est celle qui se commet envers les Dieux. Quoi donc, disoit Minos, on passe pour un monstre, quand on manque de reconnoissance pour son pere ou pour son ami, de qui on a reçu quelques secours; & on fait gloire d'être ingrat envers les Dieux, de qui on tient la vie, & tous les biens qu'elle renferme? Ne leur doit-on pas sa naissance plus qu'au pere & à la mere de qui on est né? Plus tous ces crimes sont impunis & excusés sur la terre, plus ils sont dans les enfers l'objet d'une vengeance implacable, à qui rien n'échappe.

Télémaque voyant les trois Juges qui étoient assis, qui condamnoient un homme, osa leur demander quels étoient ses crimes. Aussi-tôt le condamné prenant la parole, s'écria: je n'ai jamais fait aucun mal. J'ai mis tout mon plaisir à faire du bien; j'ai été magnifique, libéral, juste, compatissant; que peut-on donc me reprocher? Alors Minos lui dit: on ne te reproche rien à l'égard des hommes; mais ne devois-tu pas moins aux hommes qu'aux Dieux? Quelle est donc cette justice dont tu te vantes? Tu n'as manqué à aucun devoir envers les hommes qui ne sont rien. Tu as été vertueux; mais

(5) mais tu as rapporté toute ta vertu à toi-même, & non aux Dieux qui te l'avoient donnée; car tu voulois jouir du fruit de ta propre vertu, & te renfermer en toi-même. Tu as été ta divinité : mais les Dieux qui ont tout fait, & qui n'ont rien fait que pour eux-mêmes, ne peuvent renoncer à leurs droits; tu les as oubliés; ils t'oublieront : ils te livreront à toi-même; puisque tu as voulu être à toi, & non pas à eux. Cherche donc maintenant, si tu le peux, ta consolation dans ton propre cœur. Te voilà à jamais séparé des hommes ausquels tu as voulu plaire. Te voilà seul avec toi-même, qui étois ton idole. Apprends qu'il n'y a point de véritable vertu, sans le respect & l'amour des Dieux à qui tout est dû. Ta fausse vertu qui a long-tems ébloui les hommes faciles à tromper, va être confondue : les hommes ne jugeant des vices & des vertu que par ce qui les choque ou les accommode, sont aveugles & sur le bien & sur le mal. Ici une lumiere divine renverse tous leurs jugements superficiels; elle condamne souvent ce qu'ils admirent, & justifie ce qu'ils condamnent.

A ces mots, ce Philosophe, comme frappé d'un coup de foudre, ne pouvoit se supporter soi-même. La complaisance (6) qu'il avoit eue autrefois à contempler sa modération, son courage, & ses inclinations généreuses, se change en désespoir. La vue de son propre cœur ennemi des Dieux devient son supplice. Il se voit & ne peut cesser de se voir. Il voit la vanité des jugements des hommes, ausquels il a voulu plaire dans toutes ses actions. Il se fait une révolution universelle de tout ce qui est au dedans de lui, comme si on bouleversoit toutes ses entrailles. Il ne se trouve plus le même; tout

appui

(5) Tout ce qui est donné à la Philosophie, c'est de guérir un vice par un autre. Les plus grandes actions, quand elles ne sont pas animées par la religion, n'ont d'autre principe que l'orgueil; elles sont par conséquent infectées par la racine qui les produit.

(6) On sait à quel excès étoit monté l'orgueil monstrueux des Philosophes : on peut demander aux Dieux les biens extérieurs, disoient-ils, comme la santé, les richesses; mais pour le plus précieux de tous les biens, c'est-à-dire la vertu, il faut la chercher dans notre propre fond. S'ils avoient su lire dans leur cœur, ils auroient mieux raisonné sur la foiblesse de l'homme.

appui lui manque dans son cœur. Sa conscience, dont le témoignage lui avoit été si doux, s'éleve contre lui, & lui reproche amérement l'égarement & l'illusion de toutes ses vertus, qui n'ont point eu le culte de la Divinité pour principe & pour fin. Il est troublé, consterné, plein de honte, de remords, & de désespoir. Les furies ne le tourmentent point, parce qu'il leur suffit de l'avoir livré à lui-même, & que son propre cœur venge assez les Dieux méprisés. Il cherche les lieux les plus sombres pour se cacher aux autres morts, ne pouvant se cacher à lui-même. Il cherche les ténébres, & ne peut les trouver; une lumiere importune le suit partout.. Par-tout les rayons perçants de la vérité vont venger la vérité qu'il an égligé de suivre. Tout ce qu'il a aimé lui devient odieux, comme étant la source de ses maux qui ne peuvent jamais finir. Il dit en lui-même: O insensé! je n'ai donc connu ni les Dieux, ni les hommes, ni moi-même. Non, je n'ai rien connu, puisque je n'ai jamais aimé l'unique & véritable bien. Tous mes pas ont été des égarements: ma sagesse n'étoit que folie; ma vertu n'étoit qu'un orgueil impie & aveugle; j'etois moi-même mon idole.

Enfin, Télémaque apperçut les Rois qui étoient condamnés pour avoir abusé de leur puissance. D'un côté une furie vengeresse leur présentoit un miroir qui leur montroit toute la difformité de leurs vices. Là ils regardoient, & ne pouvoient s'empêcher de voir leur vanité grossiere & avide des plus ridicules louanges; leur dureté pour les hommes, dont ils auroient dû faire la félicité; leur insensibilité pour la vertu; leur crainte d'entendre la vérité; leur inclination pour les hommes lâches & flatteurs; leur inapplication, leur mollesse, leur indolence, leur défiance déplacée, leur faste, & leur excessive magnificence fondée sur la ruine des peuples; leur ambition pour acheter un peu de vaine gloire par le sang de leurs Citoyens; enfin, leur cruauté qui cherche chaque jour de nouvelles délices parmi les larmes & le désespoir de tant de malheureux. Ils se voyoient sans cesse dans ce miroir: ils se trouvoient plus horribles & plus

plus monſtrueux que n'eſt la Chimere (*h*) vaincue par Bellérophon ; (*i*) ni l'Hydre de Lerne abattue par Hercule : ni Cerbere même, quoiqu'il vomiſſe de ſes trois gueules béantes un ſang noir & venimeux qui eſt capable d'empeſter toute la race des mortels vivants ſur la terre.

En même tems, d'un autre côté, une autre Furie leur répétoit avec inſulte toutes les louanges que leurs flatteurs leur avoient données pendant leur vie, & leur préſentoit un autre miroir, où ils ſe voyoient tels que la flatterie les avoit dépeints : l'oppoſition de ces deux peintures ſi contraires étoit le ſupplice de leur vanité. On remarquoit que les plus méchants d'entre ces Rois, étoient ceux à qui on avoit donné les plus magnifiques louanges pendant leur vie, parce que les méchants ſont plus craints que les bons, & qu'ils exigent ſans pudeur les lâches flatteries des Poëtes (7) & des Orateurs de leurs tems.

On les entend gémir dans ces profondes ténébres, où ils ne peuvent voir que les inſultes, & les dériſions qu'ils ont à ſouffrir : ils n'ont rien autour d'eux qui ne les repouſ-

(h) *La Chimere eſt une montagne de Licie, dont le ſommet jette des flammes, & eſt habitée par des lions, au milieu les chevres y paiſſent, & au bas on y voit des ſerpents. D'où eſt venue la Fable, que c'eſt un monſtre qui a la tête d'un lion, le corps de chevre, & la queue de dragon ; ou qui a trois têtes ſemblables à celles de ces animaux.*

(i) *Bellérophon, fils de Glaucus, Roi de Corinthe, fut accuſé par Stenobée d'avoir voulu la forcer, quoique ce fût elle qui l'eut ſollicité à commettre un adultere. Prœtus, Roi d'Argos, mari de cette femme, ajoutant foi trop légérement à ſon accuſation, envoya Bellérophon à Jobate, Roi de Licie, pour l'expoſer à la mort ; celui-ci le fit combattre contre la Chimere, qu'il vainquit étant monté ſur le cheval Pégaze.*

(7) Les Poëtes ont beau vanter le prix de leur encens & ſe donner pour les diſtributeurs de la véritable gloire. Et comment la poëſie, fille de l'erreur & du menſonge, pourroit-elle établir une ſolide réputation? Ne ſoyons donc point ſurpris ſi les Grands ſe ſont laſſés d'acheter l'encens des Poëtes. L'éloquence & la flatterie ont grande ſympathie, & il eſt très-difficile d'être habile flatteur, ſans être éloquent ; & d'être éloquent, ſans devenir flatteur. Et c'eſt peut-être ce que le jeune Pline veut dire, quand il dit, que l'éloquence ne ſe fauroit bien apprendre ſans les bonnes mœurs, pour donner à entendre, que l'éloquence eſt un dangereux talent dans ceux, qui n'ont pas la probité qu'il faut avoir pour en faire un bon uſage. *Mores primum, mox eloquentiam diſcat, quæ male ſine moribus diſcitur.* L. 3. Ep. 3.

repousse, qui ne les contredise, qui ne les confonde. Au lieu que sur la terre ils se jouoient de la vie des hommes, & prétendoient que tout étoit fait pour les servir; dans le Tartare ils sont livrés à tous les caprices de certains esclaves, qui leur font sentir à leur tour une cruelle servitude. Ils servent avec douleur, & il ne leur reste aucune espérance de pouvoir jamais adoucir leur captivité. Ils sont sous les coups de ces esclaves, devenus leurs tyrans impitoyables, comme une enclume est sous les coups des marteaux des Cyclopes, quand Vulcain les presse de travailler dans les fournaises ardentes du Mont Etna.

Là Télémaque apperçut des visages pâles, hideux, & contristés. C'est une tristesse noire qui ronge ces criminels. Ils ont horreur d'eux-mêmes, & ils ne peuvent non plus se délivrer de cette horreur, que de leur propre nature. Ils n'ont point besoin d'autres châtiments de leurs fautes que leur fautes mêmes. Ils les voïent sans cesse dans toute leur énormité. Elles se présentent à eux comme des spectres horribles; elles les poursuivent. Pour s'en garantir, ils cherchent une mort plus puissante que celle qui les a séparés de leurs corps. Dans le désespoir où ils sont, ils appellent à leur secours une mort qui puisse éteindre tout sentiment & toute reconnoissance en eux: ils demandent aux abymes de les engloutir pour se dérober aux rayons vengeurs de la vérité qui les persécute: mais ils sont réservés à la vengeance qui distille sur eux goutte-à-goutte, & qui ne tarira jamais. La vérité qu'ils ont craint de voir, fait leur supplice. Ils la voïent, & n'ont des yeux que pour la voir s'élever contr'eux. Sa vue les perce, les déchire, les arrache à eux-mêmes. Elle est comme la foudre: sans rien détruire au dehors, elle pénetre jusqu'au fond des entrailles. Semblable à un métal dans une fournaise ardente, l'ame est comme fondue par ce feu vengeur: il ne laisse aucune consistance, & il ne consume rien: il dissout jusqu'aux premiers principes de la vie, & on ne peut mourir. On est arraché à soi-même: on n'y peut plus trouver ni appui ni repos pour un seul instant. On ne vit plus que par la rage qu'on a contre soi-même, & par une perte de toute espérance qui rend forcené.

Parmi ces objets qui faisoient dresser les cheveux de Télémaque sur sa tête, il vit plusieurs des anciens Rois de Lydie, qui étoient punis pour avoir préféré les délices d'une vie molle au travail pour le soulagement des peuples, qui doit être inséparable de la Royauté.

Ces Rois se reprochoient les uns aux autres leur aveuglement. L'un disoit à l'autre qui avoit été son fils : Ne vous avois-je pas recommandé souvent dans ma vieillesse & avant ma mort de réparer les maux que j'avois faits par ma négligence? Ah! malheureux pere, disoit le fils, c'est votre exemple qui m'a inspiré le faste, l'orgueil, la volupté, & la dureté pour les hommes. En vous voyant régner avec tant de mollesse, & avec tant de lâches flatteurs autour de vous, je me suis accoutumé à aimer la flatterie & les plaisirs. J'ai cru que le reste des hommes étoit à l'égard des Rois, ce que les chevaux & les autres bêtes de charge (8) sont à l'égard des hommes; c'est-à-dire des animaux, dont on ne fait cas qu'autant qu'ils rendent de service, & qu'ils donnent de commodités. Je l'ai cru, c'est vous qui me l'avez fait croire; & maintenant je souffre tant de maux pour vous avoir imité. A ces reproches ils ajoutoient les plus affreuses malédictions, & paroissoient animés de rage pour s'entre-déchirer.

Autour de ces Rois voltigeoient encore, comme des hiboux dans la nuit, les cruels soupçons, les vaines alarmes, les défiances qui vengent les peuples de la dureté de leurs Rois, la faim insatiable des richesses, la fausse gloire toujours tyrannique, & la mollesse lâche qui redouble tous les maux qu'on souffre sans pouvoir jamais donner de solides plaisirs.

On voyoit plusieurs de ces Rois sévérement punis, non pour les maux qu'ils avoient faits, mais pour le bien qu'ils auroient dû faire. Tous les crimes des peuples

(8) C'est précisément de cette expression que se servoit le Cardinal Mazarin, pour inspirer au Roi de ne point ménager les François. Il les comparoit à des mulets qui marchent mieux plus ils sont chargés.

ples, qui viennent de la négligence avec laquelle on fait observer les loix, étoient imputés aux Rois, qui ne doivent régner qu'afin que les loix régnent par leur ministere. On leur imputoit aussi tous les désordres qui viennent du faste, du luxe, & de tous les autres excès qui jettent les hommes dans un état violent, & dans la tentation de violer les loix pour acquérir du bien. Surtout on traitoit rigoureusement les Rois, qui, au lieu d'être bons & vigilants Pasteurs des peuples, n'avoient songé qu'à ravager le troupeau comme des loups dévorants.

Mais ce qui consterna davantage Télémaque, ce fut de voir dans cet abyme de ténebres & de maux un grand nombre de Rois, qui ayant passé sur la terre pour des Rois assez bons, avoient été condamnés aux peines du Tartare, pour s'être laissés gouverner par des hommes méchants & artificieux. Ils étoient punis pour les maux qu'ils avoient laissé faire par leur autorité. La plupart de ces Rois n'avoient été ni bons ni méchants, tant leur foiblesse avoit été grande; ils n'avoient jamais craint de ne pas connoître la vérité: ils n'avoient point eu le goût de la vertu, & n'avoient point mis leur plaisir à faire du bien.

Fin du dix-huitieme Livre.

S O M M A I R E

D U

LIVRE DIX-NEUVIEME.

TE'LE'MAQUE entre dans les Champs Elysées, où il est reconnu par Arcésius son bisaïeul, qui l'assure qu' Ulysse est vivant; qu'il le reverra à Ithaque, & qu'il y régnera après lui. Arcésius lui dépeint la félicité dont jouissent les hommes justes, sur-tout les bons Rois, qui pendant leur vie ont servi les Dieux, & fait le bonheur des peuples qu'ils ont gouvernés: il lui fait remarquer que les Héros, qui ont seulement excellé dans l'art de faire la guerre, sont beaucoup moins heureux dans un lieu séparé. Il donne des instructions à Télémaque; puis celui-ci s'en va pour rejoindre en diligence le camp des Alliés.

LIVRE DIX-NEUVIEME.

LOrsque Télémaque sortit de ces lieux, il se sentit soulagé, comme si l'on avoit ôté une montagne de dessus sa poitrine. Il comprit par ce soulagement les malheurs de ceux qui y étoient renfermés, sans espérance d'en sortir jamais. Il étoit effrayé de voir combien les Rois étoient plus rigoureusement tourmentés que les autres coupables. Quoi! disoit-il, tant de devoirs, tant de périls, tant de pieges, tant de difficultés de connoître la verité pour se défendre contre les autres & contre soi-même! enfin, tant de tourments horribles dans les enfers, après avoir été si envié, si agité, si traversé dans une vie courte! O insensé celui qui cherche à régner! Heureux celui qui se borne à une condition privée & paisible, où la vertu lui est moins difficile.

En faisant ces réflexions, il se troubloit au dedans de

lui-même. Il frémit & tomba dans une consternation qui lui fit sentir quelque chose du désespoir de ces malheureux qu'il venoit de considérer : mais à mesure qu'il s'éloignoit de ce triste séjour des ténebres, de l'horreur, & du désespoir, son courage commença peu à peu à renaître : il respiroit, & entrevoyoit déjà de loin la douce & pure lumiére du séjour des Héros.

C'est dans ce lieu qu'habitoient tous les bons Rois qui avoient jusqu'alors gouverné les hommes : ils étoient séparés du reste des justes. Comme les méchants Princes souffroient dans le Tartare des supplices infiniment plus rigoureux que les autres coupables d'une condition privée ; aussi les bons Rois jouissoient dans les Champs Elysées d'un bonheur infiniment plus grand que celui du reste des hommes qui avoient aimé la vertu sur la terre.

Télémaque s'avança vers ces Rois, qui étoient dans des bocages odoriférants, sur des gazons toujours renaissants & fleuris ; mille petits ruisseaux d'une onde pure arrosoient ces beaux lieux, & y faisoient sentir une délicieuse fraîcheur : un nombre infini d'oiseaux faisoient résonner ces bocages de leur doux chant. On voyoit tout ensemble les fleurs du Printemps, qui naissoient sous les pas, avec les plus riches fruits de l'Automne, qui pendoient des arbres. Là jamais on ne ressentit les ardeurs de la furieuse Canicule : (a) là jamais les noirs Aquilons n'osérent souffler ni faire sentir les rigueurs de l'hiver. Ni la guerre altérée de sang, ni la cruelle envie qui mord d'une dent venimeuse, & qui porte des vipéres entortillées dans son sein & autour de ses bras, ni les jalousies, ni les défiances, ni la crainte, ni les vains desirs n'approchoient jamais de cet heureux séjour de la paix. Le jour n'y finit point, & la nuit avec ses sombres voiles y est inconnue. Une lumiere pure & douce se répand autour des corps de ces hommes justes, & les

(a) *La Canicule est un signe céleste qui se leve le sixieme jour de Juillet, & qui fait un tour de six semaines, qu'on appelle* Jours Caniculaires.

& les environne de ſes rayons comme d'un vêtement. Cette lumiere n'eſt point ſemblable à la lumiere ſombre qui éclaire les yeux des miſérables mortels, & qui n'eſt que ténebres. C'eſt plutôt une gloire céleſte qu'une lumiere : elle pénetre plus ſubtilement les corps les plus épais, que les rayons du Soleil ne pénétrent le plus pur cryſtal ; elle n'éblouit jamais : au contraire, elle fortifie les yeux, & porte dans le fond de l'ame je ne ſais quelle ſérénité. C'eſt d'elle ſeule (1) que les hommes bienheureux ſont nourris ; elle ſort d'eux, & elle y entre : elle les pénetre, & s'incorpore à eux comme les aliments s'incorporent à nous. Ils la voïent, ils la ſentent, ils la reſpirent. Elle fait naître en eux une ſource intariſſable de paix & de joie. Ils ſont plongés dans cet abyme de délices, comme les poiſſons dans la mer. Ils ne veulent plus rien : ils ont tout ſans rien avoir ; car le goût de lumiere pure appaiſe la faim de leur cœur. Tous leurs deſirs ſont raſſaſiés, & leur plénitude les éleve au deſſus de tout ce que les hommes vuides & affamés cherchent ſur la terre ; toutes les délices, qui les environnent, ne leur ſont rien, parce que le comble de leur félicité, qui vient du dedans, ne leur laiſſe aucun ſentiment pour tout ce qu'ils voïent de délicieux au dehors. Ils ſont tels que les Dieux, qui raſſaſiés de nectar & d'ambroiſie, ne daigneroient pas ſe nourrir de viandes groſſieres qu'on leur préſenteroit à la table la plus exquiſe des hommes mortels. Tous les maux s'enfuïent loin de ces lieux tranquilles ; la mort, la maladie, la pauvreté, la douleur, les regrets, les remords, les craintes, les eſpérances mêmes, qui coûtent ſouvent autant de peines que les craintes, les diviſions, les dégoûts, les dépits, n'y peuvent avoir aucune entrée.

Les

(1) C'eſt dans les Livres ſaints que M. de Cambrai a puiſé ces nobles idées qui expriment ſi bien le bonheur des juſtes. Il ne faut pas être ſurpris ſi ſa deſcription l'emporte ſur celles des Poëtes Grecs & Latins. L'Ecriture offre à qui l'entend les modeles les plus achevés de poeſie & d'éloquence. Les Grecs ne ſont point inventeurs de ces Arts. Ils n'ont fait que donner des regles qui ne formeront jamais ni Poetes ni Orateurs.

Les hautes montagnes de Thrace, qui de leurs fronts couvertes de neige & de glace depuis l'origine du monde, fendent les nues, feroient renversées de leurs fondements posés au centre de la terre, que les cœurs de ces hommes justes ne pourroient pas même être émus; seulement ils ont pitié des miseres qui accablent les hommes vivants dans le monde: mais c'est une pitié douce & paisible qui n'altere en rien leur immuable félicité. Une jeunesse éternelle, une félicité sans fin, une gloire toute divine est peinte sur leurs visages; mais leur joie n'a rien de folâtre ni d'indécent. C'est une joie douce, noble, pleine de majesté; c'est un goût sublime de la vérité & de la vertu qui les transporte. Ils sont sans interruption à chaque moment dans le même saisissement de cœur, où est une mere qui revoit son cher fils, qu'elle avoit cru mort; & cette joie qui échappe bientôt à la mere, ne s'enfuit jamais du cœur de ces hommes. Jamais elle ne languit un instant. Elle est toujours nouvelle pour eux; ils ont le transport de l'ivresse sans en avoir le trouble & l'aveuglement. Ils s'entretiennent ensemble de ce qu'ils voïent & de ce qu'ils goûtent. Ils foulent à leurs pieds les molles délices, & les vaines grandeurs de leur ancienne condition qu'ils déplorent; ils repassent avec plaisir ces tristes, mais courtes années, où ils ont eu besoin de combattre contr'eux-mêmes, & contre le torrent des hommes corrompus pour devenir bons; ils admirent le secours des Dieux qui les ont conduits, comme par la main, à la vertu, au milieu de tant de périls. Je ne sais quoi de divin coule sans cesse au travers de leurs cœurs comme un torrent de la Divinité même qui s'unit à eux: ils voïent, ils goûtent qu'ils sont heureux, & sentent qu'ils le seront toujours. Ils chantent les louanges des Dieux, & ils ne font tous ensemble qu'une seule voix, une seule pensée, un seul cœur. Une même félicité fait comme un flux & reflux dans ces ames unies.

Dans ce ravissement divin, les siecles coulent plus rapidement que les heures parmi les mortels; & cependant mille & mille siecles écoulés n'ôtent rien à leur félicité

licité toujours nouvelle & toujours entiere. Ils régnent tous ensemble, non sur des trônes que la main des hommes peut renverser, mais en eux-mêmes avec une puissance immuable; car ils n'ont plus besoin d'être redoutables par une puissance empruntée d'un peuple vil & misérable; ils ne portent plus ces vains diadêmes, dont l'éclat cache tant de craintes & de noirs soucis. Les Dieux mêmes les ont couronnés de leurs propres mains avec des couronnes que rien ne peut flétrir.

Télémaque qui cherchoit son pere & qui avoit espéré de le trouver dans ces beaux lieux, fut si saisi de ce goût de paix & de félicité, qu'il eût voulu y trouver Ulysse, & qu'il s'affligeoit d'être contraint lui-même de retourner ensuite dans la société des mortels. C'est ici, disoit-il, que la véritable vie se trouve, & la nôtre n'est qu'une mort. Mais ce qui l'étonnoit, c'étoit d'avoir vu tant de Rois punis dans le Tartare; & d'en voir si peu dans les Champs Elysées. Il comprit qu'il y a peu de Rois assez fermes & assez courageux pour résister à leur propre puissance, & pour rejetter la flatterie de tant de gens, qui excitent toutes leurs passions. Ainsi les bons Rois sont très-rares; & la plupart sont si méchants, que les Dieux ne seroient pas justes, si après avoir souffert qu'ils aient abusé de leur puissance pendant la vie, ils ne les punissoient après leur mort.

Télémaque ne voyant point son pere Ulysse parmi tous ces Rois, chercha du moins des yeux le divin Laërte son grand pere. Pendant qu'il le cherchoit inutilement, un vieillard vénérable & plein de majesté s'avança vers lui. Sa vieilleisse ne ressembloit point à celle des hommes, que le poids des années accable sur la terre. On voyoit seulement qu'il avoit été vieux avant sa mort. C'étoit un mélange de tout ce que la vieillesse a de grave, avec toutes les graces de la jeunesse; car les graces renaissent même dans les vieillards les plus caduques, au moment où ils sont introduits dans les Champs Elysées. Cet homme s'avançoit avec em-

empressement & regardoit Télémaque avec complaisance, comme une personne qui lui étoit fort chere. Télémaque qui ne le reconnoissoit point, étoit en peine & en suspens.

Je te pardonne, ô mon cher fils, lui dit ce vieillard, de ne me point reconnoître. Je suis Arcésius (*b*) pere de Laërte. (2) J'avois fini mes jours un peu avant qu'Ulysse mon petit-fils partît pour aller au siege de Troye. Alors tu étois encore un petit enfant entre le bras de ta nourrice. Dès-lors j'avois conçu de toi de grandes espérances; elles n'ont point été trompeuses, puisque je te vois descendu dans le royaume de Pluton pour chercher ton pere, & que les Dieux te soutiennent dans cette entreprise. O heureux enfant! les Dieux t'aiment & te préparent une gloire égale à celle de ton pere. O heureux moi-même de te revoir! Cesse de chercher Ulysse en ces lieux; il vit encore; & il est réservé pour relever notre maison dans l'isle d'Ithaque. Laërte même, quoique le poids des années l'ait abattu, jouit encore de la lumiere, & attend que son fils revienne lui fermer les yeux. Ainsi les hommes passent comme les fleurs qui s'épanouissent le matin, & qui le soir sont flétries & foulées aux pieds. Les générations des hommes s'écoulent comme les ondes d'un fleuve rapide. Rien ne peut arrêter le tems qui entraîne après lui tout ce qui paroît le plus immobile. Toi-même, ô mon fils! mon cher fils, toi-même qui jouis maintenant d'une jeunesse si vive & si féconde en plaisirs, souviens-toi que ce bel âge n'est qu'une fleur qui sera presque aussi-tôt séchée qu'éclose. Tu te verras changer insensiblement; les graces riantes, les doux plaisirs qui t'accompagnent, la force, la santé, la joie, s'évanouiront comme un beau songe; il ne t'en re-

(b) *Arcésius étoit fils de Jupiter, c'est pourquoi l'on appelle son fils de divin Laërte.*

(2) L'Auteur ne laisse rien échapper dans les anciens; il profite de tout. On voit qu'il avoit ici en vue la rencontre d'Ænée avec Anchise dans les champs Elysées, au sixieme livre de l'Enéide.

restera qu'un triste souvenir. La vieillesse languissante, & ennemie des plaisirs viendra rider ton visage, courber ton corps, affoiblir tes membres, faire tarir dans ton cœur la source de la joie, te dégoûter du présent, te faire craindre l'avenir, te rendre insensible à tout, excepté à la douleur. Ce tems te paroît éloigné. Hélas! tu te trompes, mon fils; il se hâte; le voilà qui arrive. Ce qui vient avec tant de rapidité n'est pas loin de toi, & le présent qui s'enfuit, est deja bien loin, puisqu'il s'anéantit dans le moment que nous parlons, & ne peut plus se rapprocher. Ne compte donc jamais, mon fils, sur le présent; mais soutiens-toi dans le sentier rude & âpre de la vertu par la vue de l'avenir. Prépare-toi par des mœurs pures & par l'amour de la justice, une place dans cet heureux séjour de la paix. Tu reverras enfin bientôt ton pere reprendre l'autorité dans Ithaque. Tu es né pour régner après lui: mais hélas! ô mon fils, que la Royauté est trompeuse! Quand on la regarde de loin, on ne voit que grandeur, éclat & délices; mais de près tout est épineux. Un particulier peut sans déshonneur mener une vie douce & obscure. Un Roi ne peut sans se déshonorer, préférer une vie douce & oisive aux fonctions pénibles du gouvernement; il se doit à tous les hommes qu'il gouverne, & il ne lui est jamais permis d'être à lui-même. Ses moindres fautes (3) sont d'une conséquence infinie, parce qu'elles causent le malheur des peuples, & quelquefois pendant pleusieurs siecles. Il doit réprimer l'audace des méchants, soutenir l'innocence, dissiper la calomnie. Ce n'est pas assez pour lui de ne faire aucun mal; il faut qu'il fasse tous les biens possibles dont l'Etat a besoin. Ce n'est pas assez de faire le bien pour soi-même, il faut encore empêcher tous les maux que les autres feroient, s'ils

(3) Il ne faut point être surpris de voir revenir les mêmes traits de morale. Tout est consacré à l'instruction du Prince, & c'est dans ce point de vue qu'il faut envisager ce Poëme.

s'il n'étoient retenus. Crains donc, mon fils, crains donc une condition si périlleuse, arme-toi de courage contre toi-même, contre les passions, & contre les flatteurs.

En disant ces paroles, Arcésius paroissoit animé d'un feu divin, & montroit à Télémaque un visage plein de compassion pour les maux qui accompagnent la Royauté. Quand elle est prise, disoit-il, pour se contenter soi-même, c'est une monstrueuse tyrannie. Quand elle est prise pour remplir ses devoirs & pour conduire un peuple innombrable, comme un pere conduit ses enfants, c'est une servitude accablante, qui demande uu courage & une patience héroïque. Aussi est-il certain que ceux qui ont régné avec une sincere vertu, possédent ici tout ce que la puissance des Dieux peut donner pour rendre une félicité complette.

Pendant qu'Arcésius parloit de la sorte, ses paroles entroient jusqu'au fond du cœur de Télémaque. Elles s'y gravoient, comme un habile ouvrier avec son burin grave sur l'airain les figures qu'il veut montrer aux yeux de la plus reculée postérité. Ces sages paroles étoient comme une flamme subtile qui pénétroit dans les entrailles du jeune Télémaque. Il se sentoit ému & embrasé. Je ne sais quoi de divin sembloit fondre son cœur au dedans de lui. Ce qu'il portoit dans la partie la plus intime de lui-même, le consumoit secrétement. Il ne pouvoit ni le contenir, ni le supporter, ni résister à une si violente impression. C'étoit un sentiment vif & délicieux, qui étoit mêlé d'un tourment capable d'arracher la vie.

Ensuite Télémaque commença à respirer plus librement; il reconnut dans le visage d'Arcésius une grande ressemblance avec Laërte. Il croyoit même se ressouvenir confusément d'avoir vu en Ulysse son pere des traits de cette même ressemblance, lorsqu'Ulysse partit pour le siege de Troye.

Ce ressouvenir attendrit son cœur. Des larmes dou-

ces

ces & mêlées de joie coulérent de ses yeux. Il voulut embrasser une personne si chere. Plusieurs fois il l'essaya inutilement. Cette ombre vaine échappa à ses embrassements, comme un songe trompeur se dérobe à l'homme qui croit en jouir : tantôt la bouche altérée de cet homme dormant poursuit une eau fugitive; tantôt ses levres s'agitent pour former des paroles que sa langue engourdie ne peut proférer; ses mains s'étendent avec effort & ne prennent rien. Ainsi Télémaque ne peut contenter sa tendresse. Il voit Arcésius, il l'entend, il lui parle, il ne peut le toucher. Enfin il lui demande, qui sont ces hommes qu'il voit autour de lui.

Tu vois, mon fils, lui répondit le sage vieillard, ces hommes qui ont été l'ornement de leurs siecles, la gloire & le bonheur du genre humain. Tu vois le petit nombre des Rois qui ont été dignes de l'être, & qui ont fait avec fidelité la fonction des Dieux sur la terre. Ces autres que tu vois assez près d'eux, mais séparés par ce petit nuage, ont une gloire beaucoup moindre. Ce sont des Héros à la vérité; mais la récompense de leur valeur & de leurs expéditions militaires, ne peut être comparée avec celle de Rois sages, justes & bienfaisants.

Parmi ces Héros, tu vois Thésée qui a le visage un peu triste. Il a ressenti le malheur (4) d'être trop crédule pour une femme artificieuse, & il est encore affligé d'avoir si injustement demandé à Neptune la mort cruelle de son fils Hyppolite (c). Heureux s'il n'eût

(4) Rien de si commun dans l'Histoire que des Princes gouvernés par leur maîtresse, il est plus difficile d'en trouver qui aient eu autant de foible pour leur femme.

(c) *Hyppolite fils de Thésée & d'Hyppolite, fut accusé par sa belle-mere Phedre, d'avoir voulu attenter à son honneur. Thésée la crut trop légérement; & non content de bannir Hyppolite, il pria encore Neptune de venger ce prétendu crime; de sorte que ce jeune Prince étant sur son charriot pour fuir l'indignation de son pere, trouva au bord de la mer un monstre marin qui effraya tellement ses chevaux, qu'ils le renversérent par terre & le tuérent à force de le traîner parmi les rochers.*

n'eût point été si prompt & facile à irriter ! Tu vois aussi Achille appuyé sur sa lance, (*d*) à cause de cette blessure qu'il reçut au talon de la main du lâche Pâris, & qui finit sa vie. S'il eût été aussi sage, juste & modéré, qu'il étoit intrépide, le Dieux lui auroient accordé un long regne; mais ils ont eu pitié des (*e*) Phytiotes & des Dolopes, sur lesquels il devoit naturellement régner après Pelée: ils n'ont pas voulu livrer tant de peuples à la merci d'un homme fougueux, (5) plus facile à irriter que la mer la plus orageuse. Les Parques ont accourci le fil de ses jours, & il a été comme une fleur à peine éclose, que le tranchant de la charrue coupe, & qui tombe avant la fin du jour, où l'on l'avoit vu naître. Les Dieux n'ont voulu s'en servir que comme des torrents & des tempêtes, pour punir les hommes de leurs crimes; ils ont fait servir Achille à abattre les murs de Troye, pour venger le parjure de Laomédon (*f*), & les injustes amours de Pâris. Après avoir ainsi employé cet instrument de leur vengeance, ils se sont appaisés, & ils ont refusé aux larmes de Thétis de laisser plus long-tems sur la terre ce jeune Héros, qui n'y étoit propre qu'à troubler les Hommes, qu'à renverser les Villes & les Royaumes.

Mais vois-tu cet autre avec ce visage farouche ? C'est

(d) *Achille avoit été plongé trois fois par sa mere dans l'eau du Styx qui l'avoit rendu invulnérable, excepté au talon par où elle le tenoit.*

(e) *Les Phtiotes & les Dolopes étoient des peuples de Thessalie, dont Pelée étoit Roi.*

(5) La colere d'Achille n'est point respectée dans ce Poëme comme dans l'Iliade. Que seroit-ce en effet qu'un homme qui pourroit tout & qui se laisseroit emporter par sa colere ?

(f) *Laomédon fils & successeur d'Ilus bâtit les murailles de Troye avec l'aide d'Apollon & de Neptune, à qui il promit avec serment une certaine récompense qu'il leur refusa ensuite. Ils s'en vengérent par divers maux, de sorte que pour les appaiser, il fut obligé d'exposer sa fille Hésione à être dévorée des monstres marins. Hercule s'offrit de la délivrer, à condition que Laomédon lui donneroit les chevaux engendrés de semence divine qu'il avoit : ce qui lui fut néanmoins refusé par ce perfide, après qu'Hésione eut été sauvée du danger.*

C'eſt Ajax fils de Télamon, & couſin d'Achille. Tu n'ignores pas ſans doute quelle fut ſa gloire dans les combats. Après la mort d'Achille il prétendit qu'on ne pouvoit donner ſes armes (6) à nul autre qu'à lui. Ton pere ne crut pas les lui devoir céder. Les Grecs jugérent en faveur d'Ulyſſe. Ajax ſe tua de déſeſpoir, l'indignation & la fureur ſont encore peintes ſur ſon viſage. N'approche pas de lui, mon fils; car il croiroit que tu voudrois lui inſulter dans ſon malheur, & il eſt juſte de le plaindre. Ne remarques-tu pas qu'il nous regarde avec peine, & qu'il entre bruſquement dans ce ſombre bocage, parce que nous lui ſommes odieux? Tu vois de cet autre côté Hector qui eût été invincible, ſi le fils de Thétis n'eût point été au monde dans le même tems. Mais voilà Agamemnon qui paſſe, & qui porte encore ſur lui les marques de la perfidie de Clitemneſtre. O mon fils! je frémis en penſant aux malheurs de cette famille de l'impie Tantale. La diviſion des deux freres Atrée & Thyeſte (g) a rempli cette maiſon d'horreur & de ſang. Hélas! combien un crime en attire d'autres! Agamemnon revenant à la tête des Grecs du ſiege de Troye, n'a pas eu le tems de jouir en paix de la gloire qu'il avoit acquiſe. Telle eſt la deſtinée de preſque tous les Conquérants. Tous ces hommes, que tu vois, ont été redoutables dans la guerre, mais ils n'ont point été aimables & vertueux. Auſſi ne ſont-ils que dans la ſeconde demeure des Champs Elyſées (7).

Pour

(6) Ajax avoit mieux mérité ces armes. Ulyſſe fut mieux les demander. C'eſt alors, dit Ovide, qu'on vit ce que peut l'Eloquence; elle eut plus de force que la Valeur.

(g) *Atrée & Thyeſte, fils de Pelops & d'Hippodamie, avoient une haine implacable l'un pour l'autre. Thyeſte, qui ne penſoit qu'à chagriner Atrée déshonora ſon lit, & ſe retira en lieu de ſureté. Atrée, qui avoit les enfants de Thyeſte en ſon pouvoir, feignit d'avoir oublié tout le paſſé & l'invita à un feſtin: celui-ci s'y trouva, & après qu'on ſe fut levé de table, Atrée lui montra les têtes & les mains coupées de ſes enfants, lui faiſant entendre qu'il avoit mangé leur chair. Thyeſte employa ſon fils naturel Ægiſte pour ſe venger de ſon frere.*

(7) Les bons Rois & les Rois conquérants ſe reſſemblent trop peu pour être confondus dans les

Cham-

Pour ceux-ci, ils ont régné avec justice, & ont aimé leurs peuples. Ils sont les amis des Dieux: pendant qu'Achille & Agamemnon pleins de leurs querelles & de leurs combats conservent encore ici leurs peines & leurs défauts naturels, pendant qu'ils regrettent en vain la vie qu'ils ont perdue (8), & qu'ils s'affligent de n'être plus que des ombres impuissantes & vaines; ces Rois justes étant purifiés par la lumiere divine, dont ils sont nourris, n'ont plus rien à desirer pour leur bonheur. Ils regardent avec compassion les inquiétudes des mortels, & les plus grandes affaires, qui agitent les hommes ambitieux, leur paroissent comme des jeux d'enfants: leurs cœurs sont rassasiés de la vérité & de la vertu qu'ils puisent dans la source. Ils n'ont plus rien à souffrir ni d'autrui ni d'eux-mêmes; plus de desirs; plus de besoins, plus de crainte; tout est fini pour eux excepté leur joie qui ne peut finir.

Considere, mon fils, cet ancien Roi Inachus (*h*) qui fonda le royaume d'Argos; tu le vois avec cette vieillesse si douce & si majestueuse; les fleurs naissent sous ses pas. Sa démarche légere ressemble au vol d'un oiseau; il tient dans sa main une lyre d'ivoire, & dans un transport éternel il chante les merveilles des Dieux. Il sort de son cœur & de sa bouche un parfum exquis. L'harmonie de sa lyre & de sa voix raviroit les hommes & les Dieux. Il est ainsi récompensé pour avoir aimé le peuple qu'il assembla dans l'enceinte de ses nouveaux murs, & auquel il donna des loix.

De l'autre côté tu peux voir, entre ces myrthes, Cé-

Champs Elysées. L'Auteur a grand soin de les séparer & s'il n'eût craint de démentir la Fable, il auroit laissé dans le Tartare bien des demi-Dieux.

(8) Dans le onzieme Livre de l'Odissée. Ulysse descendu aux Enfers adresse ces paroles à l'ombre d'Achille. *Fils de Pelée, les Grecs pendant que vous étiez sur la terre vous respectoient comme un Dieu, vous retenez sans doute le même avantage parmi les morts, & vous ne sauriez regretter la vie. J'aimerois mieux vivre esclave d'un pauvre laboureur*, répond Achille:, *que de commander à tous les morts*.

(*h*) Inachus: *Dans le Peloponnese, l'an du monde 2197. Joseph, Tatien, Appien Alexandrin, & divers autres anciens Chronologistes avoient cru, que ce Prince étoit contemporain de Moïse.*

Cécrops Egyptien, (*i*) qui le premier régna dans Athenes, ville consacrée à la sage Déesse, dont elle porte le nom. Cécrops apportant des loix utiles de l'Egypte, qui a été pour la Grece la source des lettres & des bonnes mœurs, adoucit les naturels farouches des Bourgs de l'Attique, & les unit par les liens de la société. Il fut juste, humain, compatissant : il laissa les peuples dans l'abondance, & sa famille dans la médiocrité, ne voulant point que ses enfants eussent l'autorité après lui, parce qu'il jugeoit que d'autres en étoient plus dignes.

Il faut que je te montre aussi dans cette petite Vallée Ericthon, (*k*) qui inventa l'usage de l'argent (9) pour la monnoie : il le fit en vue de faciliter le commerce entre les Isles de la Grece ; mais il prévit l'inconvénient attaché à cette invention. Appliquez-vous, disoit il à tous ces peuples, à multiplier chez vous les richesses naturelles qui sont les véritables : cultivez la terre pour avoir une grande abondance de bled, de vin, d'huile & de fruits. Ayez des troupeaux innombrables qui vous nourrissent de leur lait, & qui vous couvrent de leur laine : par-là vous vous mettrez en état de ne craindre jamais la pauvreté. Plus vous aurez d'enfants, plus vous serez riches, pourvu que vous les rendiez laborieux ; car la terre est inépuisable, & elle augmente sa fécondité à proportion du nombre de ses

(i) Cecrops, Egyptien : *Il bâtit, ou, selon les autres, il embellit la ville d'Athenes, qui fut nommée* Cécropie *de son nom. Il a établi le premier l'union de l'homme avec la femme, suivant les Loix du mariage légitime, ayant aboli pour cela la communauté des femmes, qui étoit auparavant tolérée parmi les Grecs. C'est à cette occasion, que toute l'Antiquité a cru, que ce Roi avoit eu deux visages.*

(k) *Ericthon, quatrieme Roi d'Athenes, né de la Terre & de la semence de Vulcain, inventa aussi l'usage des charriots.*

(9) L'or & l'argent ne satisfont pas eux-mêmes aucun de nos vrais besoins, & c'est pour cela qu'ils ne peuvent être mis au rang des vraies richesses : mais c'est par ces richesses d'imagination qu'on acquiert les véritables. Et voilà ce qui donne à ces métaux tant de crédit sur l'esprit & sur le cœur des hommes.

ſes habitants qui ont ſoin de la cultiver ; elles les paie tous libéralement de leur peines, au lieu qu'elle ſe rend avare & ingrate pour ceux qui la cultivent négligemment. Attachez-vous donc principalement aux véritables richeſſes, qui ſatisfont aux vrais beſoins des hommes. Pour l'argent monnoyé, il ne faut en faire aucun cas, qu'autant qu'il eſt néceſſaire, ou pour les guerres inévitables qu'on a à ſoutenir au dehors, ou pour le commerce des marchandiſes néceſſaires qui manquent dans votre pays. Encore ſeroit-il à ſouhaiter qu'on laiſsât tomber le commerce à l'égard de toutes les choſes qui ne ſervent qu'à entretenir le luxe, la vanité & la molleſſe.

Le ſage Ericthon diſoit ſouvent : je crains bien, mes enfants, de vous avoir fait un préſent funeſte, en vous donnant l'invention de la monnoie. Je prévois qu'elle excitera l'avarice, l'ambition, le faſte ; qu'elle entretiendra une infinité d'arts pernicieux qui ne vont qu'à amollir & qu'à corrompre les mœurs ; qu'elle vous dégoûtera de l'heureuſe ſimplicité, qui fait tout le repos & toute la ſûreté de la vie ; qu'enfin elle vous fera mépriſer l'agriculture, qui eſt le fondement de la vie humaine, & la ſource de tous les vrais biens : mais les Dieux me ſont témoins que j'ai eu le cœur pur, en vous donnant cette invention utile en elle-même. Enfin, quand Ericthon apperçut que l'argent corrompoit les peuples, comme il l'avoit prévu, il ſe retira de douleur ſur une montagne ſauvage, où il vecut pauvre & éloigné des hommes juſqu'à une extrême vieilleſſe, ſans vouloir ſe mêler du gouvernement des Villes.

Peu de tems après lui on vit paroître dans la Grece le fameux Triptoleme (*l*), à qui Cerés avoit enſeigné l'art

(l) *Triptoleme étoit fils de Celée (d'autres diſent d'Eleuſius, Roi d'Eleuſis.) Son pere ayant reçu honorablement Céres, qui cherchoit ſa fille Proſerpine, ravie par Pluton ; cette Déeſſe en reconnoiſſance enſeigna à Triptoleme l'art de cultiver les bleds. C'eſt lui qui enſei-*

l'art de cultiver les terres & de les couvrir tous les ans d'une moisson dorée. Ce n'est pas que les hommes ne connussent déja le bled, & la maniere de le multiplier en le semant : mais ils ignoroient la perfection du labourage & Triptoleme envoyé par Cerés vint, la charrue en main, offrir les dons de la Déesse à tous les peuples qui auroient assez de courage pour vaincre leur paresse naturelle, & pour s'adonner à un travail assidu. Bientôt Triptoleme apprit aux Grecs à fendre la terre, & à la fertiliser en déchirant son sein. Bientôt les moissonneurs ardents & infatigables firent tomber sous leurs faucilles tranchantes tous les jaunes épis qui couvroient les campagnes. Les peuples mêmes sauvages & farouches qui couroient épars çà & là dans les forêts d'Epire & d'Etolie pour se nourrir de glands, adoucirent leurs mœurs, & se soumirent à des loix, quand ils eurent appris à faire croître des moissons, & à se nourrir du pain. Triptoleme fit sentir aux Grecs le plaisir qu'il y a de ne devoir ses richesses qu'à son travail, & à trouver dans son champ tout ce qu'il faut pour rendre la vie commode & heureuse. Cette abondance si simple & si innocente, qui est attachée à l'agriculture, les fit souvenir des sages conseils d'Erichthon ; ils mépriserent l'argent & toutes les richesses artificielles, qui ne sont richesses qu'en l'imagination, qui tentent les hommes de chercher des plaisirs dangereux, & qui les détournent du travail où ils trouveroient tous les biens réels, avec des mœurs pures dans une pleine liberté. On comprit donc qu'un champ fertile & bien cultivé est le vrai trésor d'une famille assez sage pour vouloir vivre frugalement, commes ses peres ont vécu. Heureux les Grecs, s'ils étoient demeurés fermes dans ces maximes si propres à les rendre puis-

gna l'agriculture aux Athéniens, & c'est d'Athénes que cet art se répandit dans toute la Grece. Cette tradition étoit si constante parmi les Grecs, que toutes les Villes se faisoient un devoir de religion d'envoyer à Athénes les prémices de leurs fruits.

puiſſants, libres, heureux, & dignes de l'être par une ſolide vertu ! Mais hélas ! ils commençent à admirer les fauſſes richeſſes, ils négligent peu à peu les vraies, & ils dégénérent de cette merveilleuſe ſimplicité. O mon fils ! tu régneras un jour. Alors ſouviens-toi de ramener les hommes à l'agriculture, d'honorer cet art, de ſoulager ceux qui s'y appliquent, & de ne ſouffrir point que les hommes vivent ni oiſifs, ni occupés à des arts qui entretiennent le luxe & la molleſſe. Ces deux hommes qui ont été ſi ſages ſur la terre, ſont ici chéris des Dieux. Remarquez, mon fils, que leur gloire ſurpaſſe autant celle d'Achille & des autres Héros, qui n'ont excellé que dans les combats, qu'un doux printems eſt au deſſus de l'hiver glacé, & que la lumiere du Soleil eſt plus éclatante que celle de la Lune.

Pendant qu'Arcéſius parloit de la ſorte, il apperçut que Télémaque avoit toujours les yeux arrêtés du côté d'un petit bois de lauriers & d'un ruiſſeau bordé de violettes, de roſes, de lis, & de pluſieurs autres fleurs odoriférantes, dont les vives couleurs reſſembloient à celles d'Iris, quand elle deſcend du ciel ſur la terre pour annoncer à quelque mortel les ordres des Dieux. C'étoit le grand Roi Séſoſtris que Télémaque reconnut dans ce beau lieu. Il étoit mille fois plus majeſtueux, qu'il ne l'avoit jamais été ſur ſon trône d'Egypte. Des rayons d'une lumiere douce ſortoient de ſes yeux, & ceux de Télémaque en étoient éblouis. A le voir on eût cru qu'il étoit enivré de nectar, tant l'eſprit divin l'avoit mis dans un tranſport au deſſus de la raiſon humaine pour récompenſer ſes vertus.

Télémaque dit à Arcéſius : je reconnois, ô mon pere ! Séſoſtris, ce ſage Roi d'Egypte, que j'y ai vu il n'y a pas long tems. Le voilà, répondit Arcéſius, & tu vois par ſon exemple combien les Dieux ſont magnifiques à récompenſer les bons Rois : mais il faut que tu ſaches que toute cette félicité n'eſt rien en comparaiſon de celle qui lui étoit deſtinée, ſi une trop grande de prospérité ne lui eût fait oublier les regles de la modération & de la justice. La passion de rabaisser l'orgueil & l'insolence des Tyriens, l'engagea à prendre leur ville. Cette conquête lui donna le desir d'en faire d'autres. Il se laissa séduire par la vaine gloire des Conquérants: il subjugua, ou pour mieux dire, il ravagea toute l'Asie. A son retour en Egypte il trouva que son frere s'étoit emparé de la Royauté, & avoit altéré par un gouvernement injuste les meilleures loix du pays. Ainsi ses grandes conquêtes ne servirent qu'à troubler son Royaume. Mais ce qui le rendit plus inexcusable, c'est qu'il fut énivré de sa propre gloire. (10) Il fit atteler à un char les plus superbes d'entre les Rois qu'il avoit vaincus. Dans la suite il reconnut sa faute, & eut honte d'avoir été si inhumain. Tel fut le fruit de ses Victoires. Voilà ce que les Conquérants font contre leurs Etats, & contre eux-mêmes, en voulant usurper ceux de leurs voisins. Voilà ce qui fit décheoir un Roi, d'ailleurs si juste & bienfaisant, & c'est ce qui diminue la gloire que les Dieux lui avoient préparée.

Ne vois-tu pas cet autre, ô mon fils, dont la blessure paroît si éclatante? C'est un Roi de Carie nommé Dioclides, qui se dévoua pour son peuple dans une bataille; parce que l'Oracle avoit dit que dans la guerre des Cariens & des Lyciens, la Nation dont le Roi périroit, seroit victorieuse.

Considere cet autre, c'est un sage Législateur, qui ayant donné à sa Nation des loix propres à les rendre bons & heureux, leur fit jurer qu'ils ne violeroient jamais aucune de ses loix pendant son absence: après quoi il partit, s'exila lui-même de sa patrie (11) & mou-

(10) L'on reprend ici la vanité ridicule de Louis XIV. qui souffrit qu'on enchaînât aux pieds de sa Statue, dans la place des Victoires de Paris, quatre des principales Nations de l'Europe. Ce monument fut érigé en 1686.

(11) Le Prince régnoit dans son exil bien mieux encore que s'il eût été sur le Trône. Il n'avoit point

mourut pauvre dans une terre étrangere, pour obliger son peuple par ce serment à garder à jamais des loix si utiles.

Cet autre que tu vois, est Eunesyme, Roi des Pyliens, & un des ancêtres du sage Nestor. Dans une peste qui ravageoit la terre & qui couvroit de nouvelles ombres les bords de l'Acheron, il demanda aux Dieux d'appaiser leur colere, en payant par sa mort pour tant de milliers d'hommes innocents. Les Dieux l'exaucérent, & lui firent trouver ici la vraie Royauté dont toutes celles de la terre ne sont que de vaines ombres.

Ce Vieillard que tu vois couronné de fleurs, est le fameux Bélus. Il régna en Egypte, & il épousa Anchinoé fille du Dieu Nilus, qui cache la source de ses eaux, (12) & qui enrichit les terres qu'il arrose par ses inondations. Il eut deux fils: Danaus, dont tu sais l'histoire; & Egyptus, qui donna son nom à ce beau Royaume. Bélus se croyoit plus riche par l'abondance où il mettoit son peuple, & par l'amour de ses sujets pour lui, que par tous les tributs qu'il auroit pu leur imposer. Ces hommes que tu crois morts, vivent, mon fils; & c'est la vie qu'on traîne misérablement sur la terre, qui n'est qu'une mort; les noms seulement sont changés. Plaise aux Dieux de te rendre assez bon pour mériter cette vie heureuse que rien ne peut plus finir ni troubler! Hâte-toi, il est tems d'aller chercher ton pere. Avant que de le trouver, hélas! que tu verras répandre de sang! mais quelle gloire t'attend dans les campagnes de l'Hespérie! Souviens-toi des conseils du sage Mentor: pourvu que tu les suives, ton nom sera grand parmi tous les peuples & dans tous les siecles.

Il

point abandonné son peuple, il le conduisoit par ses loix que son absence forçoit d'observer. C'est de Licurgue qu'on rapporte une action si généreuse.

(12) On sait que les anciens ne connoissoient point la source du Nil, & c'est pour se conformer à leurs idées qu'un célebre Sculpteur représente ce Dieu la tête couverte d'un voile.

Il dit ; & aussi-tôt il conduisit Télémaque vers la porte d'Ivoire par où l'on peut sortir du ténébreux Empire de Pluton. Télémaque les larmes aux yeux le quitta sans pouvoir l'embrasser ; & sortant de ces sombres lieux, il retourne en diligence vers le camp des Alliés, après avoir rejoint sur le chemin les deux jeunes Crétois, qui l'avoient accompagné jusques auprès de la caverne, & qui n'espéroient plus de le revoir.

Fin du dix-neuvieme Livre.

SOMMAIRE DU LIVRE VINGTIEME.

DANS une aſſemblée des Chefs, Télémaque fait prévaloir ſon avis pour ne pas ſurprendre Vénuſe, laiſſée par les deux partis en dépôt aux Lucaniens. Il fait voir ſa ſageſſe à l'occaſion de deux Transfuges, dont l'un nommé Acante avoit entrepris de l'empoiſonner; l'autre nommé Dioſcore, offroit aux Alliés la tête d'Adraſte. Dans le combat qui s'engage enſuite, Télémaque porte la mort par-tout où il va pour trouver Adraſte: & ce Roi qui le cherche auſſi, rencontre & tue Piſiſtrate fils de Neſtor. Philoctete ſurvient; & dans le tems où il va percer Adraſte, il eſt bleſſé lui-même & obligé à ſe retirer du combat. Télémaque court aux cris de ſes Alliés, dont Adraſte fait un carnage horrible. Il combat cet ennemi, & lui donne la vie à des conditions qu'il lui impoſe. Adraſte relevé veut ſurprendre Télémaque: celui-ci le ſaiſit une ſeconde fois, & lui ôte la vie.

LIVRE VINGTIEME.

CEpendant les Chefs de l'armée s'assemblérent pour délibérer s'il falloit s'emparer de Vénuse (a). C'étoit une ville forte, qu'Adraste avoit autrefois usurpée sur ses voisins les Apuliens Peucétes. Ceux-ci étoient entrés contre lui dans la ligue pour demander justice sur cette invasion. Adraste pour les appaiser avoit mis cette ville en dépot entre les mains des Lucaniens; mais il avoit corrompu par argent & la garnison Lucanienne & celui qui la commandoit; de maniere que les Lucaniens avoient moins d'autorité effective que lui dans Vénuse; & les Apuliens qui avoient consenti que la

(a) *Vénuse, aujourd'hui Venose, est une petite ville Episcopale du Royaume de Naples dans la Basilicate, au nord de Cirenza dont elle est suffragante & éloignée de cinq lieues.*

la garnison Lucanienne gardât Vénuse, avoient été trompés dans cette négociation.

Un Citoyen de Vénuse, nommé Demophante, avoit offert secrétement aux Alliés de leur livrer la nuit une des portes de la ville. Cet avantage étoit d'autant plus grand, qu'Adraste avoit mis toutes ses provisions de guerre & de bouche dans un château voisin de Vénuse, qui ne pouvoit se défendre si Vénuse étoit prise. Philoctete & Nestor avoient déjà opiné qu'il falloit profiter d'une si heureuse occasion. Tous les Chefs entraînés par leur autorité, & éblouis par l'utilité d'une si facile entreprise, applaudissoient à ce sentiment : mais Télémaque à son retour fit ses derniers efforts pour les en détourner.

Je n'ignore pas, leur dit-il, que si jamais un homme a mérité d'être surpris & trompé, c'est Adraste, lui qui a si souvent trompé tout le monde. Je vois bien qu'en surprenant Vénuse, vous ne ferez que vous mettre en possession d'une ville qui vous appartient, puisqu'elle est aux Apuliens, qui sont un des peuples de votre ligue. J'avoue que vous le pourriez faire avec d'autant plus d'apparence de raison, qu'Adraste qui a mis cette Ville en dépôt, a corrompu le Commandant & la Garnison, pour y entrer quand il le jugera à propos. Enfin, je comprends comme vous, que si vous preniez Vénuse, vous seriez dès le lendemain maîtres du Château où sont tous les préparatifs de guerre qu'Adraste y a assemblés; & qu'ainsi vous finiriez en deux jours cette guerre si formidable. Mais ne vaut-il pas mieux périr, que de vaincre par de tels moyens? Faut-il repousser la fraude par la fraude (1)? Sera-t-il dit que tant de Rois ligués pour punir l'impie Adraste de ses tromperies, seront trom-

(1) Dans une guerre ouverte les intelligences n'ont jamais été regardées comme une contravention au droit des gens. Mais les Alliés ne pouvoient s'en servir en cette occasion, sans contrevenir à la foi des Traités, & les raisons de Télémaque sont victorieuses. Qui se déclare ennemi de la foi publique, semble se déclarer ennemi du Genre humain, & l'on ne peut se fier à lui que quand la force l'a mis hors d'état de manquer à sa parole.

trompeurs comme lui ? S'il nous est permis de faire comme Adraste, il n'est point coupable, & nous avons tort de le vouloir punir. Quoi ! l'Hespérie entiere, soutenue de tant de colonies Grecques, & des Héros revenus du siege de Troye, n'a-t-elle point d'autres armes contre la perfidie & les parjures d'Adraste que la perfidie & le parjure ? Vous avez juré par les choses les plus sacrées, que vous laisseriez Vénuse en dépot dans les mains des Lucaniens. La Garnison Lucanienne, dites-vous, est corrompue par l'argent d'Adraste ; je le crois comme vous : mais cette Garnison est toujours à la solde des Lucaniens ; elle n'a point refusé de leur obéir ; elle a gardé au moins en apparence la neutralité. Adraste ni les siens ne sont jamais entrés dans Vénuse ; le Traité subsiste ; votre serment n'est point oublié des Dieux. (2) Ne gardera-t-on les paroles données, que quand on manquera de prétextes plausibles pour les violer ? Ne sera-t-on fidele & religieux pour les serments, que quand on n'aura rien à gagner en violant sa foi ? Si l'amour de la vertu & la crainte des Dieux ne vous touchent plus, au moins soyez touchés de votre réputation & de votre intérêt. Si vous montrez aux hommes cet exemple pernicieux de manquer de parole & de violer votre serment pour terminer une guerre, quelles guerres n'exciterez-vous point par cette conduite impie ? (3) Quel voisin ne sera pas contraint de craindre tout de vous & de vous détester ? Qui pourra désormais dans les nécessités les plus pressantes se fier à vous ? Quelle sureté pourrez-vous donner quand vous voudrez être sinceres, & qu'il vous importera de persuader à vos voisins votre sincérité ? Sera-ce un traité solemnel ? Vous en aurez foulé un aux pieds. Sera-ce un serment (4) ? Eh !

(2) Ce-ci est un reproche tacite de l'infidélité de Louis XIV dans le violement de tant de Traités qu'il a enfreints toutes les fois qu'il l'a pu faire sous quelque prétexte plausible, & qu'il y a trouvé quelque chose à gagner.

(3) C'est par la même raison que tous les voisins de Louis XIV furent toujours en défiance, & qu'ils firent contre lui de puissantes ligues pour se garantir de sa mauvaise foi.

(4) Louis XIV n'étoit pas plus de-

Eh! ne ſaura-t-on pas que vous comptez les Dieux pour rien, quand vous eſpérez tirer du parjure quelque avantage? La paix n'aura donc pas plus de ſûreté que la guerre à votre égard. Tout ce qui viendra de vous, ſera reçu comme une guerre, ou feinte ou déclarée. Vous ſerez les ennemis perpétuels de tous ceux qui auront le malheur d'être vos voiſins. Toutes les affaires qui demandent de la réputation, de la probité, & de la confiance, vous deviendront impoſſibles. Vous n'aurez plus de reſſource pour faire croire ce que vous promettrez.

Voici, ajouta Télémaque, un intérêt encore plus preſſant, qui doit vous frapper, s'il vous reſte quelque ſentiment de probité, & quelque prévoyance ſur vos intérêts; c'eſt qu'une conduite ſi trompeuſe attaque par le dedans toute votre ligue & va la ruiner; votre parjure va faire triompher Adraſte.

A ces paroles toute l'aſſemblée émue lui demandoit, comment il oſoit dire qu'une action qui donneroit une victoire certaine à la ligue, pouvoit la ruiner. Comment, leur répondit-il, pourrez-vous vous confier les uns aux autres, ſi une fois vous rompez l'unique lien de la ſociété & de la confiance, qui eſt la bonne foi? (5) Après que vous aurez poſé pour maxime, qu'on peut violer les regles de la probité & de la fidélité pour un grand intérêt, qui d'entre vous pourra ſe fier à un autre, quand cet autre pourra trouver un grand avantage à lui manquer de parole & à le tromper? Où en ſerez-vous? Quel eſt celui d'entre vous qui ne voudra point prévenir les artifices de ſon voiſin par les ſiens? Que devient une ligue de tant de peuples, lorſqu'ils ſont convenus entr'eux par une délibération commune, qu'il eſt permis de

délicat ſur la religion du ſerment: il n'y en eut jamais de plus ſolemnel que celui par lequel il promit de maintenir l'Edit de Nantes, & il n'y en a point qu'il ait violée ſi ouvertement.

(5) C'a été la maxime des Jéſuites Confeſſeurs de Louis XIV, & c'eſt encore celle de la Cour de Rome, qu'on peut violer les regles de la probité pour un grand intérêt, ou ce qui eſt la même choſe, qu'on peut manquer de foi aux Hérétiques, pour l'intérêt de la Religion. De quels maux cette affreuſe maxime n'a-t-elle pas été la cauſe?

de furprendre fon voifin & de violer la foi donnée ? Quelle fera votre défiance mutuelle, votre divifion, votre ardeur à vous détruire les uns les autres ? Adrafte n'aura plus befoin de vous attaquer, vous vous déchirerez affez vous-mêmes, vous juftifierez fes perfidies. O Rois fages & magnanimes ! ô vous qui commandez avec tant d'expérience fur des peuples innombrables, ne dédaignez pas d'écouter les confeils d'un jeune homme. Si vous tombiez dans les plus affreufes extrémités, où la guerre précipite quelquefois les hommes, il fraudroit vous préferver par votre vigilance & par les efforts de votre vertu ; car le vrai courage ne fe laiffe jamais abattre. Mais fi vous aviez une fois rompu la barriere de l'honneur & de la bonne foi, cette perte eft irréparable. Vous ne pourriez plus rétablir ni la confiance néceffaire au fuccès de toutes les affaires importantes, ni ramener les hommes aux principes de la vertu, après que vous leur auriez appris à les méprifer. Que craignez-vous ? N'avez-vous pas affez de courage pour vaincre fans tromper ? Votre vertu jointe aux forces de tant de peuples, ne vous fuffit-elle pas ? Combattons, mourons, s'il le faut, plutôt que de vaincre fi indignement. Adrafte, l'impie Adrafte eft dans nos mains, pourvu que nous ayons horreur d'imiter fa lâcheté & fa mauvaife foi.

Lorfque Télémaque acheva ce difcours, il fentit que la douce perfuafion avoit coulé de fes levres, & avoit paffé jufqu'au fond des cœurs. Il remarqua un profond filence dans l'affemblée. Chacun penfoit, non à lui, ni aux graces de fes paroles, (6) mais à la force de la vérité qui fe faifoit fentir dans la fuite de fon raifonnement. L'étonnement étoit peint fur les vifages. Enfin, on entendit un murmure fourd qui fe répandoit peu à peu dans l'affemblée. Les uns regardoient les autres,

(6) C'eft l'idée qu'avoit M. de Cambrai de l'Eloquence. Il la vouloit fi fimple, fi dénuée d'ornements, qu'elle fît oublier l'Orateur. Auffi préféroit-il Démofthenes à Cicéron, parce que celui-ci fait paroître fon art, & que l'autre le cache.

tres, & n'oſoient parler les premiers. On attendoit que les Chefs de l'armée ſe déclaraſſent, & chacun avoit de la peine à retenir ſes ſentiments. Enfin, le grave Neſtor prononça ces paroles:

Digne fils d'Ulyſſe, les Dieux vous ont fait parler, & Minerve, qui a tant de fois inſpiré votre pere, a mis dans votre cœur le conſeil ſage & généreux que vous avez donné. Je ne regarde point votre jeuneſſe; je ne conſidere que Minerve dans tout ce que vous venez de dire. Vous avez parlé pour la vertu, ſans elle les plus grands avantages ſont de vraies pertes; ſans elle on s'attire bientôt la vengeance de ſes ennemis, la défiance de ſes Alliés, l'horreur de tous les gens de bien, & la juſte colere des Dieux. Laiſſons donc Vénuſe entre les mains des Lucaniens, & ne ſongeons plus qu'à vaincre Adraſte par notre courage.

Il dit; & toute l'aſſemblée applaudit à ſes ſages paroles. Mais en applaudiſſant, chacun étonné tournoit les yeux vers le fils d'Ulyſſe, & on croyoit voir reluire en lui la ſageſſe de Minerve qui l'inſpiroit.

Il s'éleva bientôt une autre queſtion dans le conſeil des Rois, où il n'acquit pas moins de gloire. Adraſte toujours cruel & perfide envoya dans le camp un Transfuge nommé Acante, qui devoit empoiſonner les plus illuſtres Chefs de l'armée: ſur-tout (7) il avoit ordre de ne rien épargner pour faire mourir le jeune Télémaque, qui étoit déjà la terreur des Dauniens. Télémaque qui avoit trop de courage & de candeur pour être enclin à la défiance, reçut ſans peine avec amitié ce malheureux, qui avoit vu Ulyſſe en Sicile, & qui lui racontoit les aventures de ce Héros. Il le nourriſſoit & tâchoit de le conſoler dans ſon malheur; car Acante ſe plaignoit d'avoir été trompé & traité indignement par Adraſte; mais c'étoit nourrir & réchauffer dans ſon ſein

une

(7) Il n'y a dans le regne de Louis XIV que trop d'exemples de pareils deſſeins contre la vie du Roi Guillaume qui étoit alors la terreur des François. Pluſieurs de ſes conſpirations ont été découvertes & toutes ont échoué à la honte de ceux qui avoient oſé les former.

une vipere venimeuse toute prête à faire une blessure mortelle. On surprit un autre Trensfuge nommé Arion, qu'Acante envoyoit vers Adraste pour lui apprendre l'état du camp des Alliés, & pour lui assurer qu'il empoisonneroit le lendemain les principaux Rois avec Télémaque dans un festin que celui-ci devoit donner. Arion pris avoua sa trahison. On soupçonna qu'il étoit d'intelligence avec Acante, parce qu'ils étoient bons amis: mais Acante profondément dissimulé & intrépide, se défendoit avec tant d'art, qu'on ne pouvoit le convaincre, ni découvrir le fond de la conjuration.

Plusieurs des Rois furent d'avis qu'il falloit dans le doute sacrifier Acante à la sûreté publique. Il faut, disoient-ils, le faire mourir; la vie d'un seul homme n'est rien, quand il s'agit d'assurer celle de tant de Rois. Qu'importe qu'un innocent périsse, quand il s'agit de conserver ceux qui représentent les Dieux au milieu des hommes?

Quelle maxime inhumaine! quelle politique barbare, répondit Télémaque. Quoi! vous êtes si prodigues du sang humain! O vous qui êtes établis les Pasteurs des hommes, & qui ne commandez sur eux que pour les conserver, comme un pasteur conserve son troupeau: vous êtes donc les loups cruels, & non pas les pasteurs; du moins vous n'êtes pasteurs que pour tondre & pour égorger le troupeau, au lieu de le conduire dans les pâturages. Selon vous on est coupable dès que l'on est accusé; un soupçon mérite la mort; les innocents sont à la merci des envieux & des calomniateurs; & à mesure que la défiance tyrannique croîtra dans vos cœurs, il faudra aussi égorger plus de victimes.

Télémaque disoit ces paroles avec une autorité & une véhémence qui entraînoit les cœurs, & qui couvroit de honte les auteurs d'un si lâche conseil. Ensuite se radoucissant, il leur dit: pour moi je n'aime pas assez la vie pour vivre à ce prix-là, j'aime mieux qu'Acante soit méchant que si je l'étois; & qu'il m'arrache la vie par une trahison, que si je le faisois moi-même périr injustement dans le doute. Mais écoutez, ô vous qui

étant

étant établis Rois, c'est-à-dire, Juges des peuples, devez savoir juger les hommes avec justice, prudence, & modération, laissez-moi interroger Acante en votre présence.

Aussi-tôt il interroge cet homme sur son commerce avec Arion; il le presse sur une infinité de circonstances. Il fait semblant plusieurs fois de le renvoyer à Adraste, comme un transfuge digne d'être puni, pour observer s'il avoit peur d'être ainsi renvoyé, ou non: mais le visage & la voix d'Acante demeurérent tranquilles. Enfin, ne pouvant tirer la vérité du fond de son cœur, il lui dit: Donnez-moi votre anneau, je veux l'envoyer à Adraste. A cette demande de son anneau, Acante pâlit, il fut embarrassé. Télémaque dont les yeux étoient toujours attachés sur lui, l'apperçut, il prit cet anneau. Je m'en vais, lui dit-il, l'envoyer à Adraste par les mains d'un Lucanien nommé Polytrope, que vous connoissez, & qui paroîtra y aller secrétement de votre part. Si nous pouvons découvrir par cette voie votre intelligence avec Adraste, on vous fera périr impitoyablement par les tourments les plus cruels. Si au contraire vous avouez dès-à-présent votre faute, on vous la pardonnera, & on se contentera de vous envoyer dans une Isle de la mer, où vous ne manquerez de rien. Alors Acante avoua tout; & Télémaque obtint des Rois qu'on lui donneroit la vie, parce qu'il la lui avoit promise. On l'envoya dans une des Isles Echinades (b) où il vécut en paix.

Peu de tems après un Daunien d'une naissance obscure, mais d'un esprit violent & hardi, nommé Dioscore, vint la nuit dans le Camp des Alliés, leur offrir d'égorger dans sa tente le Roi Adraste (8). Il le pouvoit; car on est maître de la vie des autres, quand on ne compte plus pour rien la sienne. Cet homme ne respi-

(b) *Les Isles Echinades, aujourd'hui Cossulaires, sont situées à l'embouchure du fleuve Acheloüs vis-à-vis de l'Arcanie dans l'Epire.*

(8) Le Médecin de Pyrrhus trama la même trahison contre son maître, & offrit à Fabricius de le délivrer d'un ennemi si redoutable. Mais le généreux Romain en avertit Pyrrhus par cette Lettre.

» Vous

respiroit que la vengeance, (9) parce qu'Adraste lui avoit enlevé sa femme qu'il aimoit éperdument, & qui étoit égale en beauté à Vénus même. Il avoit des intelligences secretes pour entrer la nuit dans la tente du Roi, & pour être favorisé dans cette entrepise par plusieurs Capitaines Dauniens : mais il croyoit avoir besoin que les Rois Alliés attaquassent en même tems le camp d'Adraste, afin que dans ce trouble il pût plus facilement se sauver & enlever sa femme. Il étoit content de périr, s'il ne pouvoit l'enlever après avoir tué le Roi.

Aussi-tôt que Dioscore eut expliqué aux Rois son dessein, tout le monde se tourna vers Télémaque, comme pour lui demander une décision : Les Dieux, répondit-il, qui nous ont préservé des traîtres, nous défendent de nous en servir. Quand même nous n'aurions pas assez de vertu pour détester la trahison, notre seul intérêt suffiroit pour la rejetter ; dès que nous l'aurons autorisée par notre exemple, nous mériterons qu'elle se tourne contre nous ; dès ce moment, qui d'entre nous sera en sûreté ? Adraste pourra bien éviter le coup qui le menace & le faire retomber sur les Rois Alliés. La guerre ne sera plus une guerre. La sagesse & la vertu ne seront d'aucun usage. On ne verra plus que perfidie, trahison & assassinats. Nous en ressentirions nous-mêmes les funestes suites, & nous le mériterions, puisque nous aurions autorisé le plus grand des maux. Je conclus donc, qu'il faut renvoyer le traître â Adraste. J'avoue que ce Roi ne le mérite pas ; mais toute l'Hespérie & toute la Grece, qui ont les yeux sur nous, méritent que nous tenions cette conduite pour en être estimés. Nous nous devons à nous-mêmes ; enfin, nous devons aux Dieux justes cette horreur de la perfidie.

Aussi-tôt on envoya Dioscore à Adraste, qui frémit du

„ Vous n'êtes pas plus heureux „ dans le choix de vos amis que „ dans celui de vos ennemis. Nous „ vous renvoyons la lettre qui nous „ a été écrite par un de vos dome- „ stiques, notre valeur mettra fin „ à une guerre que nous ne voulons „ pas terminer par une perfidie.

(9) Voilà l'enlevement de la Marquise de Montespan que l'Auteur déguise ici sous des circonstances différentes pour ne pas trop marquer cet endroit odieux de la vie du Roi Louis XIV.

du péril où il avoit été, & qui ne pouvoit assez s'étonner de la générosité de ses ennemis; car les méchants ne peuvent comprendre la pure vertu. Adraste admiroit malgré lui ce qu'il venoit de voir, & n'osoit le louer. (10) Cette action noble des Alliés rappelloit un honteux souvenir de toutes ses tromperies, & de toutes ses cruautés. Il cherchoit à rabaisser la générosité de ses ennemis, & étoit honteux de paroître ingrat, pendant qu'il leur devoit la vie: mais les hommes corrompus (11) s'endurcissent bientôt contre tout ce qui pourroit les toucher.

Adraste, qui vit que la réputation des Alliés augmentoit tous les jours, crut qu'il étoit pressé de faire contre eux quelque action éclatante: comme il n'en pouvoit faire aucune de vertu, il voulut du moins tâcher de remporter quelque grand avantage sur eux par les armes, & il se hâta de combattre.

Le jour du combat étant venu, à peine l'Aurore ouvroit au Soleil les portes de l'Orient dans un chemin semé de roses, que le jeune Télémaque prévenant par ses soins la vigilance des plus vieux Capitaines, s'arracha d'entre les bras du doux sommeil, (12) & mit en mouvement tous les Officiers. Son casque couvert de crins flottants brilloit déjà sur sa tête, & sa cuirasse sur son dos éblouissoit les yeux de toune l'armée. L'ouvrage de Vulcain avoit outre sa beauté naturelle l'éclat de l'Egide qui y étoit cachée. Il tenoit sa lance d'une main, de l'autre il montroit les divers postes qu'il falloit occuper. Minerve avoit mis dans ses yeux un feu divin, & sur son visage une majesté fiere qui promettoit déjà la victoire. Il marchoit, & tous les Rois oubliant

(10) Dans toutes les guerres que Louis XIV. a eues contre les Alliés, on voit assez d'exemples de Gouverneurs de places corrompus, de transfuges envoyes dans le camp des ennemis, de projets d'assassinats & d'empoisonnements; mais on ne trouve point que les Alliés aient commis de leur part rien de semblable. Plus Louis XIV s'est cru toute voie permise, & plus les Alliés se sont piqués de droiture & de générosité.

(11) Pyrrus fut plus généreux qu'Adraste. Il renvoya aux Romains les prisonniers qu'il avoit faits, sans demander aucune rançon.

(12) Il n'appartient qu'aux ames intrépides de se livrer au sommeil la veille d'une bataille. On fut obligé d'éveiller Alexandre le jour de la bataille d'Arbelle qui devoit décider de sa fortune & de sa gloire.

bliant leur âge & leur dignité, se sentoient entraînés par une force supérieure qui leur faisoit suivre ses pas. La foible jalousie ne peut plus entrer dans les cœurs. Tout cede à celui que Minerve conduit invisiblement par la main; son action n'avoit plus rien d'impétueux ni de précipité; il étoit doux, tranquille, patient, toujours prêt à écouter les autres, & à profiter de leurs conseils; mais actif, prévoyant, attentif aux besoins les plus éloignés, arrangeant toutes les choses à propos, ne s'embarrassant de rien, & n'embarrassant point les autres; excusant les fautes, réparant les mécomptes, prévenant les difficultés, ne demandant jamais rien de trop à personne, inspirant par-tout la liberté & la confiance. Donnoit-il un ordre? c'étoit dans les termes les plus simples & les plus clairs; il le répétoit pour mieux instruire celui qui devoit l'exécuter. Il voyoit dans ses yeux s'il l'avoit bien compris. Il lui faisoit ensuite expliquer familiérement, comment il avoit compris ses paroles, & le principal but de son entreprise. Quand il avoit ainsi éprouvé le bon sens de celui qu'il envoyoit, & qu'il l'avoit fait entrer dans ses vues, il ne le faisoit partir qu'après lui avoir donné quelque marque d'estime & de confiance pour l'encourager. Ainsi tous ceux qu'il envoyoit étoient pleins d'ardeur pour lui plaire & pour réussir: mais ils n'étoient point gênés par la crainte qu'il leur imputeroit le mauvais succès; (13) car il excusoit toutes les fautes qui ne venoient point de mauvaise volonté.

L'horizon paroissoit rouge & enflammé par les premiers rayons du Soleil, & la mer étoit pleine des feux du jour naissant. Toute la côte étoit couverte d'hommes, d'armes, de chevaux & de charriots en mouvement: c'étoit un bruit confus, semblable à celui des flots en courroux, quand Neptune excite au fond des abymes les noires tempêtes. Ainsi Mars commençoit par le

(13) Que penser de la coutume barbare des Ottomans qui punissent de mort la levée d'un siege ou la perte d'une bataille? Espérent-ils élever un Général à l'intrépidité en lui inspirant la terreur & la crainte?

le bruit des armes, & par l'appareil frémissant de la guerre à semer la rage dans tous les cœurs. La campagne étoit pleine de piques hérissées, semblables aux épis qui couvrent les sillons fertiles dans le tems des moissons. Déjà s'élevoit un nuage de poussiere, qui déroboit peu à peu aux yeux des hommes la terre & le ciel. La confusion, l'horreur, le carnage, l'impitoyable mort s'avançoient.

A peine les premiers traits étoient jettés, que Télémaque levant les yeux & les mains vers le ciel, prononça ces paroles: O Jupiter, pere des Dieux & des Hommes, vous voyez de notre côté la justice & la paix que nous n'avons point eu honte de rechercher. C'est à regret que nous combattons; nous voudrions épargner le sang des hommes: nous ne haïssons point cet ennemi même, quoiqu'il soit cruel, perfide & sacrilege. Voyez & décidez entre lui & nous. S'il faut mourir, nos vies sont dans vos mains; s'il faut délivrer l'Hespérie & abattre le Tyran, ce sera votre puissance, & la sagesse de Minerve votre fille, qui nous donneront la victoire: la gloire vous en sera due. C'est vous qui la balance en main réglez le sort des combats. Nous combattons pour vous; & puisque vous êtes juge, Adraste est plus votre ennemi que le notre. Si votre cause est victorieuse, avant la fin du jour, le sang d'une Hécatombe (c) entiere ruisselera sur vos Autels.

Il dit, & à l'instant il pousse ses coursiers fougueux & écumants dans les rangs les plus pressés des ennemis. Il rencontra d'abord Périandre Locrien couvert d'une peau de lion qu'il avoit tué dans la Cilicie, pendant qu'il y avoit voyagé. Il étoit armé comme Hercule d'une massue énorme; (14) sa taille & sa force le rendoient semblable aux Géants. Dès qu'il vit Télémaque, il méprisa sa jeunesse & la beauté de son visage. C'est bien à toi,

(c) *Une Hécatombe étoit un sacrifice de cent bœufs.*

(14) On accuse les combats d'Homere d'être languissants par les généalogies, les descriptions des armes des Combattants, & tant d'autres circonstances qui les varient. Il ne faut d'autre apologie pour le modele que les graces de l'Imitateur.

toi, dit-il, jeune efféminé, à nous disputer la gloire des combats. Va, enfant, va parmi les ombres chercher ton pere. En disant ces paroles, il leva sa massue noueuse, pesante, armée de pointes de fer; elle paroît comme un mât de navire; chacun craint le coup de sa chûte; elle menace la tête du fils d'Ulysse; mais il se détourne du coup, & se lance sur Périandre avec la rapidité d'un aigle qui fend les airs. La massue en tombant brise la roue d'un char auprès de celui de Télémaque. Cependant le jeune Grec perce d'un trait Périandre à la gorge; le sang qui coule à gros bouillons de sa large plaie étouffe sa voix: ses chevaux fougueux ne sentant plus sa main défaillante, & les rênes flottant sur leur cou, l'emportent çà & là: il tombe de dessus son char les yeux fermés à la lumiere, & la pâle mort étant déjà peinte sur son visage défiguré. Télémaque eut pitié de lui, il donna aussi-tôt son corps à ses domestiques, & garda, comme une marque de sa victoire, la peau du lion avec sa massue.

Ensuite il cherche Adraste dans la mêlée: mais en le cherchant il précipite dans les enfers une foule de combattants: Hilée qui avoit attelé à son char deux coursiers semblables à ceux du Soleil, & nouris dans les vastes prairies qu'arrose l'Aufide (*d*): Démoléon, qui dans la Sicile avoit autrefois presque égalé Erix dans les combats du Ceste: Crantor qui avoit été hôte & ami d'Hercule lorsque ce fils de Jupiter, passant par l'Hespérie, y ôta la vie à l'infame Cacus (*e*): Ménécrate qui ressembloit, disoit-on, à Pollux dans la lutte: Hyppocoon Salapien qui imitoit l'adresse & la bonne grace de Castor pour mener un cheval: le fameux chasseur Eurimede toujours teint du sang des ours & des sangliers qu'il tuoit dans

(d) *L'Aufide, aujourd'hui Ofanto, est une riviere du royaume de Naples, qui naît aux montagnes de l'Apennin dans la Principauté Ultérieure, sépare la Capitanate de la Basilicate, & va se décharger dans le Golfe de Venise. Ce fut près de cette riviere que se donna la fameuse bataille de Cannes.*

(e) *Cacus, fils de Vulcain, étoit un berger & un voleur, qui se retiroit près du Mont-Aventin, & qui déroba les bœufs d'Hercule en les emmenant à reculons dans sa caverne. Les Poëtes feignent qu'il avoit trois bouches & qu'il jettoit du feu & des flammes quand il vouloit.*

dans les ſommets couverts de neiges du froid Appennin, & qui avoit été, diſoit-on, ſi cher à Diane, qu'elle lui avoit appris elle même à tirer des fleches : Nicroſtrate vainqueur d'un Géant qui vomiſſoit le feu dans les rochers du Mont-Gargan (*f*) : Eleante qui devoit épouſer la jeune Pholoé fille du fleuve Liris (*g*).

Elle avoit été promiſe par ſon pere à celui qui la délivreroit d'un ſerpent ailé, qui étoit né ſur le bord du fleuve, & qui devoit la dévorer dans peu de jours, ſuivant la prédiction d'un oracle. Ce jeune homme par un excès d'amour ſe dévoua pour tuer le monſtre. Il réuſſit ; mais il ne put goûter le fruit de ſa victoire ; & pendant que Pholoé ſe préparant à un doux hymenée, attendoit impatiemment Eleante, elle apprit qu'il avoit ſuivi Adraſte dans les combats, & que la Parque avoit tranché cruellement ſes jours. Elle remplit de ſes gémiſſements les bois & les montagnes, qui ſont auprès du fleuve ; elle noya ſes yeux de larmes, arracha ſes beaux cheveux, oublia les guirlandes de fleurs qu'elle avoit accoutumé de cueillir, & accuſa le ciel d'injuſtice. Comme elle ne ceſſoit de pleurer nuit & jour, (15) les Dieux touchés de ſes regrets, & par les prieres du fleuve, mirent fin à ſa douleur. A force de verſer des larmes, elle fut tout-à-coup changée en fontaine, qui coulant dans le ſein du fleuve, va joindre ſes eaux à celles du Dieu ſon pere : mais l'eau de cette fontaine eſt encore amere ; l'herbe du rivage ne fleurit jamais, & on ne trouve d'autre ombrage que celui des Cyprès, ſur ſes triſtes bords.

Cependant Adraſte, qui apprit que Télémaque répandoit de tous côtés la terreur, le cherchoit avec empreſſement ; il eſpéroit de vaincre facilement le fils d'Ulyſ-

(f) *Le Mont-Gargan, ou le Mont Saint-Ange, eſt une montagne du royaume de Naples. On la prend quelquefois pour celle ſur laquelle eſt bâtie la ville nommée* Monte di Santo Angelo, *& autrefois pour toute la preſqu'isle de la Capitanate qui eſt entre le golfe de Manfredonia & celui de Rodi.*

(g) *Le fleuve Liris, aujourd'hui Gariglan, prend ſa ſource dans l'Abruzze ultérieure, au couchant du lac Celano, paſſe au travers de la terre de Labour, & va ſe décharger dans le golfe de Gajete.*

(15) A l'horreur des combats l'Auteur fait allier toutes ces agréables peintures que les Métamorphoſes d'Ovide lui fourniſſent. L'imagination du Lecteur eſt toujours catpivée par de nouveaux objets.

Ulysse dans un âge encore si tendre, & il menoit autour de lui trente Dauniens d'une force, d'une adresse, & d'une audace extraordinaires, auxquels il avoit promis de grandes récompenses, s'ils pouvoient dans le combat faire périr Télémaque, de quelque maniere que ce pût être. S'il l'eût rencontré dans ce moment du combat, sans doute ces trente hommes environnant le char de Télémaque, pendant qu'Adraste l'auroit attaqué de front, n'auroient eu aucune peine de le tuer, mais Minerve les fit égarer.

Adraste crut voir & entendre Télémaque dans un endroit de la plaine, enfoncé au pied d'une colline, où il y avoit une foule de combattants; il court; il vole, il veut se rassasier de sang: mais au lieu de Télémaque il trouve le vieux Nestor, qui d'une main tremblante (16) jettoit au hazard quelque traits inutiles. Adraste dans sa fureur veut le percer; mais une troupe de Pyliens se jetta autour de Nestor.

Alors une nuée de traits obscurcit l'air & couvrit tous les combattants; on n'entendoit que les cris plaintifs des mourants, & le bruit des armes de ceux qui tomboient dans la mêlée: la terre gémissoit sous un monceau de corps morts; des ruisseaux de sang couloient de toutes parts. Bellone & Mars avec les furies infernales vêtues de robes toutes dégoutantes de sang, repaissoient leurs yeux cruels de ce spectacle, & renouvelloient sans cesse la rage dans les cœurs. Ces Divinités ennemies des hommes repoussoient loin des deux partis la pitié généreuse, la valeur modérée, la douce humanité. Ce n'étoit plus dans cet amas confus d'hommes acharnés les uns sur les autres, que massacre, vengeance, désespoir & fureur brutale. La sage & invincible Pallas elle-même l'ayant vu, frémit, & recula d'horreur.

Ce-

(16) C'est ce que Virgile appelle *Telumque imbelle sine ictu*, en parlant d'un Javelot que lance le Roi Priam. L'Auteur s'est souvent plaint de la pauvreté de notre langue, sans doute qu'il sentoit qu'elle n'avoit pas de quoi étaler toutes les richesses qu'il voyoit dans son imagination. Mais quand on rapproche ses expressions de celles des Anciens, on pense plus favorablement sur notre langue.

Cependant Philoctete marchant à pas lents, & tenant dans ses mains les fleches d'Hercule, s'avançoit au secours de Nestor. Adraste n'ayant pu atteindre le Divin Vieillard, avoit lancé ses traits sur plusieurs Pyliens, auxquels il avoit fait mordre la poussiere. Déjà il avoit abattu Eusilas si léger à la course, qu'à peine il imprimoit la trace de ses pas dans le sable, & qui devançoit en son pays les plus rapides flots de l'Eurotas (*h*) & de l'Alphée (*i*). A ses pieds étoient tombés Entiphron plus beau qu'Hylas (*k*) & aussi ardent chasseur qu'Hippolyte; Ptérélas qui avoit suivi Nestor au siege de Troye, & qu'Achille même avoit aimé à cause de son courage & de sa force; & Aristogiton, qui s'étant baigné dans les ondes du fleuve Achéloüs, (*l*), avoit reçu secrétement de ce Dieu la vertu de prendre toutes sortes de formes. En effet, il étoit si souple & si prompt dans tous ses mouvements, qu'il échappoit aux mains les plus fortes: mais Adraste d'un coup de lance le rendit immobile, & son ame s'enfuit d'abord avec son sang.

Nestor, qui voyoit tomber ses plus vaillants Capitaines sous la main du cruel Adraste, comme les épis dorés pendant la moisson tombent sous la faux tranchante d'un infatigable moissonneur, oublioit le danger où il exposoit inutillement sa vieillesse. Sa sagesse l'avoit quitté, il ne songeoit plus qu'à suivre des yeux Pisistrate son fils, qui de son côté soutenoit avec ardeur le combat pour éloigner le péril de son pere: mais le moment fatal étoit venu, où Pisistrate devoit faire sentir à Nestor, combien on est souvent malheureux d'avoir trop vécu.

Pisistrate porta un coup de lance si violent contre Adra-

(h) *L'Eurotas, aujodur'hui Basilipotauros & Iris, est une grande riviére de la Morée, qui se décharge dans le golfe de Colochine.*

(i) *L'Alphée est une grande riviere de la Turquie en Europe, qui traverse la Morée & se décharge dans le golfe de l'Arcadie.*

(k) *Hylas, jeune garcon très-beau, fils de Thiodamas, aimé d'Hercule & ravi par les Nymphes, dit la fable, en voulant reprendre sa cruche qu'il avoit laissé tomber à l'eau. Mais la vérité est qu'il s'y laissa tomber lui-même, & que sa mort donna lieu au bruit de son prétendu enlevement.*

(l) *Achéleüs fleuve de l'Acarnanie dans l'Epire, qu'il sépare de la Natolie: il prend sa source du Mont-Pindus.*

Adraste, que le Daunien devoit succomber : mais il l'évita ; & pendant que Pisistrate ébranlé du faux coup qu'il avoit donné, ramenoit sa lance, Adraste le perça d'un javelot au milieu du ventre. Ses entrailles commencérent à sortir avec un ruisseau de sang ; son teint se flétrit comme une fleur, que la main d'une Nymphe a cueillie dans les prés. Ses yeux étoient déjà presque éteints, & sa voix défaillante. Alcée son gouverneur, qui étoit auprès de lui, le soutint comme il alloit tomber, & n'eut le tems que de le mener entre les bras de son pere. Là il vouloit parler & donner les derniers marques de sa tendresse ; mais en ouvrant la bouche, il expira.

Pendant que Philoctete répandoit autour de lui le carnage & l'horreur, pour repousser les efforts d'Adraste, Nestor tenoit serré entre ses bras le corps de son fils : il remplissoit l'air de ses cris, & ne pouvoit souffrir la lumiere. Malheureux, disoit-il, d'avoir été pere & d'avoir vécu si long-tems ! (17) Hélas ! cruelles destinées, pourquoi n'avez-vous pas fini ma vie ou à la chasse du sanglier de Calydon (*m*), ou au voyage de Colchos (*n*), ou au premier siege de Troye ? Je serois mort avec gloire & sans amertume : maintenant je traîne une vieillesse douloureuse, méprisée & impuissante : je ne vis plus que pour les maux ; je n'ai plus de sentiment que pour la tristesse. O mon fils ! ô mon cher fils Pisistrate ! quand je perdis ton frere Antiloque, je t'avois pour me consoler ; je ne t'ai plus, rien ne me consolera, tout est fini pour moi. L'espérance, seul adoucissement des peines des hommes, n'est plus un bien qui me regarde. Antiloque, Pisistrate, ô chers enfants ! je crois que c'est aujourd'hui que je vous perds tous deux ; la

(17) Ce Héros affoibli par la veillesse, ne pouvoit faire dans cette action qu'un personnage bien froid, si l'Auteur ne l'eût animé par la douleur : les regrets conviennent mieux dans la bouche de Nestor, que les armes dans ses mains.

(m) *Calidon, ancienne ville d'Etolie, aujourd'hui Aitou dans la Livadie, étoit désolée par un sanglier affreux que Meleagre entreprit de dompter ; mais dont il ne put venir à bout sans le secours de Thésée.*

(n) *Le voyage de Colchos fut entrepris pour aller à la conquête de la Toison d'or.*

la mort de l'un r'ouvre la plaie que l'autre avoit faite au fond de mon cœur. Je ne vous verrai plus. Qui fermera mes yeux? Qui recueillera mes cendres? O cher Pisistrate, tu es mort comme ton frere en homme de courage; il n'y a que moi qui ne puis mourir.

En disant ces paroles, il voulut se percer lui-même d'un dard qu'il tenoit; mais on arrêta sa main, & on lui arracha le corps de son fils. Et comme cet infortuné Vieillard tomboit en défaillance, on le porta dans sa tente, où ayant un peu repris ses forces, il voulut retourner au combat; mais on le retint malgré lui.

Cependant Adraste & Philoctete se cherchoient; leurs yeux étoient étincelants comme ceux d'un lion & d'un léopard, qui cherchent à se déchirer l'un l'autre dans les campagnes qu'arrose le Caystre (*o*). Les menaces, la fureur guerriere, & la cruelle vengeance éclatent dans leurs yeux farouches. Ils portent une mort certaine partout où ils lancent leurs traits. Tous les combattants les regardent avec effroi. Déjà ils se voient l'un l'autre, & Philoctete tient en main une de ces fleches terribles, qui n'ont jamais manqué leur coup dans ses mains, & dont les blessures sont irrémédiables. Mais Mars qui favorisoit les cruel & intrépide Adraste, ne put souffrir qu'il pérît sitôt; il vouloit par lui prolonger les horreurs de la guerre, & multiplier le carnage. Adraste étoit encore dû à la justice des Dieux pour punir les hommes, & pour verser leur sang.

Dans le moment où Philoctete veut l'attaquer, il est blessé lui-même par un coup de lance que lui donne Amphimaque, jeune Lucanien, plus beau que le fameux Nirée (*p*), dont la beauté ne cédoit qu'à celle d'Achille parmi tous les Grecs qui combattirent au siege de Troye. A peine Philoctete eut reçu le coup, qu'il tira la fleche contre Amphimaque; elle lui perça le cœur. Aussi-tôt ses beaux yeux noirs s'éteignirent, & furent cou-

(o) *Le Caystre, aujord'hui Chiais est une riviere de la Natolie en Asie, qui coule entre le Sarabat & le Madre, fort près de la ville d'Ephese du côté du Nord.*

(p) *Nirée étoit un Roi de Naxos maintenant Niosie, qui étoit fort beau; mais extrêmement lâche.*

couverts des ténébres de la mort. Sa bouche plus vermeille que les roses, dont l'aurore naissante seme l'horizon, se flétrit; une pâleur affreuse ternit ses joues: ce visage si tendre & si gracieux se défigura tout-à-coup. Philoctete lui-même en eut pitié. Tous les combattants gémirent en voyant ce jeune homme tomber dans son sang, où il se rouloit, & ses cheveux aussi beaux que ceux d'Apollon traînés dans la poussiere.

Philoctete ayant vaincu Amphimaque, fut contraint de se retirer du combat; il perdoit son sang & ses forces; son ancienne blessure même dans l'effort du combat sembloit prête à se rouvrir & à renouveller ses douleurs; car les enfants d'Esculape avec leur science divine n'avoient pu le guérir entiérement. Le voilà prêt à tomber sur un monceau de corps sanglants qui l'environnent. Archidamas, le plus fier & le plus adroit de tous les Oebaliens (q) qu'il avoit menés avec lui pour fonder Pétilie, l'enleve du combat dans le moment où Adraste l'auroit sans peine abattu à ses pieds. Adraste ne trouve plus rien qui ose lui résister, (18) ni retarder sa victoire. Tout tombe, tout s'enfuit; c'est un torrent, qui ayant surmonté ses bords, entraîne par ses vagues furieuses les moissons, les troupeaux, les bergers, & les villages.

Télémaque entendit de loin les cris des vainqueurs, & il vit le désordre des siens qui fuyoient devant Adraste, comme une troupe de cerfs timides traverse les vastes campagnes, (19) les bois, les montagnes, & les fleuves mêmes les plus rapides, quand ils sont poursuivis par des chasseurs. Télémaque gémit, l'indignation paroît dans ses yeux, & il quitte les lieux où il avoit combattu long-tems avec tant de danger & de gloire. Il

(q) *Les Oebaliens étoient des peuples d'Italie voisins de Tarente.*

(18) Il étoit nécessaire qu'Adraste se signalât par de grands exploits, afin que le principal héros devînt une ressource unique & nécessaire. Sans Télémaque Adraste étoit vainqueur.

(19) Ceux qui se sont plaints de la multitude des comparaisons d'Homere, ne les trouveront pas ici moins fréquentes. Mais le sentiment les défend contre les regles & les principes dont on se sert pour les combattre.

Il court port soutenir les siens ; il s'avance tout couvert du sang d'une multitude d'ennemis qu'il a étendus sur la poussiere. De loin il pousse un cri qui se fait entendre aux deux armées.

Minerve avoit mis je ne sais quoi de terrible dans sa voix, dont les montagnes voisines retentirent. Jamais Mars dans la Thrace n'a fait entendre plus fortement sa cruelle voix, quand il appelle les furies infernales, la guerre & la mort. Le cri de Télémaque porte le courage & l'audace dans le cœur des siens ; il glace d'épouvante les ennemis. Adraste même a honte de se sentir troublé. Je ne sais combien de funestes présages le font frémir, & ce qui l'anime est plutôt un désespoir qu'une valeur tranquille. Trois fois ses genoux tremblants commencerent à se dérober sous lui ; trois fois il recula sans songer à ce qu'il faisoit : une pâleur de défaillance & une sueur froide se répandoient dans tous ses membres ; sa voix enrouée & hésitante ne pouvoit achever aucune parole, ses yeux pleins d'un feu sombre & étincelant paroissoient sortir de sa tête : on le voyoit comme Oreste, agité par les Furies ; tous ses mouvements étoient convulsifs. Alors il commence à croire qu'il y a des Dieux. Il s'imagine les voir irrités & entendre une voix sourde qui sort du fond de l'abyme pour l'appeller dans le noir Tartare. Tout lui fait sentir une main céleste & invisible suspendue sur sa tête, qui alloit s'appesantir pour le frapper. L'espérance étoit éteinte au fond de son cœur ; son audace se dissipoit, comme la lumiere du jour disparoît quand le Soleil se couche dans le sein des ondes, & que la terre s'enveloppe des ombres de la nuit.

L'impie Adraste trop long-tems souffert sur la terre, si les hommes n'eussent eu besoin d'un tel châtiment, l'impie Adraste touchoit enfin à sa derniere heure. Il court forcené au devant de son inévitable destin. L'horreur, les cuisants remords, la consternation, la fureur, la rage, le désespoir, marchent avec lui. A peine voit-il Télémaque, qu'il croit voir l'Averne qui s'ouvre & les tourbillons de flammes qui sortent du noir Phlégéton

ton (r) prêtes à le dévorer. Il s'écrie, & sa bouche demeure ouverte sans qu'il puisse prononcer aucune parole. Tel qu'un homme dormant, qui dans un songe affreux ouvre la bouche & fait des efforts pour parler; mais la parole lui manque toujours & il la cherche en vain. D'une main tremblante & précipitée Adraste lance son dard contre Télémaque. Celui-ci intrépide, comme l'ami des Dieux, se couvre de son bouclier: il semble que la Victoire le couvrant de ses ailes tient déjà une couronne suspendue au dessus de sa tête; le courage doux & paisible reluit dans ses yeux: on le prendroit pour Minerve même, tant il paroît sage & mesuré au milieu des plus grands périls. Le dard lancé par Adraste est repoussé par le bouclier. Alors Adraste se hâte de tirer son épée pour ôter au fils d'Ulysse l'avantage de lancer son dard à son tour. Télémaque voyant Adraste l'épée à la main, se hâte de la mettre aussi, & laisse son dard inutile.

Quand on les vit ainsi tous deux combattre de près, tous les autres combattants en silence mirent bas les armes pour les regarder attentivement, & on attendit de leur combat la destinée de toute la guerre. Les deux glaives brillants comme les éclairs, d'où partent les foudres, se croisent plusieurs fois, & portent des coups inutiles sur les armes polies, qui en retentissent. Les deux combattants s'allongent, se replient, s'abaissent, se relevent tout-à-coup, & enfin se saisissent. Le lierre en naissant au pied d'un ormeau ne serre pas plus étroitement le tronc dur & noueux par ses rameaux entrelassés, jusqu'aux plus hautes branches de l'arbre, que ces deux combattants se serrent l'un l'autre. Adraste (20) n'avoit encore rien perdu de sa force; Télémaque n'avoit pas

(r) *Le Phlegéton est un fleuve des Enfers qui roule des feux ardents & dont les flots sont tous de flamme.*

(20) Le merveilleux est ici ménagé avec beaucoup de sobriété: il y en a assez pour relever l'action, sans rien ravir à la gloire du Héros. Télémaque a des armes forgées par Vulcain, il est soutenu par Minerve. Mais c'est sa valeur qui met en œuvre ses grands avantages, & les regards du Lecteur ne perdent point le Héros de vue pour se fixer sur les Dieux.

pas encore toute la sienne. Adraste fait plusieurs efforts pour surprendre son ennemi, & pour l'ébranler. Il tâche de saisir l'épée du jeune Grec, mais en vain. Dans le moment où il la cherche, Télémaque l'enleve de terre & le renverse sur le sable. Alors cet impie qui avoit toujours méprisé les Dieux, montra une lâche crainte de la mort; il a honte de demander la vie, & il ne peut s'empêcher de témoigner qu'il la desire: il tâche d'émouvoir la compassion de Télémaque. Fils d'Ulysse, lui dit-il, enfin c'est maintenant que je connois les justes Dieux; ils me punissent comme je l'ai mérité; il n'y a que le malheur qui ouvre les yeux des hommes pour voir la vérité. Je la vois, elle me condamne; mais qu'un Roi malheureux vous fasse souvenir de votre pere qui est loin d'Ithaque, & qu'il touche votre cœur.

Télémaque, qui le tenant sous ses genoux avoit le glaive déjà levé pour lui percer la gorge, répondit aussi-tôt: Je n'ai voulu que la victoire & la paix des nations que je suis venu secourir. Je n'aime point à répandre le sang. Vivez donc, Adraste; mais vivez pour réparer vos fautes; rendez tout ce que vous avez usurpé; rétablissez le calme & la justice sur la côte de la grande Hespérie que vous avez souillée par tant de massacres & de trahisons; vivez, & devenez un autre homme. Apprenez par votre chûte, que les Dieux sont justes; que les méchants sont malheureux: qu'ils se trompent en cherchant la félicité dans la violence, dans l'inhumanité & dans le mensonge; qu'enfin rien n'est si doux ni si heureux que la simple & constante vertu. Donnez-nous pour otage votre fils Metrodore avec douze des principaux de votre nation.

A ces paroles Télémaque laisse relever Adraste & lui tend la main sans se défier de sa mauvaise foi: mais aussi-tôt Adraste lui lança un second dard fort court qu'il tenoit caché. Le dard étoit si aigu & lancé avec tant d'adresse, qu'il eût percé les armes de Télémaque, si elles n'eussent été divines. En même-tems Adraste se jette deriere un arbre pour éviter la poursuite du jeune Grec.

Alors

Alors celui-ci s'écrie: Dauniens, vous le voyez, la victoire est à nous; l'impie ne se sauve que par la trahison: celui qui ne craint point les Dieux, craint la mort (21). Au contraire, celui qui les craint, ne craint qu'eux. En disant ces paroles il s'avance vers les Dauniens, & fait signe aux siens qui étoient de l'autre côté de l'arbre, de couper le chemin au perfide Adraste. Adraste près d'être surpris, fait semblant de retourner sur ses pas, & veut renverser les Crétois qui se présentent à son passage. Mais tout-à-coup Télémaque prompt comme la foudre que la main du pere des Dieux lance du haut Olympe sur les têtes coupables, vient fondre sur son ennemi. Il le saisit d'une main victorieuse, il le renverse, comme le cruel Aquilon abat les tendres moissons qui dorent les campagnes: il ne l'écoute plus, quoique l'impie ose encore une fois essayer d'abuser de la bonté de son cœur. Il lui enfonce son glaive & le précipite dans les flammes du noir Tartare, digne châtiment de ses crimes.

(21) Il ne faut que cette maxime pour réfuter ceux qui prétendent que les sentiments de Religion sont incompatibles avec les Vertus militaires. Machiavel dans son premier livre de l'Histoire de Florence, attribue à la religion la cause de la chûte de l'Empire Romain. Les Sages politiques de l'Antiquité en voyoient des causes bien différentes.

Fin du vingtieme Livre.

SOM-

SOMMAIRE
DU
LIVRE VINGT-UNIEME.

ADraste étant mort, les Dauniens tendent les mains aux Alliés en signe de paix, & leur demandent un Roi de leur nation. Nestor inconsolable d'avoir perdu son fils, s'absente de l'assemblée des Chefs, où plusieurs opinent qu'il faut partager le pays des vaincus, & céder à Télémaque le terroir d'Arpi. Bien-loin d'accepter cette offre, Télémaque fait voir que l'intérêt commun des Alliés est de choisir Polydamas pour Roi des Dauniens, & de leur laisser leurs terres. Il persuade ensuite à ces peuples de donner la contrée d'Arpi à Diomède survenu fortuitement. Les troubles étant ainsi finis, tous se séparent pour s'en retourner chacun dans son pays.

LIVRE VINGT-UNIEME.

A Peine Adraste fut-il mort, que tous les Dauniens, loin de déplorer leur défaite & la perte de leur Chef, se réjouirent de leur délivrance. Ils tendirent les mains aux Alliés en signe de paix & de réconciliation. Metrodore, fils d'Adraste, que son pere avoit nourri dans des maximes de dissimulation, d'injustice & d'inhumanité, s'enfuit lâchement. Mais un esclave complice de ses infamies & de ses cruautés, qu'il avoit affranchi & comblé de biens, & auquel il se confia dans sa fuite, ne songea qu'à le trahir pour son propre intérêt; il le tua par derriere pendant qu'il fuyoit, lui coupa la tête & la porta dans le camp des Alliés, espérant une grande récompense d'un crime qui finissoit la guerre. Mais on eut horreur de ce scélérat, & on le fit mourir.

Télémaque ayant vu la tête de Metrodore qui étoit un jeune homme d'une merveilleuſe beauté, & d'un naturel excellent, que les plaſirs & les mauvais exemples avoient corrompu, ne put retenir ſes larmes. Hélas! s'écria-t-il; voilà ce que fait le poiſon de la proſpérité pour un jeune Prince; plus il a d'élévation & de vivacité, plus il s'éloigne de tout ſentiment de vertu; & maintenant je ſerois peut-être de même, ſi les malheurs, où ſe ſuis né, graces aux Dieux, & les inſtructions de Mentor ne m'avoient appris à me modérer.

Les Dauniens aſſemblés demandérent comme l'unique condition de paix, qu'on leur permît de faire un Roi de leur nation, qui pût effacer par ſes vertus l'opprobre dont l'impie Adraſte avoit couvert la Royauté. Ils remercioient les Dieux d'avoir frappé le Tyran; ils venoient en foule baiſer la main de Télémaque, qui avoit été trempée dans le ſang de ce monſtre, & leur défaite étoit pour eux comme un triomphe. Ainſi tomba en un moment, ſans aucune reſſource, cette puiſſance qui menaçoit toutes les autres dans l'Heſpérie, & qui faiſoit trembler tant de peuples. Semblable à ces terreins qui paroiſſent fermes & immobiles, mais que l'on ſappe peu à peu par deſſous; long-tems on ſe moque du foible travail qui en attaque les fondements: rien ne paroît affoibli, tout eſt uni, rien ne s'ebranle; cependant tous les ſoutiens ſouterrains ſont détruits peu à peu juſqu'au moment où tout-à-coup le terrein s'abaiſſe & ouvre un abyme: ainſi une puiſſance injuſte & trompeuſe, quelque proſperité qu'elle ſe procure par ſes violences, creuſe elle-même un précipice ſous ſes pieds. La fraude (1) & l'inhumanité ſappent peu à peu tous les plus ſolides fondements de l'autorité illégitime. On l'admire, on la craint, on tremble devant elle juſqu'au moment où elle n'eſt déjà plus; elle tombe de ſon propre poids, & rien ne la peut relever, parce qu'

(1) La plupart des Succeſſeurs d'Alexandre ne firent que ſe montrer ſur le Trône. L'iſtoire n'a conſervé que le ſouvenir de leurs crimes & de leur chûte.

qu'elle a détruit de ses propres mains les vrais soutiens de la bonne foi & de la justice, qui attirent l'amour & la confiance.

Les Chefs de l'armée s'assemblérent dès le lendemain pour accorder un Roi aux Dauniens. On prenoit plaisir à voir les deux camps confondus par une amitié si inespérée, & les deux armées qui n'en faisoient plus qu'une. Le sage Nestor ne put se trouver dans ce conseil, parce que la douleur jointe à la vieillesse avoit flétri son cœur, comme la pluie abat & fait languir le soir une fleur, qui étoit le matin pendant la naissance de l'aurore, la gloire & l'ornement des vertes campagnes. Ses yeux étoient devenus deux fontaines de larmes qui ne pouvoient tarir. Loin d'eux s'enfuyoit le doux sommeil qui charme les plus cuisantes peines; l'espérance qui est la vie du cœur de l'homme, étoit éteinte en lui. Toute nourriture étoit amere à cet infortuné Vieillard, la lumiere même lui étoit odieuse; son ame ne demandoit plus qu'à quitter son corps, & qu'à se plonger dans l'éternelle nuit de l'Empire de Pluton. Tous ses amis lui parloient en vain, son cœur en défaillance étoit dégoûté de toute amitié, comme un malade est dégoûté des meilleurs aliments. A tout ce qu'on pouvoit lui dire de plus touchant, il ne répondoit que par des gémissements & des sanglots. De tems en tems on l'entendoit dire: O Pisistrate, Pisistrate, Pisistrate, mon fils, tu m'appelles! je te suis, Pisistrate, tu me rendras la mort douce, ô mon cher fils! je ne desire plus pour tout bien que de te revoir sur les rives du Styx. Puis il passoit des heures entieres sans prononcer aucune parole, mais gémissant, & levant les mains & ses yeux noyés de larmes vers le Ciel.

Cependant les Princes assemblés attendoient Télémaque, qui étoit auprès du corps de Pisistrate. Il répandoit sur son corps des fleurs à pleines mains; il y ajoutoit des parfums exquis & versoit des larmes ameres. O mon cher compagnon, lui disoit-il, je n'oublierai jamais de t'avoir vu à Pylos, de t'avoir suivi à Sparte, de t'avoir retrouvé sur les bords de la grande Hespérie.

 Je

Je te dois mille & mille ſoins ; (2) je t'aimois, tu m'aimois auſſi : j'ai connu ta valeur, elle auroit ſurpaſſé celle de pluſieurs Grecs fameux. Hélas ! elle t'a fait mourir avec gloire, mais elle a dérobé au monde une vertu naiſſante qui eût égalé celle de ton pere. Oui, ta ſageſſe & ton éloquence dans un âge mûr auroient été ſemblables à celles de ce Vieillard, l'admiration de toute la Grece. Tu avois dejà cette douce inſinuation, à laquelle on ne pouvoit réſiſter quand tu parlois : ces manieres naïves de raconter, cette ſage modération, qui eſt un charme pour appaiſer les eſprits irrités ; cette autorité qui vient de la prudence & de la force des bons conſeils. Quand tu parlois, tous prêtoient l'oreille, tous étoient prévenus, tous avoient envie de trouver que tu avois raiſon ; ta parole ſimple & ſans faſte couloit dans les cœurs comme la roſée ſur l'herbe naiſſante. Hélas ! tant de biens que nous poſſédions il y a quelques heures, nous ſont enlevés pour jamais. Piſiſtrate, que j'ai embraſſé ce matin, n'eſt plus ; il ne nous en reſte qu'un douloureux ſouvenir. Au moins ſi tu avois fermé les yeux de Neſtor, & non pas que nous euſſions fermé les tiens, il ne verroit pas tout ce qu'il voit, & il ne ſeroit pas le plus malheureux de tous les peres.

Après ces paroles, Télémaque fit laver la plaie ſanglante qui étoit dans le côté de Piſiſtrate. Il le fit étendre ſur un lit de pourpre, où la tête penchée avec la pâleur de la mort, il reſſembloit à un jeune arbre, qui ayant couvert la terre de ſon ombre, & pouſſé vers le Ciel ſes rameaux fleuris, a été entamé par le tranchant de la coignée d'un bûcheron. Il ne tient plus à ſa racine, ni à la terre, mere féconde qui nourrit ſes tiges dans ſon ſein : il languit, ſa verdure s'efface ; il ne peut plus ſe ſoutenir ; il tombe ; ſes rameaux qui ca-

(2) Cet épiſodes des funérailles des Piſiſtrate tient le Lecteur attaché par le ſentiment. La douleur de l'ami eſt caractériſée par des traits qui n'ont rien de commun avec la douleur du pere. Tout contribue à la gloire de Télémaque en faiſant voir combien il eſt ſenſible aux charmes de l'amitié.

cachoient le Ciel, traînent fur la pouffiere, flêtris & defféchés; il n'eft plus qu'un tronc abattu & dépouillé de toutes fes graces. Ainfi Pififtrate en proie à la mort étoit dejà emporté par ceux qui devoient le mettre fur le bûcher fatal. Dejà la flamme montoit vers le Ciel. Une troupe de Pyliens, les yeux baiffés & pleins de larmes, leurs armes renverfées, le conduifoient lentement. Le corps eft bientôt brûlé, les cendres font mifes dans une urne d'or, & Télémaque, qui prend foin de tout, confie cette urne comme un grand tréfor à Callimaque, qui avoit été le gouverneur de Pififtrate. Gardez, lui dit-il, ces cendres triftes, mais précieux reftes de celui que vous avez aimé. Gardez-les pour fon pere; mais attendez à les lui donner quand il aura affez de force pour les demander: ce qui irrite la douleur en un tems, l'adoucit en un autre.

Enfuite Télémaque entra dans l'affemblée des Rois ligués, où chacun garda le filence pour l'écouter, dès qu'on l'apperçut; il en rougit, & on ne pouvoit le faire parler. Les louanges (3) qu'on lui donna par des acclamations publiques fur tout ce qu'il venoit de faire, augmentérent fa honte; il auroit voulu pouvoir fe cacher: ce fut la premiere fois qu'il parut embarraffé & incertain. Enfin, il demanda comme une grace, qu'on ne lui donnât plus aucune louange. Ce n'eft pas, dit-il, que je ne les aime, (4) fur-tout quand elles font données par de fi bons juges de la vertu, mais c'eft que je crains de les aimer trop; elles corrompent les hommes, elles les rempliffent d'eux mêmes, elles les rendent vains & préfomptueux; il faut les mériter & le fuir: les meilleures louanges réffemblent aux fauffes. Les plus méchants de tous les hommes, qui font les tyrans, font ceux qui fe font le plus louer par des flatteurs. Quel plaifir y a-t-il à être loué comme eux?

Les

(3) Comme la flatterie a épuifé toutes les louanges, il ne refte plus d'autre honneur à rendre aux bons Princes, que celui du filence: *qui eft un témoignage authentique de leur modeftie.*

(4) Il fuffit d'être homme pour aimer les louanges, il faut être fage pour les craindre.

Les bonnes louanges sont celles que vous me donnerez en mon absence, si je suis assez heureux pour en mériter. Si vous me croyez véritablement bon, vous devez croire aussi que je veux être modeste & craindre la vanité. Epargnez-moi donc, si vous m'estimez, & ne me louez pas comme un homme amoureux de louanges.

Après avoir parlé ainsi, Télémaque ne répondit plus rien à ceux qui continuoient de l'élever jusqu'au ciel; & par un air d'indifférence il arrêta bientôt les éloges qu'on lui donnoit. On commença à craindre de le fâcher en le louant. Mais l'admiration augmenta; tout le monde sachant la tendresse qu'il avoit témoignée à Pisistrate & les soins qu'il avoit pris de lui rendre les derniers devoirs. Toute l'armée fut plus touchée de ces marques de la bonté de son cœur, que de tous les prodiges de sagesse & de valeur qui venoient d'éclater en lui. Il est sage, il est vaillant, se disoient-ils en secret les uns aux autres: il est l'ami des Dieux & le vrai Héros de notre âge. Il est au dessus de l'humanité; mais tout cela n'est que merveilleux, tout cela ne fait que nous étonner. Il est humain, il est bon, il est ami fidele & tendre; il est compatissant, libéral, bienfaisant, & tout entier à ceux qu'il doit aimer. Il est les délices de ceux qui vivent avec lui: il s'est défait de sa hauteur, de son indifférence & de sa fierté. Voilà ce qui est d'usage: (5) voilà ce qui touche les cœurs, voilà ce qui nous attendrit pour lui, & qui nous rend sensibles à toutes ses vertus: voilà ce qui fait que nous donnerions tous nos vies pour lui.

A peine ces discours furent-il finis, qu'on se hâta de parler de la nécessité de donner un Roi aux Dauniens. La plupart des Princes qui étoient dans le conseil, opinoient qu'il falloit partager entr'eux ce pays, comme une terre conquise. On offrit à Télémaque pour sa part la

(5) L'admiration qu'on a pour les vertus des Héros n'est qu'un hommage forcé, auquel le cœur n'a nulle part, quand ils ne le gagnent pas par leur bonté.

la fertile contrée d'Arpos (*a*), qui porte deux fois l'an les riches dons de Cerés, les doux présents de Bacchus, & les fruits toujours verds de l'olivier consacré à Minerve. Cette terre, lui disoit-on, doit vous faire oublier la pauvre Ithaque, avec ses cabanes & les rochers affreux de Dulichie (*b*), & les bois sauvages de Zacinthe. Ne cherchez plus ni votre pere, qui doit être péri dans les flots au promontoire de Capharée, par la vengeance de Nauplius (*c*), & par la colere de Neptune; ni votre mere que ses amants possédent depuis votre départ; ni votre patrie, dont la terre n'est point favorisée du Ciel, comme celle que nous vous offrons.

Il écoutoit patiemment ces discours: mais les rochers de Thrace & de Thessalie ne sont pas plus sourds ni plus insensibles aux plaintes des amants désespérés, que Télémaque l'étoit à toutes ces offres. Pour moi, répondit-il je ne suis touché ni de richesses, ni de délices. Qu'importe de posséder une plus grande étendue de terre & de commander à un plus grand nombre d'hommes? On n'en a que plus d'embarras & moins de liberté. La vie est assez pleine de malheurs pour les hommes les plus sages & les plus modérés, sans y ajouter encore la peine de gouverner les autres hommes indociles, (6) inquiets, injustes, trompeurs & ingrats. Quand on veut être le maîtres des hommes pour l'amour de soi-même, n'y re-

(a) *Arpos étoit une région de la Pouille Dauniene, dont la Ville capitale se nommoit Argirippa, & Argos Hippium. On en voit encore les ruines entre Lucera & Manfredonia dans la Capitanate.*

(b) *Dulichie, aujourd'hui Tiaki est une petite Isle de la mer de Grece dans le golfe de Pâtra; au levant de l'Isle de Céfalonie.*

(c) *Nauplius, Roi d'Eubée, irrité de ce que les Chefs de l'Armée des Grecs avoient injustement condamné à mort son fils Palamede par les artifices d'Ulysse, mit des feux sur le mont Capharée (aujourd'hui cap de Figera) sur l'Isle d'Eubée qui regarde l'Hellespont, pour y attirer la flotte des Grecs & la faire briser contre les rochers: mais il échoua dans son dessein, parce qu'Ulysse & Diomede prirent une autre route.*

(6) *Vous n'avez point le loisir d'être Roi, si vous n'avez point le loisir de m'entendre*, dit à Philippe une femme que ce Prince refusoit d'écouter.

regardant que sa propre autorité, ses plaisirs & sa gloire; on est impie, on est tyran, on est le fléau du genre humain. Quand au contraire on ne veut gouverner les hommes que selon les vraies regles pour leur propre bien, on est moins leur maître que leur tuteur; on n'en a que de la peine qui est infinie, & on est bien éloigné de vouloir étendre plus loin son autorité. Le berger qui ne mange point le troupeau, qui le défend des loups en exposant sa vie, qui veille nuit & jour pour le conduire dans les bons pâturages, n'a point d'envie d'augmenter le nombre de ses moutons, & d'enlever ceux du voisin; ce seroit augmenter sa peine. Quoique je n'aie jamais gouverné, ajoutoit Télémaque, j'ai appris par les loix & par les hommes sages qui les ont faites, combien il est pénible de conduire les Villes & les Royaumes. Je suis donc content de ma pauvre Ithaque, quoiqu'elle soit petite & pauvre. J'aurai assez de gloire, pourvu que j'y regne avec justice, piété & courage. Encore même n'y régnerai-je que trop tôt. Plaise aux Dieux, que mon Pere échappé à la fureur des vagues, y puisse régner jusqu' à la plus extrême vieillesse, & que je puisse apprendre long-tems sous lui, comme il faut vaincre ses passions pour savoir modérer celles de tout un peuple.

Ensuite Télémaque dit: ecoutez, ô Princes assemblés ici, ce que je crois vous devoir dire pour votre intérêt. Si vous donnez aux Dauniens un Roi juste, il les conduira avec justice; il leur apprendra, combien il est utile de conserver la bonne foi & de n'usurper jamais le bien de ses voisins. C'est ce qu'ils n'ont jamais pu apprendre sous l'impie Adraste. Tandis qu'ils seront conduits par un Roi sage & modéré, vous n'aurez rien à craindre d'eux. Ils vous devront ce bon Roi, que vous leur aurez donné. Ils vous devront la paix, & la prospérité dont ils jouiront. Ces peuples, loin de vous attaquer, vous béniront sans cesse, & le Roi & le Peuple seront l'ouvrage de

vos

vos mains. Si (7) au contraire, vous voulez partager leur pays entre vous, voici les malheurs que je vous prédis. Ce peuple poussé au désespoir recommencera la guerre. Il combattra justement pour sa liberté, & les Dieux ennemis de la tyrannie combattront avec lui. Si les Dieux s'en mêlent, tôt ou tard vous serez confondus, & vos prospérités se dissiperont comme la fumée. Le conseil & la sagesse seront ôtés à vos Chefs, le courage à vos armées, l'abondance à vos terres. Vous vous flatterez, vous serez téméraires dans vos entreprises; vous ferez taire les gens de bien, qui voudront dire la vérité; vous tomberez tout à-coup; & l'on dira de vous: sont-ce donc là ces peuples florissants qui devoient faire la loi à toute la terre? & maintenant ils fuient devant leurs ennemis: ils sont le jouet des Nations qui les foulent aux pieds. Voilà ce que les Dieux ont fait: voilà ce que méritent les peuples injustes, superbes & inhumains.

De plus, considérez que si vous entreprenez de partager entre vous cette conquête; vous réunissez contre vous tous les peuples voisins. Votre ligue formée pour défendre la liberté commune de l'Hespérie contre l'usurpateur Adraste, deviendra odieuse; & c'est vous-mêmes que tous les peuples accuseront avec raison de vouloir usurper la tyrannie universelle. Mais je suppose que vous soyez victoireux, & des Dauniens & de tous les autres peuples. Cetre victoire vous détruira. Voici comment.

Considérez que cette entreprise vous désunira tous; comme elle n'est poin fondée sur la justice, vous n'aurez

(7) C'est ainsi que le Prince de Condé & le Vicomte de Turenne parlérent au Roi qui vouloit garder toutes ses conquêtes de l'année 1672. & les partager avéc le Roi d'Angleterre. Mais le conseil contraire de Louvois ayant prévalu, tout ce qui est prédit ici n'a pas manqué d'arriver. Les Hollandois ont combattu pour leur liberté, le Ciel s'est mêlé de leurs affaires, lorsqu'il a retardé le fléau qui devoit amener les Anglois au Texel; & les prospérités de la France se sont dissipées comme la fumée.

rez point de regle pour borner entre vous les prétentions de chacun. Chacun voudra que sa part de la conquête soit proportionnée à sa puissance ; nul d'entre vous n'aura assez d'autorité parmi les autres pour faire paisiblement ce partage. Voilà la source d'une guerre dont vos petits enfants ne verront pas la fin. (8) Ne vaut-il pas bien mieux être juste & modéré, que de suivre son ambition avec tant de péril & au travers de tant de malheurs inévitables ? La paix profonde, les plaisirs doux & innocents qui l'accompagnent, l'heureuse abondance, l'amitié de ses voisins, la gloire qui est inséparable de la justice, l'autorité qu'on acquiert en se rendant par la bonne foi l'arbitre de tous les peuples étrangers, ne sont-ce pas des biens plus desirables que la folle vanité d'une conquête injuste ? O Princes ! ô Rois ! Vous voyez que je vous parle sans intérêt ? Ecoutez donc celui qui vous aime assez pour vous contredire, & pour vous déplaire en vous représentant la vérité.

Pendant que Télémaque parloit ainsi avec une autorité qu'on n'avoit jamais vue en nul autre, & que tous les Princes étonnés & en suspens admiroienr la sagesse de ses conseils, on entendit un bruit confus qui se répandit dans tout le camp, & qui vint jusqu'au lieu où se tenoit l'assemblée. Un étranger, dit-on, est venu aborder sur ces côtes, avec une troupe d'hommes armés. Cet inconnu est d'une haute mine. Tout paroît héroïque en lui ; on voit aisément qu'il a long-tems souffert, & que son grand courage l'a mis au dessus de toutes ses souffrances. D'abord les peuples du Pays, qui gardent les côtes, ont voulu le repousser comme un ennemi qui vient faire une irruption, mais après avoir tiré son épée, avec un air intrépide, il a dé-

(8) Si le Roi eût usé de plus de modération envers les Hollandois lorsqu'ils lui envoyerent leurs Ambassadeurs à son camp près d'Utrech, il n'auroit pas été obligé d'abandonner toutes ses conquêtes.

déclaré qu'il fauroit fe défendre, fi on l'attaquoit; mais qu'il ne demandoit que la paix & l'hofpitalité. Auffitôt il a préfenté un rameau d'Olivier comme un fuppliant. On l'a écouté; il a demandé à être conduit vers ceux qui gouvernent dans cette côte de l'Hefpérie, & on l'amene ici pour le faire parler aux Rois affemblés.

A peine ce difcours fut-il achevé, qu'on vit entrer cet inconnu avec une majefté qui furprit toute l'affemblée. On auroit cru facilement que c'étoit le Dieu Mars, quand il affemble fur les montagnes de la Trace fes troupes fanguinaires. Il commença à parler ainfi:

O vous, Pafteurs des Peuples, (9) qui êtes fans doute affemblés ici, ou pour défendre la Patrie contre fes ennemis, ou pour faire fleurir les plus juftes loix, écoutez un homme que la fortune a perfécuté. Faffent les Dieux que vous n'éprouviez jamais de femblables malheurs. Je fuis Diomede (*d*) Roi d'Etolie, qui bleffai Vénus au fiege de Troye. La vengeance de cette Déeffe me pourfuit dans tout l'Univers. Neptune qui ne peut rien refufer à la divine fille de la Mer, m'a livré à la rage des vents & des flots, qui ont brifé plufieurs fois mes vaiffeaux contre les écueils. L'inexorable Vénus m'a ôté toute efpérance de revoir mon Royaume, ma famille, & cette douce lumiere du pays où fe commençai à voir le jour en naiffant. Non, je ne reverrai jamais tout ce qui m'a été le plus cher au monde. Je viens après tant de naufrages chercher fur ces rives inconnues un peu de repos & une retraite affurée. Si vous craignez les Dieux, & fur-tout Jupiter qui

(9) C'eft le nom que les ancies Poëtes donnoient aux Rois, & ils exprimoient par ce feul titre tous les devoirs de la royauté.

(d) Diomede: *Fils de Tydée. On dit qu'après Achille & Ajax il fut le plus brave des Grecs au fiege de Troye, où il combattit avec avantage contre Enée & Hector. Il enleva le Palladium, qui étoit une Enfeigne facrée des Troyens.*

qui a ſoin des étrangers : ſi vous êtes ſenſibles à la compaſſion, ne me refuſez pas dans ces vaſtes pays quelque coin de terre infertile, quelques déſerts, quelques ſables, ou quelques rochers eſcarpés pour y fonder avec mes compagnons une Ville qui ſoit du moins une triſte image de notre patrie perdue. Nous ne demandons qu'un peu d'eſpace qui vous ſoit inutile. Nous vivrons en paix avec vous dans une étroite alliance. Vos ennemis ſeront les notres ; nous entrerons dans tous vos intérêts ; nous ne demandons que la liberté de vivre ſelon nos loix.

Pendant que Diomede parloit ainſi, Télémaque ayant les yeux attachés ſur lui, montra ſur ſon viſage toutes les différentes paſſions. Quand Diomede commença à parler de ſes longs malheurs, il eſpéra que cet homme majeſtueux feroit ſon Pere. Auſſi-tôt qu'il eut déclaré qu'il étoit Diomede, le viſage de Télémaque ſe flétrit comme une belle fleur que le noirs Aquilons viennent de ternir de leur ſouffle cruel. Enſuite les paroles de Diomede qui ſe plaignoit de la longue colere d'une Divinité, l'attendrirent par le ſouvenir des mêmes diſgraces ſouffertes par ſon Pere & par lui. Des larmes mêles de douleur & de joie coulérent ſur ſes joues, & il ſe jetta tout-à-coup ſur Diomede pour l'embraſſer.

Je ſuis, dit-il, le fils d'Ulyſſe que vous avez connu, & qui ne vous fut pas inutile quand vous prîtes les chevaux fameux de Rhéſus (*e*). Les Dieux l'ont traitê comme vous ſans pitié. Si les Oracles de l'Erebe (*f*) ne ſont pas trompeurs, il vit encore ; mais hélas !

(e) Rheſus. *Roi de Thrace, lequel vint au ſecours des Troyens, contre les Grecs ; mais ayant été trahi par Dolon, ſoldat Troyen, il fut tué dès la priemiere nuit par Diomede & Ulyſſe ; ainſi ſes chevaux blancs ne purent boire du fleuve Xanthus, ni paître dans les campagnes de Troye ; ce qui devoit ſe faire, afin que Troye fût imprenable, ſelon l'Oracle.* Homere.

(f) Erebe *eſt nommé par les Poëtes Dieu des Enfers, né du Chaos & de Ténebres, & époux de la nuit.*

las! il ne vit point pour moi. J'ai abandonné Ithaque pour le chercher; je ne puis revoir maintenant ni Ithaques ni, lui. Jugez par mes malheurs de la compassion que j'ai pour les autres. L'avantage qu'il y a d'être malheureux, (10) c'est qu'on sait compatir aux peines d'autrui. Quoique je ne sois ici qu'étranger, je puis, ô grand Diomede, (car malgré les miseres, qui ont accablé ma patrie dans mon enfance, je n'ai pas été assez mal élevé pour ignorer quelle est votre gloire dans les combats:) je puis, ô les plus invincible de tous les Grecs, après Achille, vous procurer quelque secours. Ces Princes que vous voyez sont humains. Ils savent qu'il n'y a ni vertu, ni vrai courage, ni gloire solide sans l'humanité. Le malheur ajoute un nouveau lustre à la gloire des grands hommes. Il leur manque quelque chose, quand ils n'ont jamais été malheureux. Il manque dans leur vie des exemples de patience & de fermeté; la vertu souffrante attendrit tous les cœurs qui ont quelque goût pour la vertu. Laissez-nous donc le soin de vous consoler, puisque les Dieux vous menent à nous. C'est un présent qu'ils nous font, & nous devons nous croire heureux de pouvoir adoucir vos peines.

Pendant qu'il parloit, Diomede étonné le regardoit fixement, & sentoit son cœur tout ému. Ils s'embrassoient comme s'ils avoient été long-tems liés d'une amitié étroite. O digne fils du sage Ulysse, disoit Diomede, je reconnois en vous la douceur de son visage, la grace de ses discours, la force de son éloquence, la noblesse de ses sentiments, & la sagesse de ses pensées.

Cependant Philoctete embrassa aussi le grands fils de Tydée. Ils se racontoient leurs tristes aventures. Ensuite

(10) C'est la traduction de ce vers de Virgile:

Non ignara mali, miseris succurrere disco.

Ce que dit Télémaque est une imitation du discours de Didon aux compagnons d'Enée dans le premier livre de l'Enéide.

te Piloctete lui dit : sans doute vous serez bien aise de revoir le sage Nestor ; il vient de perdre Pisistrate le dernier de ses enfants ; il ne lui reste plus dans la vie qu'un chemin de larmes qui le mene vers le tombeau. Venez le consoler. Un ami malheureux (11) est plus propre à soulager son cœur.

Ils allérent aussi-tôt dans la tente de Nestor, qui reconnut à peine Diomede, tant la tristesse abattoit son esprit & ses sens. D'abord Diomede pleura avec lui, & leur entrevue fut pour le Vieillard un redoublement de douleur ; mais peu à peu la présence de cet ami appaisa son cœur. On reconnut aisément que ses maux étoient un peu suspendus, par le plaisir de raconter ce qu'il avoit souffert, & d'entendre à son tour ce qui étoit arrivé à Diomede.

Pendant qu'ils s'entretenoient, les Rois assemblés avec Télémaque examinoient ce qu'ils devoient faire. Télémaque leur conseilloit de donner à Diomede le pays d'Arpi (g), & de choisir pour Roi des Dauniens Polydamas qui étoit de leur nation. Ce Polydamas étoit un fameux Capitaine qu'Adraste par jalousie n'avoit jamais voulu employer, de peur qu'on n'attribuât à cet homme habile le succès dont il espéroit d'avoir seul toute la gloire. Polydamas l'avoit souvent averti en particulier qu'il exposoit trop sa vie, & le salut de son état dans cette guerre contre tant de Nations conjurées. Il l'avoit voulu engager à tenir une conduite plus droite & plus modérée avec ses voisins. Mais les hommes qui haïssent la vérité, haïssent aussi les gens qui ont la hardiesse de la dire. Ils ne sont touchés, ni de leur sincérité, ni de leur zele, ni de leur désintéressement. Une prospérité trompeuse endurcissoit le cœur d'Adraste contre les plus salutaires conseils ; en ne les suivant pas, il triomphoit tous les jours de ses en-

(11) Solamen miseris socios habuisse malorum.

(g) *Le pays d'Arpi est le même que celui d'Arpos dont il a été parlé ci-devant.*

ennemis. La hauteur, la mauvaise foi, la violence mettoient toujours la victoire dans son parti. Tous les malheurs dont Polydamas l'avoit si long-tems menacé, n'arrivoient pas. Adraste se moquoit d'une sagesse timide, qui prévoyoit toujours des inconvénients. Polydamas lui étoit insupportable; il l'éloigna de toutes les charges. Il le laissa languir dans la solitude & dans la pauvreté.

D'abord Polydamas fut accablé de cette disgrace, mais elle lui donna ce qui lui manquoit, en lui ouvrant les yeux sur la vanité des grandes fortunes. Il devint sage à ses dépens. Il se réjouit d'avoit été malheureux. Il apprit peu à peu à souffrir, à vivre de peu, à se nourrir tranquillement de la vérité, & à cultiver en lui les vertus secretes, qui sont encore plus estimables que les éclatantes; enfin, à se passer des hommes. Il demeura au pied du mont Gargan (*h*) dans un désert, où un rocher en demi-voûte lui servoit de toit. Un ruisseau qui tomboit de la montagne, appaisoit sa soif; quelques arbres lui donnoient leurs fruits. Il avoit deux esclaves qui cultivoient un petit champ; il travailloit lui-même avec eux de ses propres mains. (12) La terre le payoit de ses peines avec usure, & ne le laissoit manquer de rien. Il avoit non seulement des fruits & des légumes en abondance, mais encore toutes sortes de fleurs odoriférantes. Là il déploroit le malheur des peuples, que l'ambition insensée d'un Roi entraîne à leur perte. Là il attendoit chaque jour que les Dieux justes, quoique patients, fissent tomber Adraste. Plus sa prospérité croissoit, plus il croyoit voir de près sa chûte irrémédiable; car l'imprudence heureu-

(h) *Montagne de la Pouille dans le Royaume de Naples, près de la Ville Episcopale de Siponte*, ou Monte di Santo Angelo.

(12) C'est dans une pareille situation qu'étoit Abdolomin lorsqu'Alexandre le prit sur le trône de Didon. *Rien ne m'a manqué, quand je n'ai rien possédé*; dit le nouveau Roi en pensant aux douceurs de sa premiere condition.

reuſe dans ſes fautes, & (13) la puiſſance montée juſqu'au denier excès de l'autorité abſolue, ſont les avant-coureurs du renverſement (14) des Rois & des Royaumes. Quand il apprit la défaite & la mort d'Adraſte, il ne témoigna aucune joie, ni de l'avoir prévue, ni d'être délivré de ce Tyran; il gémit ſeulement par la crainte de voir les Dauniens dans la ſervitude.

Voilà l'homme que Télémaque propoſa pour faire régner. Il y avoit déjà quelque tems qu'il connoiſſoit ſon courage & ſa vertu; car Télémaque, ſelon les conſeils de Mentor, ne ceſſoit de s'informer par-tout des qualités bonnes & mauvaiſes de toutes les perſonnes qui étoient dans quelque emploi conſidérable, non ſeulement parmi les nations alliées qui ſervoient en cette guerre, mais encore chez les ennemis. Son principal ſoin étoit de découvrir, & d'examiner par-tout les hommes (15) qui avoient quelque talent, ou une vertu particuliere.

Les Princes alliés eurent d'abord quelque répugnance à mettre Polydamas dans la Royauté. Nous avons éprouvé, diſoient-ils, combien un Roi des Dauniens, quand il aime la guerre, & qu'il ſait la faire, eſt redoutable à ſes voiſins. Polydamas eſt un grand Capitaine, & il peut nous jetter dans de grands périls. Mais Télémaque leur répondit: Polydamas, (16) il eſt vrai, ſait la guerre: mais il aime la paix, & voilà les deux cho-

(13) Jamais cette maxime ne s'eſt mieux vérifiée qu'en la perſonne de Louis XIV, ce qui ſembloit devoir affermir pour jamais ſa puiſſance, l'a précipitée tout-à-coup par un étrange renverſement.

(14) Plus on eſt élevé, plus on eſt en danger de tomber. *Tac.*

(15) C'eſt de toutes les ſciences la plus inſtructive & peut-être la plus difficile. Il faut encore plus de pénétration pour connoître les autres que pour ſe connoître ſoi-même.

(15) C'eſt le Prince de Conti élu Roi de Pologne en 1697. Louis XIV, l'éloigna de toutes les charges & le laiſſa languir dans la ſolitude comme il eſt dit plus haut de Polydamas, parce qu'il avoit refuſé d'épouſer une fille naturelle du Roi & qu'il avoit fait des railleries de ce Monarque pendant le voyage qu'il fit en Hongrie, n'étant encore que prince de la Roche-ſur-Yon.

choses qu'il faut souhaiter. Un homme qui connoît les malheurs, les dangers & les difficultés de la guerre, est bien plus capable de l'éviter, qu'un autre qui n'en a aucune expérience. Il a appris à goûter le bonheur d'une vie tranquille. Il a condamné les entreprises d'Adraste; il en a prévu les suites funestes. Un Prince foible, & ignorant, est plus à craindre pour vous qu'un homme qui connoîtra & qui décidera tout par lui-même (17). Le Prince foible, ignorant & sans expérience ne verra que par les yeux d'un favori pessionné, ou d'un Ministre flatteur, inquiet & ambitieux. Ainsi ce Prince aveugle s'engagera à la guerre sans la vouloir faire. Vous ne pourrez jamais vous assurer de lui, car il ne pourra être sûr de lui-même. Il vous manquera de parole; il vous réduira bientôt à cette extrêmité, qu'il faudra, ou que vous le fassiez périr, ou qu'il vous accable. N'est il pas plus utile, plus sûr, & en même tems plus juste, & plus noble de répondre fidélement à la confiance des Dauniens, & de leur donner un Roi digne de commander?

Toute l'assemblée fut persuadée par ces discours. On alla proposer Polydamas aux Dauniens, qui attendoient une réponse avec impatience. Quand ils entendirent le nom de Polydamas, ils répondirent: Nous reconnoissons bien maintenant que les Princes alliés veulent agir de bonne foi avec nous, & faire une paix éternelle, puisqu'ils nous veulent donner pour Roi un homme si vertueux & si capable de nous gouverner. Si on nous eût proposé un homme lâche, efféminé & mal instruit, nous aurions cru, qu'on ne cherchoit qu'à nous abattre & qu'à corrompre la forme de notre gouvernement; nous aurions conservé en secret un vif ressentiment d'une conduite si dure & si artificieuse: mais le choix de Polydamas nous montre une

(17) Comme Ulysse même n'a pas pu tout savoir, il a eu besoins d'être instruit & assisté par de bons & fideles Ministres.

une véritable candeur. Les Alliés sans doute n'attendent rien de nous que de juste & de noble : puisqu'ils nous accordent un Roi, qui est incapable de faire rien contre la liberté & contre la gloire de notre Nation. Aussi pouvons-nous protester à la face des justes Dieux que les fleuves remonteront vers leurs sources, avant que nous cessions d'aimer des Rois si bien-faisants. Puissent nos derniers Neveux se ressouvenir du bienfait que nous recevons aujourd'hui, & renouveller de génération en génération la paix de l'âge d'or dans toute la côte de l'Hespérie.

Télémaque leur proposa ensuite de donner à Diomede les campagnes d'Arpi, pour y fonder une colonie. Ce nouveau peuple, leur disoit-il, vous devra son établissement dans un pays que vous n'occupez point. Souvenez-vous, que tous les hommes doivent s'entr'aimer ; que la terre est trop vaste pour eux ; qu'il faut bien avoir des voisins, & qu'il vaut mieux en avoir qui vous soient obligés de leur établissement. Soyez touchés du malheur d'un Roi, qui ne peut retourner dans son pays. Polydamas & lui étant unis ensemble par les liens de la justice & de la vertu, qui sont les seuls durables, vous entretiendront dans une paix profonde, & vous rendront redoutables à tous les peuples voisins qui penseroient à s'agrandir. Vous voyez, ô Dauniens, que nous avons donné à votre terre un Roi capable d'en élever la gloire jusqu'au Ciel ; donnez aussi, puisque nous vous le demandons, une terre qui vous est inutile, à un Roi qui est digne de toutes sortes de secours.

Les Dauniens répondirent qu'ils ne pouvoient rien refuser à Télémaque, puisque c'étoit lui qui leur avoit procuré Polydamas pour Roi. Aussi-tôt ils partirent pour l'aller chercher dans son désert, & pour le faire régner sur eux. Avant que de partir, ils donnérent les fertiles plaines d'Arpi à Diomede pour y fonder un nouveau Royaume. Les Alliés en furent ravis, parce que cette colonie des Grecs pourroit secourir puissamment

ment le parti des Alliés, si jamais les Dauniens vouloient renouveller les usurpations, dont Adraste avoit donné le mauvais exemple. Tous les Princes ne songérent qu'à se séparer. Télémaque les larmes aux yeux partit avec sa troupe, après avoir embrassé tendrement le vaillant Dioméde, le sage & inconsolable Nestor, & le fameux Philoctete, digne héritier des fleches d'Hercule.

Fin du vintg-uniéme Livre.

SOMMAIRE
DU
LIVRE VINGT-DEUXIEME.

TE'LE'MAQUE arrivant à Salente est surpris de voir la campagne si bien cultivée & de trouver si peu de magnificence dans la ville. Mentor lui explique les raisons de ce changement, lui fait remarquer les défauts qui empêchent d'ordinaire un Etat de fleurir, & lui propose pour modele la conduite, & le gouvernement d'Idomenée. Télémaque ouvre ensuite son cœur à Mentor sur son inclination d'épouser Antiope fille de ce Roi. Mentor en loue avec lui les bonnes qualités, l'assure que les Dieux la lui destinent; mais que présentement il ne doit songer qu'à partir pour Ithaque, & qu'à délivrer Pénélope des poursuites de ses prétendants.

LIVRE VINGT-DEUXIEME.

LE jeune fils d'Ulyſſe brûloit d'impatience de retrouver Mentor à Salente, & de s'embarquer avec lui pour revoir Ithaque, où il eſpéroit que ſon pere ſeroit arrivé. Quand il s'approcha de Salente, il fut bien étonné de voir toute la campagne des environs, qu'il avoit laiſſée preſque inculte & déſerte, cultivée comme un jardin & pleine d'ouvriers diligents. Il reconnut l'ouvrage & la ſageſſe de Mentor. (1) Enſuite entrant dans la ville, il remarqua qu'il y avoit moins d'artiſans pour les délices de la vie, & beaucoup moins de magnificence : Télémaque en fut choqué, car il aimoit na-

(1) Le changement n'étonne point les Lecteur qui ſait que Minerve préſidoit à cet ouvrage. L'Auteur ne fait jamais entrer le merveilleux aux dépens du vraiſemblable.

naturellement toutes les choses qui ont de l'éclat & de la politesse ; mais, d'autres pensées occupérent aussi-tôt son esprit : il vit de loin venir à lui Idomenée avec Mentor. Aussi-tôt son cœur fut ému de joie & de tendresse ; malgré tous les succès qu'il avoit eus dans la guerre contre Adraste, il craignoit que Mentor ne fût pas content de lui, & à mesure qu'il s'avançoit, il cherchoit dans les yeux de Mentor pour voir s'il n'avoit rien à se reprocher.

D'abord Idomenée embrassa Télémaque comme son propre fils, ensuite Télémaque se jetta au cou de Mentor, & l'arrosa de ses larmes. Mentor lui dit : Je suis content de vous ; vous avez fait de grandes fautes ; mais elles vous ont servi à vous connoître, & à vous défier de vous-même. Souvent ont tire plus de fruit de ses fautes que de ses belles actions. Les grandes actions enflent le cœur, & inspirent une présomption dangereuse. Les fautes font rentrer l'homme en lui-même, & lui rendent la sagesse qu'il avoit perdue dans les bons succès. Ce qui vous reste à faire, c'est de louer les Dieux, (2) & de ne vouloir pas que les hommes vous louent. Vous avez fait de grandes choses, mais avouez la vérité, ce n'est guere vous, par qui elles ont été faites. N'est-il pas vrai, qu'elles vous sont venues comme quelque chose d'étranger qui étoit mis en vous ? N'étiez-vous pas capable de les gâter & par votre promptitude, & par votre imprudence ? Ne sentez-vous pas que Minerve vous a comme transformé en un autre homme au dessus de vous-même pour faire par vous ce que vous avez fait ? Elle a tenu tous vos défauts en suspens, comme Neptune, quand il appaise les tempêtes & suspend les flots irrités.

Pendant qu'Idomenée interrogeoit avec curiosité les Crétois qui étoient revenus de la guerre, Télémaque écoutoit ainsi les sages conseils de Mentor. Ensuite il regardoit avec étonnement de tous côtés, & disoit à Mentor : Voici un changement, dont je ne comprends

pas

(2) Cette maxime renferme tous les devoirs d'un homme qui n'est redevable qu'à son mérite d'une grande prospérité.

pas bien la raison. Est-il arrivé quelque calamité à Salente pendant mon absence? D'où vient qu'on n'y remarque plus cette magnificence qui éclatoit par-tout avant mon départ? Je ne vois plus ni or, ni argent, ni pierres précieuses; les habits sont simples, les bâtiments qu'on y fait, sont moins vastes & moins ornés; les arts languissent; la Ville est devenue une solitude.

Mentor lui répondit en souriant : avez-vous remarqué l'état de la campagne autour de la ville? Oui, reprit Télémaque, j'ai vu par-tout le labourage en honneur, & les champs défrichés. Lequel vaut mieux, ajouta Mentor, ou une ville superbe en marbre, en or & en argent, avec une campagne négligée & stérile, ou une campagne cultivée & fertile, avec une ville médiocre & modeste dans ses mœurs? Une grande ville fort peuplée d'artisans occupés à amollir les mœurs par les délices de la vie, quand elle est entourée d'un royaume pauvre & mal cultivé, ressemble à un monstre dont la tête est d'une grosseur énorme, & dont tout le corps exténué & privé de nourriture n'a aucune proportion avec cette tête. C'est le nombre du peuple, & l'abondance des aliments, qui forme la vraie force, & la vraie richesse d'un royaume. Idomenée a présentement un peuple innombrable, & infatigable dans le travail, qui remplit toute l'étendue de son pays; tout son pays n'est plus qu'une seule ville; Salente n'en est que le centre. Nous avons transporté de la ville dans la campagne les hommes, qui manquoient à la campagne, & qui étoient superflus à la ville. De plus nous avons attiré dans ce pays beaucoup de peuples étrangers. Plus ces peuples se multiplient, plus ils multiplient les fruits de la terre par leur travail. Cette multiplication si douce & si paisible augmente plus un royaume, qu'aucune conquête. On n'a rejetté de cette ville que les arts superflus, qui détournent les pauvres de la culture de la terre pour les vrais besoins, & qui corrompent les riches, en les jettant dans le faste & dans la mollesse : mais nous n'avons fait aucun tort aux beaux arts, ni aux hommes qui ont un vrai génie pour les cultiver.

 Ainsi

Ainsi Idomenée est beaucoup plus puissant qu'il ne l'étoit quand vous admiriez sa magnificence. Cet éclat éblouissant cachoit une foiblesse & une misere qui eussent bientôt renversé son empire; maintenant il a un plus grand nombre d'hommes, & il les nourrit plus facilement. Ces hommes accoutumés au travail, à la peine & au mépris de la vie par l'amour des bonnes loix, sont tous prêts à combattre pour défendre les terres cultivées de leurs propres mains. Bientôt cet état que vous croyez déchu, sera la merveille de l'Hespérie.

Souvenez-vous, ô Télémaque, qu'il y a deux choses pernicieuses dans le gouvernement des peuples, auxquelles on n'apporte presque jamais aucun remede. La premiere est une autorité injuste & trop violente dans les Rois. La seconde est le luxe, qui corrompt les mœurs. Quand les Rois s'accoutument à ne connoître plus d'autres loix que leurs volontés absolues, & qu'ils ne mettent plus de frein à leurs passions, ils peuvent tout; mais à force de tout pouvoir, ils sappent le fondement de leur puissance; ils n'ont plus de regles certaines, ni de maximes de gouvernement; chacun à l'envi les flatte; ils n'ont plus de peuples; il ne leur reste que des esclaves, dont le nombre diminue chaque jour. Qui leur dira la vérité? Qui donnera des bornes au torrent? Tout cede, les sages s'enfuient, se cachent, & gémissent. Il n'y a qu'une révolution soudaine & violente, qui puisse ramener dans son cours naturel cette puissance débordée. Souvent même le coup qui pourroit la modérer, l'abat sans ressource. Rien ne menace tant d'une chûte funeste, qu'une autorité qu'on pousse trop loin. Elle est semblable à un arc trop tendu, qui se rompt enfin tout à coup, si l'on ne le relâche: mais qui estce qui osera le relâcher? Idomenée étoit gâté jusqu'au fond du cœur par cette autorité si flatteuse. Il avoit été renversé de son trône; mais il n'avoit pas été détrompé. Il a fallu que les Dieux nous aïent envoyés ici pour le désabuser de cette puissance aveugle & outrée, qui ne convient poin à des hommes. Encore

a-t-il

a-t-il fallu des especes de miracles pour lui ouvrir les yeux. L'autre mal presque incurable est le luxe. Comme la trop grande autorité empoisonne les Rois, le luxe empoisonne toute une Nation. On dit que le luxe sert à nourrir les pauvres aux depens de riches; comme si les pauvres ne pouvoient pas gagner leur vie plus utilement, en multipliant les fruits de la terre, sans amollir les riches par des rafinements de volupté Toute une nation s'accoutume à regarder comme des nécessités de la vie, les choses superflues; ce sont tous les jours de nouvelles nécessités qu'on invente; & on ne peut plus se passer des choses qu'on ne connoissoit pas trente ans auparavant. Ce luxe s'appelle bon goût, perfection des arts, & politesse de la nation. Ce vice qui en attire une infinité d'autres, est loué comme une vertu; (3) il répand sa contagion jusqu'aux derniers de la lie du peuple. Les proches parents du Roi veulent imiter sa magnificence, les grands celle des parents du Roi; les gens médiocres veulent égaler les grands: car qui est-ce qui se fait justice? Les petits veulent passer pour médiocres. Tout le monde fait plus qu'il ne peut; les uns par faste, & pour se prévaloir de leurs richesses; les autres par mauvaise honte, & pour cacher leur pauvreté. Ceux mêmes qui sont assez sages pour condamner un si grand désordre (4), ne le sont pas assez pour oser lever la tête les premiers, & pour donner des exemples contraires. Toute une nation se ruine; toutes les conditions se confondent. La passion d'acquérir du bien, pour soutenir une vaine dépense, corrompt les ames les plus pures; il n'est plus question que d'être riche; la pauvréte est une infamie. Soyez sa-

(3) Voilà l'état de la France dépeint dans ce qui précede & dans ce qui suit. On a vu la campagne déserte, pendant que Paris étoit dans la magnificence. Toute la Nation s'est ruinée pour vouloir imiter les grands amollis par l'exemple du Roi; & ce luxe général, joint aux énormes dépenses de la guerre, a plongé tout le Royaume dans la misere où il est à présent.

(4) Quel est le sage qui osera se soulever contre les usages de sa nation? C'est beaucoup pour lui de les condamner: & s'il s'érige en réformateur, il a tout à craindre pour sa réputation.

ſavant, habile, vertueux, inſtruiſez les hommes, gagnez des batailles, ſauvez la patrie, ſacrifiez tous vos intérêts, vous êtes mépriſé, ſi vos talents ne ſont relevés par le faſte. Ceux mêmes qui n'ont pas de bien, veulent paroître en avoir; ils dépenſent comme s'ils en avoient: on emprunte, on trompe, on uſe de mille artifices indignes pour parvenir. Mais qui remédiera à ces maux? Il faut changer le goût & les habitudes de toute une nation. Il faut lui donner de nouvelles loix. Qui le pourra entreprendre, ſi ce n'eſt un Roi Philoſophe, qui ſache par l'exemple de ſa propre modération faire honte à tous ceux qui aiment une dépenſe faſtueuſe, & encourager les ſages, qui ſeroient bien aiſes d'être autoriſés dans une honnête frugalité?

Télémaque écoutant ce diſcours, étoit comme un homme qui revient d'un profond ſommeil; il ſentoit la vérité de ces paroles, & elles ſe gravoient dans ſon cœur comme un ſavant Sculpteur imprime les traits qu'il veut ſur le marbre, enſorte qu'il lui donne de la tendreſſe, de la vie & du mouvement. Télémaque ne répondit rien: mais repaſſant tout ce qu'il venoit d'entendre, il parcouroit des yeux le choſes qu'on avoit changées dans la ville; enſuite il diſoit à Mentor:

Vous avez fait d'Idomenée les plus ſage de tous les Rois; je ne connois plus ni lui, ni ſon peuple. J'avoue même que ce que vous avez fait ici eſt infiniment plus grand que les victoires que nous venons de remporter. Le hazard & la force ont beaucoup de part aux ſuccès de la guerre. Il faut que nous partagions la gloire des combats avec nos ſoldats; mais tout votre ouvrage ne vient que d'une ſeule tête. Il a fallu que vous ayez travaillé ſeul contre un Roi & contre tout ſon peuple pour le corriger. Ces ſuccès de la guerre ſont toujours funeſtes & odieux. Ici tout eſt l'ouvrage d'une ſageſſe céleſte, tout eſt doux, tout eſt pur, tout eſt aimable, tout marque une autorité qui eſt au deſſus de l'homme: quand les hommes veulent de la gloire, que ne la cherchent-ils dans cette application à faire du bien? O qu'ils s'entendent mal en gloire, d'en eſpérer une ſolide de, en ravageant la terre, & en répandant le ſang humain!

Mentor montra ſur ſon viſage une joie ſenſible de voir Télémaque ſi déſabuſé des victoires & des conquêtes, dans un âge où il étoit ſi naturel, qu'il fût enivré de la gloire qu'il avoit acquiſe.

Enſuite Mentor ajouta: il eſt vrai que tout ce que vous voyez ici eſt bon & louable; mais ſachez qu'on pourroit faire des choſes encore meilleures. Idomenée modere ſes paſſions, & s'applique à gouverner ſon peuple; mais il ne laiſſe pas de faire encore bien des fautes, qui ſont les ſuites malheureuſes de ſes fautes anciennes. Quand les hommes veulent quitter le mal, le mal ſemble encore les pourſuivre. Long-tems il leur reſte de mauvaiſes habitudes, un naturel affoibli, des erreurs invétérées, & des préventions preſque incurables. Heureux ceux qui ne ſe ſont jamais égarés! Ils peuvent faire le bien plus parfaitement. Les Dieux, ô Télémaque, vous demanderont plus qu'à Idomenée, parce que vous avez connu la vérité dès votre jeuneſſe, & que vous n'avez jamais été livré aux ſéductions d'une trop grande proſpérité.

Idomenée, continuoit Mentor, eſt ſage & éclairé; mais il s'applique trop au détail, & ne médite pas aſſez le gros de ſes affaires pour former des plans. L'habileté d'un Roi qui eſt au deſſus des hommes, ne conſiſte pas à faire tout par lui-même. C'eſt une vanité groſſiere (5) que d'eſpérer d'en venir à bout, ou de vouloir perſuader au monde qu'on en eſt capable. Un Roi doit gouverner, en choiſiſſant & en conduiſant ceux qui gouvernent ſous lui. Il ne faut pas qu'il faſſe le détail; car c'eſt faire la fonction de ceux qui ont à travailler ſous lui. Il doit

(5) Louis XIV. eut cette vanité: il voulut perſuader au monde qu'il faiſoit tout par lui-même après la mort du Cardinal Mazarin: il eſt vrai qu'il travailloit avec Louis & Colbert; mais ces deux Miniſtres lui donnoient le plain des affaires tout dreſſé, & il avoit tout l'honneur du travail ſans en avoir la peine. Il étoit excellent pour travailler en ſecond, appliqué, exact, infatigable, capable de bien exécuter, mais très-peu de penſer.

doit ſeulement s'en faire rendre compte, & en ſavoir aſſez pour entrer dans ce compte avec diſcernement. C'eſt merveilleuſement gouverner, (6) que de choiſir & d'appliquer ſelon leurs talents les gens qui gouvernent. Le ſuprême & parfait gouvernement conſiſte à gouverner ceux qui gouvernent : il faut les obſerver, les éprouver, les modérer, les corriger, les animer, les élever, les rabaiſſer, les changer de places, & les tenir toujours dans la main. Vouloir examiner tout par ſoi-même, c'eſt défiance, c'eſt petiteſſe, c'eſt ſe livrer à une jalouſie pour les détails qui conſument le tems & la liberté d'eſprit, néceſſaires pour les grandes choſes. Pour former de grands deſſeins, il faut avoir l'eſprit libre & repoſé : il faut penſer à ſon aiſe dans un entier dégagement de toutes les expéditions d'affaires épineuſes. Un eſprit épuiſé par la détail eſt comme la lie du vin, qui n'a plus ni force ni délicateſſe. Ceux qui gouvernent par le détail, ſont toujours déterminés par le préſent, ſans étendre leurs vues ſur un evenir éloigné. Ils ſont toujours entraînés par l'affaire du jour où ils ſont, & cette affaire étant ſeule à les occuper, elles les frappe trop, elle retrécit leur eſprit ; car on ne juge ſainement des affaires que quand on les compare toutes enſemble, & qu'on les place toutes dans un certain ordre, afin qu'elles aient de la ſuite & de la proportion. Manquer à ſuivre cette regle dans le gouvernement, c'eſt reſſembler à un Muſicien qui ſe contenteroit de trouver des tons harmonieux, & qui ne ſe mettroit point en peine de les unir, & de les accorder pour en compoſer une muſique douce & touchante. C'eſt reſſembler auſſi à un Architecte qui croit avoir tout fait, pourvu qu'il aſſemble de grandes colomnes & beaucoup de pierres bien taillées, ſans penſer à l'ordre, & à la proportion des ornements de ſon édifice. Dans le tems qu'il fait

(6) Louis XIV ne parut gouverner merveilleuſement que parce qu'il étoit ſecondé par les deux Miniſtres dont nous venons de parler qui poſſédoient ſupérieurement la ſcience du détail. Auſſi lon voyoit dans le gouvernement cette harmonie parfaite que Mentor vente ſi fort à Télémaque.

fait un sallon, il ne prévoit pas qu'il faudra faire un escalier convenable ; quand il travaille au corps du bâtiment, il ne songe ni à la cour ni au portail. Son ouvrage n'est qu'un assemblage confus de parties magnifiques qui ne sont point faites les unes pour les autres. Cet ouvrage loin de lui faire honneur, est un monument qui éternisera sa honte : car il fait voir que l'ouvrier n'a pas su penser avec assez d'étendue, pour concevoir à la fois le dessein général de tout son ouvrage. C'est un caractere d'esprit court & subalterne. Quand on est né avec ce génie borné au détail, on n'est propre qu'à exécuter sous autrui. (7) N'en doutez pas, ô mon cher Télémaque, le gouvernement d'un royaume demande une certaine harmonie comme la musique, & de justes proportions comme l'architecture.

Si vous voulez que je me serve encore de la comparaison de ces arts, je vous ferai entendre, comment les hommes, qui gouvernent par le détail, sont médiocres. Celui qui dans un concert ne chante que certaines choses, quoiqu'il les chante parfaitement, n'est qu'un chanteur. Celui qui conduit tout le concert, & qui en regle à la fois toutes les parties, est le seul maître de Musique. Tout de même celui qui taille les colonnes, ou qui éleve un côté du bâtiment, n'est qu'un maçon ; mais celui qui a pensé tout lédifice, & qui en a toutes les proportions dans sa tête, est le seul Architecte. Ainsi ceux qui travaillent, qui expédient, & qui font le plus d'affaires, sont ceux qui gouvernent le moins : ils ne sont que les ouvriers subalternes. Le vrai génie qui conduit l'état, est celui, qui ne faisant rien, fait tout faire ; qui pense, qui invente, qui pénetre dans l'avenir, qui retourne dans le passé, qui arrange, qui proportionne, qui prépare de loin, qui se roidit sans cesse pour lutter contre la fortune, comme un nageur contre le torrent de

(7) C'est la raison pour laquelle Louis XIV n'a jamais rien fait par lui-même : tout son bonheur est venu d'avoir eu de bons ministres ; non qu'il ne fût peut-être, né avec de meilleures dispositions, mais parce qu'elles furent bornées par l'éducation qui est une seconde nature.

de l'eau, qui est attentif nuit & jour pour ne laisser rien au hazard.

Croyez-vous, Télémaque, qu'un grand peintre travaille assidument depuis le matin jusqu'au soir pour expédier plus promptement ses ouvrages? Non, cette gêne & ce travail servile éteindroient tout le feu de son imagination; il ne travailleroit plus de génie. Il faut que tout se fasse irréguliérement & par saillies, suivant que son goût le mene, & que son esprit l'excite. Croyez-vous qu'il passe son tems à broyer des couleurs, & à préparer des pinceaux? Non, c'est l'occupation de ses éleves. Il se réserve le soin de penser; il ne songe qu'à faire des traits hardis, qui donnent de la noblesse, de la vie, & de la passion à ses figures. Il a dans la tête les pensées, & les sentiments des Héros qu'il veut représenter. Il se transporte dans les siecles & dans toutes les circonstances où ils ont été. A cette espece d'enthousiasme il faut qu'il joigne une sagesse qui le retienne, que tout soit vrai, correct, & proportionné l'un à l'autre. Croyez-vous, Télémaque, qu'il faille moins d'élévation de génie, & d'effort de pensées pour faire un grand Roi, que pour faire un bon Peintre? Concluez donc que l'occupation d'un Roi doit être de penser, de former de grands projets, & de choisir les hommes propres à exécuter sous lui.

Télémaque lui répondit: il me semble que je comprends tout ce que vous me dites; mais si les choses alloient ainsi, un Roi seroit souvent trompé n'entrant point par lui-même dans le détail. C'est vous-même qui vous trompez, repartit Mentor. Ce qui empêche qu'on ne soit trompé, c'est la connoissance générale du gouvernement. Les gens qui n'ont point de principes dans les affaires, & qui n'ont point de vrai discernement des esprits, vont toujours comme à tâtons. C'est un hazard quand ils ne se trompent pas. Ils ne savent pas même précisément ce qu'ils cherchent, ni à quoi ils doivent tendre: ils ne savent que se défier, & se défient plutôt des honnêtes gens qui les contredisent, que des trompeurs qui les flattent. Au contraire ceux qui ont des prin-

principes pour le gouvernement, & qui se connoissent en hommes, savent ce qu'ils doivent chercher en eux, & les moyens d'y parvenir: Ils reconnoissent du moins en gros, si les gens dont ils se servent, sont des instruments propres à leurs desseins, & s'ils entrent dans leur vues pour tendre au but qu'ils se proposent. D'ailleurs comme ils ne se jettent point dans les détails accablants, ils ont l'esprit plus libre pour envisager d'une seule vue le gros de l'ouvrage & pour observer s'il s'avance vers la fin principale. S'ils sont trompés, du moins ils ne le sont guere dans l'essentiel. Ils sont outre cela au dessus des petites jalousies, qui marquent un esprit borné & une ame basse. Ils comprennent qu'on ne peut éviter d'être trompé dans les grandes affaires, (8) puisqu'il faut s'y servir des hommes, qui sont si souvent trompeur. On perd plus dans l'irrésolution où jette la défiance, qu'on ne perdroit à se laisser un peu tromper. On est trop heureux, quand on n'est trompé que dans les choses médiocres, les grandes ne laissent pas de s'acheminer, & c'est la seule chose, dont un grand homme doit être en peine. Il faut réprimer sévérement la tromperie, quand on la découvre; mais il faut compter sur quelque tromperie si l'on ne veut point être véritablement trompé. Un artisans dans sa boutique voit tout de ses propres yeux, & fait tout de ses propres mains; mais un Roi dans un grand Etat ne peut tout faire, ni tout voir. Il ne doit faire que les choses que nul autre ne peut faire sous lui. Il ne doit voir, que ce qui entre dans la décision des choses importantes.

Enfin Mentor dit à Télémaque: les Dieux vous aiment, & vous préparent un regne plein de sagesse. Tout ce que vous voyez ici, est fait, moins pour la gloire d'Idomenée, que pour votre instruction. Tous les sages établissements, que vous admirez dans Salente,

(8) Le plus grand de tous les abus, dit un Auteur célebre, c'est de vouloir les réformer tous. Il est des maux nécessaires qu'on tolere dans un sage gouvernement.

te, ne ſont que l'ombre de ce que vous ferez un jour à Ithaque, (9) ſi vous répondez par vos vertus à votre haute deſtinée. Il eſt tems que nous ſongions à partir d'ici. Idomenée tient un vaiſſeau prêt pour notre retour.

Auſſitôt Télémaque ouvrit ſon cœur à ſon ami, mais avec quelque peine, ſur un attachement qui lui faiſoit regretter Salente. Vous me blâmerez peut-être, lui dit-il, de prendre trop facilement des inclinations dans les lieux où je paſſe ; mais mon cœur me feroit de continuels reproches, ſi je vous cachois que j'aime Antiope (a) fille d'Idomenée. Non, mon cher Mentor, ce n'eſt point une paſſion aveugle, comme celle dont vous m'avez guéri dans l'Isle de Calypſo. J'ai bien reconnu la profondeur de la plaie que l'amour m'avoit faite auprès d'Eucharis : Je ne puis encore prononcer ſon nom ſans être troublé. Le tems & l'abſence n'ont pu l'effacer. Cette expérience funeſte m'apprend à me défier de moi-même. Mais pour Antiope, ce que je reſſens n'a rien de ſemblable. Ce n'eſt point amour paſſionné, c'eſt goût, c'eſt eſtime, c'eſt perſuaſion. Que je ſerois heureux, ſi je paſſois ma vie avec elle ! Si jamais les Dieux me rendent mon pere, & qu'ils me permettent de choiſir une femme, Antiope ſera mon épouſe. Ce qui me touche en elle, c'eſt ſon ſilence, ſa modeſtie, ſa retraite, ſon travail aſſidu, ſon induſtrie pour

(9) C'eſt ainſi que Mr. de Fenelon parloit à ſon Eleve, deſtiné à remplir le Trône du Roi ſon Aïeul. Toutes ces inſtructions, tous ces exemples ne tendoient qu'à former en lui un bon Roi.

(a) Antiope : *Statura Virginis eminentior erat reliquis, coma illi copioſa, & aures laminis ſimiles, quas non retrorſum miſerat, ſed auro gemmiſque incluſerat ; Frons alta, ſpatiique decentis, nulla infecta ruga, ſupercilia in arcum tenſa, pilis paucis nigriſque debito intervallo disjuncta, oculi tanto ſplendore nitentes, ut in ſolis modum reſpicientium intuitus hebetarent ; his illa & occidere, quem voluit, poterat, & mortuos, cum licuiſſet, in vitam revocare ; naſus in filum directus, roſeas genas æquabili menſura diſcriminabat, quæ cùm virgo riſit, in parvam utrinque dehiſcebant foveam, os parvum decenſque, labra corallini coloris, dentes parvuli, & in ordinem diſpoſiti ex Cryſtallo videbantur, lingua non ſermonem, ſed ſuaviſſimam movebat harmoniam, Non Helenam pulchriorem fuiſſe crediderat Telemachus, quo die Paridem in Convivium accepit Menelaus.*

pour les ouvrages de laine & de broderie, son application à conduire toute la maison de son pere depuis que sa mere est morte, son mépris des vaines parures, l'oubli & l'ignorance même, qui paroît en elle de sa beauté. Quand Idomenée lui ordonne de mener les danses des jeunes Crétoises au son des flûtes, on la prendroit pour la riante Vénus, tant elle est accompagnée de graces. Quand il la mene avec lui à la chasse dans les forêts, elle paroît majestueuse & adroite à tirer de l'arc, comme Diane au milieu de ses Nymphes. Elle seule ne le sait pas, & tout le monde l'admire. Quand elle entre dans le Temple des Dieux, & qu'elle porte sur la tête les choses sacrées dans des corbeilles, on croiroit qu'elle est elle-même la Divinité, qui habite dans le Temple. Avec quelle crainte & quelle religion l'avons-nous vue offrir des sacrifices & détourner la colere des Dieux, quand il a fallu expier quelque faute, ou détourner quelque funeste présage. Enfin, quand on la voit avec une troupe de filles tenant en sa main une aiguille d'or, on croit que c'est Minerve même, qui a pris sur la terre une forme humaine, & qui inspire aux hommes les beaux arts. Elle anime les autres à travailler, elle leur adoucit le travail & l'ennui par les charmes de sa voix, lorsqu'elle chante toutes les merveilleuses histoires des Dieux : elle surpasse la plus exquise peinture par la délicatesse de ses broderies. Heureux l'homme qu'un doux hymen unira avec elle ! Il n'aura à craindre que de la perdre & de lui survivre.

Je prends ici, mon cher Mentor, les Dieux à témoins, que je suis prêt à partir. J'aimerai Antiope tant que je vivrai, mais elle ne retardera pas d'un moment mon retour en Ithaque. Si un autre la devoit posséder, je passerois le reste de mes jours avec tristesse & amertume : mais enfin je la quitterai, quoique je sache que l'absence peut me la faire perdre. Je ne veux ni lui parler, ni parler à son Pere de mon amour, car je ne dois en parler qu'à vous seul, jusqu'à ce qu'Ulysse remonté sur son trône, m'ait déclaré qu'il y consent. Vous pouvez reconnoître par-là, mon cher Mentor, combien cet attachement est différent de la passion, dont vous m'avez vu aveuglé pour Eucharis.

Mentor répondit : ô Télémaque, je conviens de cette différence ; Antiope est douce, simple, sage, ses mains ne méprisent point le travail ; elle prévoit de loin ; elle pourvoit à tout ; elle sait se taire, & agit de suite sans empressement. Elle est à toute heure occupée, & ne s'embarrasse jamais, parce qu'elle fait chaque chose à propos. Le bon ordre de la maison de son Pere est sa gloire ; (10) elle en est plus ornée que de sa beauté. Quoiqu'elle ait soin de tout, & qu'elle soit chargée de corriger, de refuser, d'épargner (choses qui font haïr presque toutes le femmes) elle s'est rendue aimable à toute la maison. C'est qu'on ne trouve en elle ni passion, ni entêtement, ni légéreté, ni humeur, comme dans les autres femmes : d'un seul regard elle se fait entendre, & on craint de lui déplaire ; elle donne des ordres précis. Elle n'ordonne que ce qu'on peut exécuter, elle reprend avec bonté, & en reprenant, elle encourage. Le cœur de son pere se repose sur elle, comme un voyageur abattu par les ardeurs du soleil, se repose à l'ombre sur l'herbe tendre. Vous avez raison, Télémaque, Antiope est un trésor digne d'être recherché dans les terres les plus éloignées. Son esprit non plus que son corps ne se pare jamais de vains ornements. Son imagination, quoique vive, est retenue ; elle ne parle que pour la necessité, & si elle ouvre la bouche, la douce persuasion, & les graces naïves coulent de ses levres. Dès qu'elle parle, tout le monde se tait, & elle en rougit. Peu s'en faut qu'elle ne supprime ce qu'elle a voulu dire, quand elle s'apperçoit qu'on l'écoute si attentivement. A peine l'avons-nous entendu parler. (11)

Vous souvenez-vous, ô Télémaque, d'un jour que son

(10) Il ne manquoit plus à Télémaque que la gloire si rare d'être sage dans ses amours. Le portrait d'Antiope est fait d'après les principes établis par l'Auteur dans son traité de l'éducation des filles.

(11) Tout ce portrait convient à Marie-Therese d'Autriche Infante

son Pere la fit venir ? Elle parut les yeux baissés, couverte d'un grand voile, & elle ne parla que pour modérer la colere d'Idomenée, qui vouloit faire punir rigoureusement un de ses esclaves. D'abord elle entra dans sa peine ; puis elle le calma, enfin elle lui fit entendre ce qui pouvoit excuser ce malheureux, & sans faire sentir au Roi qu'il s'étoit trop emporté, elle lui inspira des sentiments de justice & de compassion. Thétis, quand elle flatte le vieux Nérée, n'appaise pas avec plus de douceur les flots irrités. Ainsi Antiope, sans prendre aucune autorité, & sans se prévaloir de ses charmes, maniera un jour le cœur de son époux, comme elle touche maintenant sa lyre, quand elle en veut tirer les plus tendres accords. Encore une fois, Télémaque, votre amour pour elle est juste. Les Dieux vous la destinent ; vous l'aimez d'un amour raisonnable. Il faut attendre qu'Ulysse vous la donne. Je vous loue de n'avoir pas voulu lui découvrir vos sentiments : mais sachez que si vous eussiez pris quelques détours pour lui apprendre vos desseins, elle les auroit rejettés, & auroit cessé de vous estimer. Elle ne se promettra jamais à personne ; elle se laissera donner par son Pere ; elle ne prendra jamais pour époux qu'un homme qui craigne les Dieux & qui remplisse toutes les bienséances. Avez-vous observé comme moi, qu'elle se montre encore moins, & qu'elle baisse plus les yeux depuis votre retour ? Elle sait tout ce qui vous est arrivé d'heureux dans la guerre ; elle n'ignore ni votre naissance, ni vos aventures, ni tout ce que les Dieux ont mis en vous : c'est ce qui la rend si modeste & si réservée. Allons, Télémaque, allons vers Ithaque ; il ne me reste plus qu'à vous faire trouver votre Pere, & qu'à vous mettre en état d'obtenir une épouse digne de l'âge d'or.

Fût-

te d'Espagne destinée à être l'épouse de Louis XIV. C'est ainsi qu'en parla le Maréchal de Grammont au retour de son Ambassade au nom du Roi, & il dit entre autres choses qu'à peine il l'avoit entendu parler. La suite a justifié ce caractere : la Reine étoit une princesse très-bonne & très-vertueuse.

Fût-elle bergere dans la froide Algide, (*b*) au lieu qu'elle est fille d'un Roi de Salente, vous serez trop heureux de la posséder.

(b) *Algidum oppidum Latii veteris inter Tusculum & Albanum montem, quem Horatius gelidum & nivalem vocat.* V. Strabo.

Fin du vingt-deuxieme Livre.

SOMMAIRE
DU
LIVRE VINGT-TROISIEME.

IDOMENÉE craignant le départ de ses deux Hôtes, représente à Mentor qu'il ne pouvoit régler sans lui le différend qui s'étoit élevé entre Diophanes, Prêtre de Jupiter Conservateur, & Héliodore, Prêtre d'Apollon. Mentor lui explique comment il doit se comporter dans cette occasion. Il lui prouve qu'il doit laisser la décision de cette question aux interpretes des Dieux. Il lui trace ensuite la conduite qu'il doit tenir à l'égard des procès des différents particuliers, & sur-tout il lui conseille de ne pas ôter aux peres & aux meres la liberté de se choisir leurs gendres, & de ne pas forcer, par certains mariages mal assortis, de riches héritieres à prendre des époux qui, quoique d'une naissance distinguée, ne seroient peut-être pas de leur goût. Idomenée propose ensuite à Mentor l'embarras où il est de terminer la querelle qui s'est élevée entre lui & les Sibarites. Mentor lui persuade de s'en tenir à la décision d'un arbitre. Idomenée voyant que tous les moyens de se conserver les deux étrangers, lui échappoient, essaie de les re-

tenir par un lien plus fort. Il tâche d'exciter la passion de Télémaque pour Antiope. Dans cette vue il la fait chanter plusieurs fois pendant des festins ; mais Télémaque évite ce piege. Le Roi ne pouvant par cette voie réussir dans son dessein, prend enfin la résolution de les engager dans une partie de chasse, où il veut que sa fille se trouve. Elle y seroit infailliblement déchirée par un sanglier, sans Télémaque qui la sauve du péril. Télémaque sent ensuite beaucoup de répugnance à la quitter & à prendre congé d'Idomenée, mais encouragé par Mentor, il surmonte sa peine, & s'embarque pour sa Patrie.

LIVRE VINGT-TROISIEME.

IDomenée qui craignoit le départ de Télémaque & de Mentor, ne songeoit qu'à le retarder. Il représenta à Mentor, qu'il ne pouvoit régler sans lui un différend, qui s'étoit élevé entre Diophanes Prêtre de Jupiter Conservateur, & Héliodore Prêtre d'Apollon, sur les présages qu'on tire du vol des oiseaux, & des entrailles des victimes. Pourquoi, lui répondit Mentor, vous mêleriez-vous des choses sacrées? (1) Laissez-en la décision aux Etruriens, qui ont la Tradition des plus anciens Oracles, & qui sont inspirés pour être

(1) Voici qui confirme ce que l'on a dit ci-devant qu'Idomenée est la figure de Charles I, & de Jacques II, Rois d'Angleterre. L'affaire de la Lithurgie & de l'Episcopat dont le premier voulut être l'arbitre, & les changements que le second vouloit introduire dans la religion & dans le gouvernement, furent ce qui les renversa du Trône.

N 4

être les interpretes des Dieux. Employez seulement votre autorité à étouffer ces disputes dès leur naissance. Ne montrez ni partialialité, ni prévention ; contentez-vous d'appuyer la décision, quand elle sera faite. Souvenez vous qu'un Roi doit être soumis à la Religion, & qu'il ne doit jamais entreprendre de la régler. (2) La Religion vient des Dieux ; elle est au dessus de Rois. (3) Si les Rois se mêlent de la Religion, au lieu de la protéger, ils la mettront en servitude. Les Rois sont si puissants, & les autres hommes sont si foibles, que tout sera en péril (4) d'être altéré au gré des Rois, si on les fait entrer dans les questions qui regardent les choses sacrées. Laissez-donc en pleine liberté la décision aux amis des Dieux, & bornez-vous à réprimer ceux qui n'obéiront pas à leur jugement, quand il aura été prononcé.

Ensuite Idomenée se plaignit de l'embarras, où il étoit, sur un grand nombre de procès, entre divers particuliers, qu'on le pressoit de juger. Décidez, lui répondoit Mentor, toutes les questions nouvelles, qui vont à établir des maximes générales de Jurisprudence, & à intrepréter les Loix : mais ne vous chargez jamais de juger les causes particulieres ; elles viendroient toutes en foule vous assiéger. Vous seriez l'unique juge de votre peuple. Tous les autres juges, qui sont sous vous, deviendroient inutiles ; vous seriez accablé, & les petites affaires vous déroberoient aux grandes, sans que vous pussiez suffire à regler le détail des petites. Gardez-vous donc bien de vous jetter dans cet embarras. Ren-

(2) Il n'est point de personnage plus étranger à un Prince que celui de Docteur. Les Portugais augurérent mal du regne de Sébastien, quand ils virent ce jeune Prince argumenter avec force à toutes les Theses qu'on soutenoit à Lisbonne, & mettre sa gloire à primer dans de tels combats.

(3) C'est ce qui est arrivé en France : la Religion Réformée y a été mise en servitude par une autorité usurpée injustement, jusqu'à ce qu'elle ait été bannie ensuite par une proscription encore plus injuste.

(4) C'est ce qui a mis l'Angleterre en trouble, & ce qui a commencé à brouiller la France dès le tems de M. de Fenelon, tant à l'occasion de son livre des MAXIMES DES SAINTS, qu'à l'occasion des cinq propositions.

Renvoyez les affaires des particuliers aux Juges ordinaires. Ne faites que ce que nul autre ne peut faire pour vous soulager, vous ferez alors les véritables fonctions de Roi.

On me presse encore, disoit Idomenée, de faire certains mariages. Les personnes d'une naissance distinguée, qui m'ont suivi dans toutes les guerres, & qui ont perdu de très-grands biens en me servant, voudroient trouver une espece de récompense (5) en épousant certaines filles riches. Je n'ai qu'un mot à dire pour leur procurer ces établissements.

Il est vrai, répondoit Mentor, qu'il ne vous en coûteroit qu'un mot; mais ce mot lui-même vous coûteroit trop cher. Voudriez-vous ôter aux peres & aux meres la liberté & la consolation de choisir leurs gendres, & par conséquent leurs héritiers? Ce seroit mettre toutes les familles dans le plus rigoureux esclavage. Vous vous rendriez responsable de tous les malheurs domestiques de vos citoyens. Les mariages ont assez d'épines sans leur donner encore cette amertume. Si vous avez des serviteurs fideles à récompenser, (6) donnez-leur des terres incultes, ajoutez-y des rangs & des honneurs proportionnés à leur condition & à leurs services. Ajoutez-y, s'il le faut, quelqu'argent pris par vos épargnes sur les fonds destinés à votre dépense; mais ne payez jamais vos dettes en sacrifiant les filles riches, malgré leur parenté.

Idomenée passa bientôt de cette question à une autre. Les Sibarites, (a) disoit-il, se plaignent de ce que nous avons usurpé des terres qui leur appartiennent, & de

(5) On blâme ici quantité de mariages forcés que le Roi a fait faire par son autorité ou pour récompenser ses Officiers, ou pour placer certaines filles qui ne lui avoient pas déplu avant leur mariage.

(6) Un prince qui est liberal aux dépens d'autrui, se rend odieux par ses bienfaits.

(a) *Les Sibarites étoient les peuples de l'ancienne Sibari, Ville de la grande Grece en Italie, qui étoit si puissante, qu'elle avoit sous sa domination vingt-cinq autres Villes avec leurs dépendances. Cette Ville fut ruinée par les Crotoniates, & l'on en voit encore les ruines sous le nom de* Sibari Rovinata *dans la Calabre Citérieure.*

(7) & de ce que nous les avons données, comme des champs à déchiffrer aux étrangers, que nous avons attirés depuis peu ici. Céderai-je à ces peuples! Si je le fais, chacun croira qu'il n'a qu'à former des prétentions sur nous.

Il n'est pas juste, répondit Mentor, de croire les Sibarites dans leur propre cause. Mais il n'est pas juste aussi de vous croire dans la votre. Qui croirons-nous donc, repartit Idomenée? Il ne faut croire, poursuivit Mentor, aucune des deux parties; mais il faut prendre pour arbitre un peuple voisin, qui ne soit suspect d'aucun côté. Tels sont les Sipontins. (b) Ils n'ont aucun intérêt contraire au votre. Mais suis-je obligé, répondit Idomenée, à croire quelque arbitre? Ne suis-je pas Roi? Un Souverain est-il obligé à se soumettre à des étrangers sur l'étendue de sa domination?

Mentor reprit ainsi le discours: Puisque vous voulez tenir ferme, il faut que vous jugiez, que votre droit est bon. D'un autre côté les Sibarites ne relâchent rien; ils soutiennent que leur droit est certain. Dans cette opposition de sentiments, il faut qu'un arbitre choisi par les parties vous accommode, ou que le sort des armes décide. Il n'y a point de milieu. Si vous entriez dans une République, où il n'y eût ni Magistrats, ni Juges, & où chaque famille se crût en droit de se faire justice à elle-même par violence sur toutes ses prétentions contre ses voisins, vous déploreriez (8) le malheur d' une telle nation, & vous auriez horreur de cet affreux désor-

(7) Ceci regarde encore les réunions faites en vertu des Chambres de Brisac & de Metz; mais particuliérement l'invasion de plusieurs places que le Roi prit aux Pays-bas en 1681, en pleine paix. Les Espagnols s'en plaignirent: le Roi vouloit retenir Alost, ou avoir Luxembourg: il prit le Roi d'Angleterre, pour Arbitre & attaqua néanmoins Luxembourg peu après. Add.

(b) Sipontins: *Siponte Ville ruinée d'Italie dans le Royaume de Naples; elle a été autre-fois considérable, mais les courses des Sarrasins dans le VIII siecle, les tremblements de terre, & la mauvaise intelligence des habitants ont contribué à sa ruine.*

(8) Telle étoit la barbarie de notre nation dans les premiers tems de la Monarchie. Les guerres entre les Seigneurs ne faisoient de tout le Royaume qu'un vaste champ de bataille, & il est extraordinaire qu'un auteur sensé semble regretter une telle forme de gouvernement.

désordre, où toutes les familles s'armeroient les unes contre les autres. Croyez-vous, que les Dieux regardent avec moins d'horreur le monde entier, qui est la République universelle, si chaque peuple, qui n'y est que comme une grande famille, se croit en plein droit de se faire par violence justice à soi-même sur toutes ses prétentions contre les autres peuples voisins? Un particulier qui possède un champ, comme l'héritage de ses Ancêtres, ne peut s'y maintenir que par l'autorité des Loix, (9) & par le jugement des Magistrats. Il seroit très-sévérement puni comme séditieux, s'il vouloit conserver par la force ce que la justice lui a donné.

Croyez-vous, que les Rois puissent d'abord employer la violence pour soutenir leurs prétentions, sans avoir tenté toutes les voies de douceur & d'humanité? La justice n'est-elle pas encore plus sacrée, & plus inviolable pour les Rois, par rapport à des pays entiers, que pour les familles par rapport à quelques champs labourés? Seroit-on injuste & ravisseur, quand on ne prend que quelques arpents de terre? Sera-t-on juste, sera-t-on Héros, quand on prend des Provinces? Si on se prévient, si on se flatte, si on s'aveugle dans les petits intérêts des particuliers, ne doit-on pas encore plus craindre de se flatter & de s'aveugler sur les grands intérêts d'Etat? Se croira-t-on soi-même dans une matiere, où l'on a tant de raisons de se défier de soi? Ne craindra-t-on point de se tromper dans des cas où l'erreur d'un seul homme a des conséquences affreuses? L'erreur d'un Roi qui se flatte sur ses prétentions, cause souvent des ravages, des famines, des massacres, des pertes, des dépravations de mœurs, dont les effets funestes s'étendent jusques dans les siecles les plus reculés. Un Roi qui assemble toujours tant de flatteurs autour de lui, ne craindra-t-il point d'être flatté en ces occasions? S'il convient de quelque arbitre pour terminer le

(9) Un bon Prince ne doit jamais user de son pouvoir dans les affaires, qui peuvent être réglées par les voies ordinaires de la Justice. *Tacite.*

le différend, il montre son équité, sa bonne foi, sa modération. (10) Il publie les solides raisons, sur lesquelles sa cause est fondée. L'arbitre choisi est une Médiateur amiable, & non un juge de rigueur. On ne se soumet pas aveuglément à ses décisions, mais on a pour lui une grande déférence. Il ne prononce pas une sentence en juge souverain, mais il fait des propositions, & on sacrifie quelque chose par ses conseils pour conserver la paix. Si la guerre vient, malgré tous les soins qu'un Roi prend pour conserver la paix, il a du moins alors pour lui le témoignagne de sa conscience, l'estime de ses voisins, & la juste protection des Dieux. Idomenée touché de ce discours, consentit que les Sipontins fussent médiateurs entre lui & les Sibarites.

Alors le Roi voyant que tous les moyens de retenir les deux étrangers lui échappoient, essaya de les arrêter par un lien plus fort. Il avoit remarqué que Télémaque aimoit Antiope, & il espéra de le prendre par cette passion. Dans cette vue il la fit chanter plusieurs fois pendant des festins. Elle le fit pour ne désobéir pas à son Pere, mais avec tant de modestie & de tristesse, qu'on voyoit bien la peine qu'elle souffroit en obéissant. Idomenée alla jusqu'à vouloir qu'elle chantât la victoire remportée sur les Dauniens & sur Adraste; mais elle ne put se résoudre à chanter les louanges de Télémaque. Elle s'en défendit avec respect, & son Pere n'osa la contraindre. Sa voix douce & touchante pénétroit le cœur du jeune fils d'Ulysse; il étoit tout ému. Idomenée qui avoit les yeux attachés sur lui, jouissoit du plaisir de remarquer son trouble; mais Télémaque ne faisoit pas semblant d'appercevoir le dessein du Roi. Il ne pouvoit s'empêcher en ces occasions

(10) Le Roi publia les raisons sur lesquelles ses prétentions étoient fondées; mais loin de s'en rapporter à un arbitre, il les appuya du droit du Canon; & si des Avocats payés par Louvois travaillérent pour la forme à les établir, ce ne fut que pour lui donner gain de cause, sans seulement ouir les Parties.

sions d'être fort touché ; mais la raison étoit en lui au dessus du sentiment, & ce n'étoit plus ce même Télémaque, qu'une passion tyrannique avoit autrefois captivé dans l'Isle de Calypso. Pendant qu'Antiope chantoit, il gardoit un profond silence. Dès qu'elle avoit fini, il se hâtoit de tourner la conversation sur quelque autre matiere.

Le Roi ne pouvant par cette voie réussir dans son dessein, prit enfin la résolution de faire une grande chasse, dont il voulut donner le plaisir à sa fille. Antiope pleura, ne voulant point y aller ; mais il fallut exécuter l'ordre de son pere. Elle monte un cheval écumant, fougueux, & semblable à ceux que Castor domtoit pour les combats ; elle le conduit sans peine : une troupe de jeunes filles la suit avec ardeur ; elle paroît au milieu d'elles, comme Diane dans les forêts. Le Roi la voit, & il ne peut se lasser de la voir. En la voyant il oublie tous les malheurs passés. Télémaque la voit aussi ; il est encore plus touché de la modestie d'Antiope, que de son adresse, & de toutes ses graces.

Les chiens poursuivoient un sanglier d'une grandeur énorme, & furieux comme celui de Calydon. (c) Ses longues soies étoient dures & hérissées comme des dards ; ses yeux étincellants étoient pleins de sang & de feu ; son soufle se faisoit entendre de loin, comme le bruit sourd des vents seditieux, quand Eole les rapppelle dans son antre pour appaiser les tempêtes ; ses défenses longues & crochues, comme la faux tranchante des moissonneurs, coupoient le tronc des arbres. Tous les chiens qui osoient en approcher, étoient déchirés. Les plus hardis chasseurs en le poursuivant craignoient de l'atteindre. Antiope légere à la course comme les vents, ne craignit point de l'attaquer de près ; elle lui lance un trait, qui le perce au dessus de l'épaule.

(c) Calydon : *ville d'Etolie qui a donné son nom à cette forêt, où les Poëtes feignent, que Méléagre tua un sanglier prodigieux.*

le. Le sang de l'animal farouche ruisselle, & les rend plus furieux; il se tourne vers celle qui l'a blessé. Aussi-tôt le cheval d'Antiope malgré sa fierté frémit & recule. Le sanglier monstrueux s'élance contre lui, semblable aux pesantes machines qui ébranlent les murailles des plus fortes villes. Le Coursier chancelle, & est abattu. (11) Antiope se voit par terre hors d'état d'éviter le coup fatal de la défense du sanglier animé contre elle; mais Télémaque attentif au danger d'Antiope, étoit déja descendu de cheval plus prompt que les éclairs; il se jette entre le cheval abattu, & le sanglier, qui revient pour venger son sang; il tient dans ses mains un long dard, & l'enfonce presque tout entier dans le flanc de l'horrible animal, qui tombe plein de rage.

A l'instant Télémaque en coupe la hure, qui fait encore peur, quand on la voit de près, & qui étonne tous les chasseurs: il la présente à Antiope; elle en rougit; elle consulte des yeux son pere, qui après avoir été saisi de frayeur, est transporté de joie de la voir hors de péril, & lui fait signe qu'elle doit accepter ce don. En le prenant elle dit à Télémaque: je reçois de vous avec reconnoissance un autre don plus grand, car je vous dois la vie.

A peine eut-elle parlé, qu'elle craignit d'avoir trop dit. Elle baissa les yeux; & Télémaque qui vit son embarras, n'osa lui dire que ces paroles: Heureux le fils d'Ulysse d'avoir conservé une vie si précieuse! Mais plus heureux encore, s'il pouvoit passer la sienne auprès de vous! Antiope sans lui répondre (12) rentra brusquement dans la troupe de ses jeunes compagnes, où elle remonta à cheval.

Ido-

(11) Ceci regarde peut-être une partie de chasse où Louis XIV. mena Madame de la Valiere en Amazone, & où elle fit une chûte dont le Roi fut fort affligé.

(12) Les mœurs du siecle s'accordent si peu avec la retenue d'Antiope, qu'on trouvera sans doute quelque chose de sauvage dans son caractere. Mais l'Auteur étoit persuadé qu'une jeune personne n'est vertueuse qu'autant qu'elle craint d'exposer sa vertu.

Idomenée auroit dès ce moment promis sa fille à Télémaque; mais il espéra d'enflammer davantage sa passion, en le laissant dans l'incertitude, & crut même le retenir encore à Salente par le desir d'assurer son mariage. Idomenée raisonnoit ainsi en lui-même : mais les Dieux se jouent de la sagesse des hommes. Ce qui devoit retenir Télémaque, fut précisément ce qui le pressa de partir. Ce qu'il commençoit à sentir, le mit dans une juste defiance de lui-même. Mentor redoubla ses soins pour lui inspirer un desir impatient de s'en retourner à Ithaque; il pressa en même tems Idomenée de le laisser partir.

Le vaisseau étoit dejà prêt. Ainsi Mentor qui régloit tous les moments de la vie de Télémaque pour l'élever à la plus haute gloire, ne l'arrêtoit en chaque lieu, qu'autant qu'il le falloit pour exercer sa vertu, & pour lui faire acquérir de l'expérience.

Mentor avoit eu soin de faire préparer le vaisseau dès l'arrivée de Télémaque: mais Idomenée, qui avoit eu beaucoup de répugnance à le voir préparer, tomba dans une tristesse mortelle & dans une désolation à faire pitié, lorsqu'il vit que ses deux hôtes, dont il avoit tiré tant de secours, alloient l'abandonner; il se renfermoit dans les lieux les plus secrets de sa maison; là il soulageoit son cœur en poussant des gémissements, & en versant des larmes; il oublioit le soin de se nourrir. Le sommeil n'adoucissoit plus ses cuisantes peines; il se desséchoit, il se consumoit par ses inquiétudes: semblable à un grand arbre qui couvre la terre de l'ombre de ses rameaux épais, & dont un ver commence à ronger la tige dans les canaux déliés où la seve coule pour sa nourriture; cet arbre que les vents n'ont jamais ébranlé, que la terre féconde se plaît à nourrir dans son sein, & que la hache du laboureur a respecté, ne laisse pas de languir sans qu'on puisse découvrir la cause de son mal; il se flétrit, il se dépouille de ses feuilles qui font sa gloire: il ne montre plus qu'un tronc couvert d'une écorce entr'ouverte & de ses branches seches. Tel parut Idomenée dans sa douleur.

Télémaque attendri n'osoit lui parler. Il craignoit le jour du départ. Il cherchoit des prétextes pour le retarder, & il seroit demeuré long-tems dans cette incertitude, si Mentor ne lui eût dit : Je suis bien aise de vous voir si changé. Vous êties né dur & hautain, votre cœur ne se laissoit toucher que de vos commodités & de vous intérêts ; mais vous êtes enfin devenu homme, & vous commencez par l'expérience de vos maux à compatir à ceux des autres. Sans cette compassion on n'a ni bonté, ni vertu, ni capacité pour gouverner les hommes. Mais il ne faut pas la pousser trop loin, ni tomber dans une amitié foible. Je parlerois volontiers à Idomenée pour le faire consentir à votre départ, & je vous épargnerois l'embarras d'une conversation si fâcheuse ; mais je ne veux point que la mauvaise honte, & la timidité dominent votre cœur. Il faut que vous vous accoutumiez à mêler le courage & la fermeté avec une amitié tendre & sensible. Il faut craindre d'affliger les hommes sans nécessité : il faut entrer dans leur peines, quand on ne peut éviter de leur en faire, & adoucir le plus qu'on peut le coup qu'il est impossible de leur épargner entiérement. C'est pour chercher cet adoucissement, répondit Télémaque, que j'aimerois mieux qu'Idomenée apprît notre départ par vous que par moi.

Mentor lui dit aussi-tôt : Vous vous trompez, mon cher Télémaque ; vous êtes né comme les enfants des Rois, nourris dans la pourpre, qui veulent que tout se fasse à leur mode, & que toute la nature obéisse à leurs volontés ; mais qui n'ont pas la force de résister à personne en face. Ce n'est pas qu'ils se soucient des hommes, ni qu'ils craignent par bonté de les affliger ; mais c'est pour leur propre commodité : ils ne veulent point voir autour d'eux des visages tristes & mécontents. Les peines & les miseres des hommes ne les touchent point, pourvu qu'elles ne soient pas sous leurs yeux. S'ils en entendent parler, ce discours les importune & les attriste : pour leur plaire, il faut toujours leur dire que tout va bien, & pendant qu'ils sont dans leurs plaisirs, ils ne veu-

veulent rien voir ni entendre qui puisse interrompre leur joie. Faut-il reprendre, corriger, détromper quelqu'un, résister aux passions, & aux prétentions injustes d'un homme importun? Ils en donneront toujours la commission à quelqu'autre personne plutôt que de parler eux-mêmes avec une douce fermeté. Dans ces occasions ils se laisseroient plutôt arracher les graces les plus injustes; ils gâteroient les affaires les plus importantes, faute de savoir décider contre le sentiment de ceux avec qui ils ont à faire tous les jours. Cette foiblesse qu'on sent en eux, fait que chacun ne songe qu'à s'en prévaloir: on les presse, on les importune, ont les accable, & on réussit en les accablant. D'abord on les flatte, & on les encense pour s'insinuer; mais dès qu'on est dans leur confiance, & qu'on est auprès d'eux dans les emplois de quelque autorité, on les mene loin, on leur impose le joug; ils en gémissent; ils veulent souvent le secouer, mais ils le portent toute leur vie: (13) Ils sont jaloux de ne paroître point gouvernés, & ils le sont toujours. Ils ne peuvent même se passer de l'être; car ils sont semblables à ces foibles tiges de vignes, qui n'ayant par elles-mêmes aucun soutien, rampent toujours autour du tronc de quelque arbre.

Je ne souffrirai point, ô Télémaque, que vous tombiez dans ce défaut, qui rend un homme imbécille pour le gouvernement. Vous qui êtes tendre, jusqu'à n'oser parler à Idomenée, vous ne serez plus touché de ses peines, dès que vous serez sorti de Salente. Ce n'est point sa douleur qui vous attendrit, c'est sa présence qui vous embarrasse. Allez parler vous-même à Idomenée; apprenez dans cette occasion à être tendre & ferme tout ensemble. Montrez-lui votre douleur de le quitter. Mais montrez-lui aussi d'un ton décisif la nécessité de votre départ.

Télémaque n'osoit ni résister à Mentor, ni aller trouver

(13) Telle fut la conduite de Louis XIV., il ne vouloit pas qu'il fût dit que ses Ministres le gouvernoient, & personne ne fût jamais plus gouverné que lui.

ver Idomenée. Il étoit honteux de sa crainte, & n'avoit pas le courage de la surmonter. Il hésitoit, il faisoit deux pas, & revenoit incontinent pour alléguer à Mentor quelque nouvelle raison de différer : mais le seul regard de Mentor lui ôtoit la parole, & faisoit disparoître tous ses beaux prétextes. Est-ce donc là, disoit Mentor en souriant, ce vainqueur des Dauniens, ce libérateur de la grande Hespérie, & ce fils du sage Ulysse, qui doit être après lui l'oracle de la Grece ? Il n'ose dire à Idomenée qu'il ne peut plus retarder son retour dans sa patrie pour revoir son pere ! O peuples d'Ithaque ! combien seriez vous malheureux un jour, si vous aviez un Roi, que la mauvaise honte domine, & qui sacrifie les plus grands intérêts à ses foiblesses sur les plus petites choses. Voyez Télémaque, quelle différence il y a entre la valeur dans les combats, & le courage dans les affaires : vous n'avez point craint les armes d'Adraste, & vous craignez la tristesse d'Idomenée. Voilà ce qui déshonore les Princes, qui ont fait les plus grandes actions. Après avoir paru des Héros dans la guerre, ils se montrent les derniers des hommes dans les actions communes, où d'autres se soutiennent avec vigueur.

Télémaque, sentant la vérité de ces paroles, & piqué de ce reproche, partit brusquement sans s'écouter soi-même ; mais à peine commença-t-il à paroître dans le lieu où Idomenée étoit assis, les yeux baissés, languissants & abattus de tristesse, qu'ils se craignirent l'un l'autre. Ils n'osoient se regarder ; ils s'entendoient sans se rien dire, & chacun craignoit que l'autre ne rompît le silence. Ils se mirent tous deux à pleurer. Enfin, Idomenée pressé d'un excès de douleur, s'écria : a quoi sert-il de rechercher la vertu, si elle récompense si mal ceux qui l'aiment? Après m'avoir montré ma foiblesse, on m'abandonne. Hé bien ! je vais retomber dans tous mes malheurs ; qu'on ne me parle plus de bien gouverner : non je ne puis le faire, je suis las des hommes. Où voulez-vous aller, Télémaque ? Votre pere n'est plus, vous le cherchez inutilement ; Ithaque est en proie

à vos

à vos ennemis; ils vous feront périr si vous y retournez. Quelqu'un d'entr'eux aura épousé votre mere. Demeurez ici, vous serez mon gendre & mon héritier; vous régnerez après moi. Pendant ma vie même vous aurez ici un pouvoir absolu. Ma confiance en vous sera sans bornes. Que si vous êtes insensible à tous ces avantages, du moins laissez-moi Mentor, qui est toute ma ressource. Parlez, répondez moi, n'endurcissez pas votre cœur, ayez pitié du plus malheureux de tous les hommes. Quoi! vous ne dites rien? Ah! je comprends combien les Dieux me sont cruels. Je le sens encore plus rigoureusement qu'en Crete, lorsque je perçai mon propre fils.

Enfin, Télémaque lui répondit d'une voix troublée & timide: je ne suis point à moi. Les destinées me rappellent dans ma patrie. Mentor qui a la sagesse des Dieux, m'ordonne en leur nom de partir. Que voulez-vous que je fasse? Renoncerai-je à mon pere, à ma mere, à ma patrie qui me doit être encore plus chere qu'eux? Etant né pour être Roi, je ne suis pas destiné à une vie douce & tranquille, ni à suivre mes inclinations. Votre royaume est plus riche, & plus puissant que celui de mon pere: mais je dois préférer ce que les Dieux me destinent, à ce que vous avez la bonté de m'offrir. Je me croirois heureux, si j'avois Antiope pour épouse sans espérance de votre royaume: mais pour m'en rendre digne, il faut que j'aille où mes devoirs m'appellent, & que ce soit mon pere qui vous la demande pour moi. Ne m'avez-vous pas promis de me renvoyer à Itaque? N'est-ce pas sur cette promesse que j'ai combattu pour vous contre Adraste avec les Alliés? Il est tems que je songe à réparer mes malheurs domestiques. Les Dieux qui m'ont donné à Mentor, ont aussi donné Mentor au fils d'Ulysse pour lui faire remplir ses destinées. Voulez-vous que je perde Mentor après avoir perdu tout le reste? Je n'ai plus ni bien, ni retraite, ni pere, ni mere, ni patrie assurée. Il ne me reste qu'un homme sage & vertueux, qui est le plus précieux don de Jupiter. Jugez vous même si je puis y re-

renoncer, & consentir qu'il m'abandonne. Non, je mourrois plutôt. Arrachez-moi la vie, la vie n'est rien: mais ne m'arrachez pas Mentor.

A mesure que Télémaque parloit, sa voix devenoit plus forte, & sa timidité disparoissoit. Idomenée ne savoit que répondre, & ne pouvoit demeurer d'accord de ce que le fils d'Ulysse lui disoit. Lors qu'il ne pouvoit plus parler, du moins il tâchoit par ses regards, & par ses gestes de faire pitié. Dans ce moment il vit paroître Mentor, qui lui dit ces graves paroles:

Ne vous affligez point, nous vous quittons, mais la sagesse qui préside aux conseils des Dieux, demeurera sur vous. Croyez seulement que vous êtes trop heureux que Jupiter nous ait envoyés ici, pour sauver votre royaume, & pour vous ramener de vos égarements. Philocles, que nous vous avons rendu, vous servira fidélement. La crainte des Dieux, le goût de la vertu, l'amour des peuples, la compassion pour les misérables, seront toujours dans son cœur. Ecoutez-le, servez-vous de lui avec confiance & sans jalousie. Le plus grand service que vous puissiez en tirer est de l'obliger à vous dire tous vos défauts sans adoucissement. Voilà en quoi consiste le plus grand courage d'un bon Roi, que de chercher de vrais amis qui lui fassent remarquer ses fautes. Pourvu que vous ayez ce courage, notre absence ne vous nuira point, & vous vivrez heureux: mais si la flatterie qui se glisse comme un serpent, retrouve un chemin jusqu'à votre cœur, pour vous mettre en défiance contre les conseils désintéressés, vous êtes perdu. Ne vous laissez point abattre à la douleur; mais efforcez-vous de suivre la vertu. J'ai dit à Philocles tout ce qu'il doit faire pour vous soulager, & pour n'abuser jamais de votre confiance. Je puis vous répondre de lui: les Dieux vous l'ont donné, comme ils m'ont donné à Télémaque. Chacun doit suivre courageusement sa destinée; il est inutile de s'affliger. Si jamais vous avez besoin de mon secours, après que j'aurai rendu Télémaque à son pere & à son pays, je reviendrai vous voir. Que pourrois-je faire qui me donnât un plai-

plaisir plus sensible ? Je ne cherche ni biens, ni autorité sur la terre ; je ne veux qu'aider ceux qui cherchent la justice & la vertu. Pourrois-je jamais oublier la confiance & l'amitié que vous m'avez témoignée ?

A ces mots, Idomenée fut tout à coup changé. Il sentit son cœur appaisé, comme Neptune de son trident appaise les flots en courroux & les plus noires tempêtes ; il restoit seulement en lui une douleur douce & paisible ; c'étoit plutôt une tristesse, & un sentiment tendre, qu'une vive douleur. Le courage, la confiance, la vertu, l'espérance du secours des Dieux commencérent à renaître au dedans de lui.

Hé bien, dit-il, mon cher Mentor, il faut donc tout perdre, & ne se point décourager. Du moins souvenez-vous d'Idomenée, quand vous serez arrivé à Ithaque, où votre sagesse vous comblera de prospérité. N'oubliez pas que Salente fut votre ouvrage, & que vous y avez laissé un Roi malheureux qui n'espere qu'en vous. Allez, digne fils d'Ulysse, je ne vous retiens plus. Je n'ai garde de résister aux Dieux qui m'avoient prêté un si grand trésor. Allez aussi, Mentor, le plus grand & le plus sage de tous les hommes (si toutefois l'humanité peut faire ce que j'ai vu en vous, & si vous n'êtes point une Divinité sous une forme empruntée pour instruire les hommes foibles & ignorants ;) allez, conduisez le fils d'Ulysse, plus heureux de vous avoir que d'être le vainqueur d'Adraste. Allez tous deux, je n'ose plus parler, pardonnez mes soupirs. Allez, vivez, soyez heureux ensemble. Il ne me reste plus rien au monde que le souvenir de vous avoir possédés ici. O beaux jours, trop heureux jours, jours dont je n'ai pas connu assez le prix ! Jours trop rapidement écoulés, vous ne reviendrez jamais, jamais mes yeux ne verront ce qu'ils voïent.

Mentor prit ce moment pour le départ. Il embrassa Philocles qui l'arrosa de ses larmes sans pouvoir parler. Télémaque voulut prendre Mentor par la main pour se retirer de celles d'Idomenée ; mais Idomenée prenant le chemin du port, se mit entre Mentor & Télémaque :

il les regardoit, il gémissoit, il commençoit des paroles entrecoupées, & n'en pouvoit achever aucune.

Cependant on entend des cris confus sur le rivage couvert de matelots. On tend les cordages, on leve les voiles, le vent favorable se leve. Télémaque & Mentor les larmes aux yeux prennent congé du Roi, qui les tient long-tems serrés entre ses bras, & qui les suit des yeux aussi loin qu'il le peut.

Fin du vingt-troisieme Livre.

SOMMAIRE DU LIVRE VINGT-QUATRIEME.

PENDANT *la navigation, Télémaque dit à Mentor qu'il commence à concevoir les belles maximes qu'il lui a données pour bien gouverner les peuples; mais qu'il lui reste à savoir comment on peut se connoître en hommes, pour n'employer que les bons, & n'être point trompé par les mauvais. Mentor lui répond: Il faut étudier les hommes pour les connoître; & pour les connoître, il en faut voir, & traiter avec eux. Il lui explique ensuite avec quelle confiance il faut employer les bons & avec quelle précaution il faut se servir des méchans dans les cas indispensables où l'on en a besoin. Sur la fin de leur entretien, le calme de la mer les oblige à relâcher dans une isle où Ulysse venoit d'aborder dans un Vaisseau Phéacien. Télémaque l'y voit, & lui parle sans le reconnoître; l'air majestueux, mais triste & abbattu de cet étranger l'intéresse, Télémaque le regarde fixement: & plus il le regarde, plus il est emu & étonné. Mais après l'avoir vu embarquer, il sent augmenter en lui un trouble secret dont il ne peut concevoir la cause. Mentor la lui explique, le console, l'assure qu'il rejoindra bientôt son pere, & éprou-*

ve sa piété & sa patience, en retardant son départ pour faire un sacrifice à Minerve. Enfin la Déesse cachée sous la figure de Mentor, reprend sa forme & se fait connoître. Elle donne à Télémaque ses dernieres instructions; elle l'assure que son pere lui donnera Antiope & elle disparoît. Télémaque soupirant, étonné & hors de lui-même se prosterne à terre & leve les mains au Ciel. Il se hate ensuite d'aller éveiller ses Compagnons; il part; il arrive à Ithaque, & retrouve enfin Ulysse son pere chez le fidele Eumée.

LIVRE VINGT-QUATRIEME.

DEjà les voiles s'enflent, on leve les ancres, la terre semble s'enfuir, & le Pilote expérimenté apperçoit de loin les montages de Leucate, (*a*) dont la tête se cache dans un tourbillon de frimats glacés, & les monts Acrocerauniens (*b*), qui montrent encore un front orgueilleux au Ciel, après avoir été si souvent écrasés par la foudre.

Pendant cette navigation, Télémaque disoit à Mentor: je crois maintenant concevoir les maximes du gouvernement, que vous m'avez expliquées; d'abord elles me paroissoient comme un songe; mais peu à peu elles se

(a) *Leucate est un Promontoir de l'Epire.*

(b) *Les Monts Acrocerauniens sont ceux de la Chimere dont on a déja parlé, aussi dans l'Epire.*

se démêlent dans mon esprit, & s'y présentent clairement, comme tous les objets paroissent sombres le matin aux premiers lueurs de l'aurore ; mais qui ensuite semblent sortir comme d'un cahos, quand la lumiere qui croît insensiblement, les distingue, & leur rend, pour ainsi dire, leurs figures & leurs couleurs naturelles. Je suis très-persuadé que le point essentiel du gouvernement est de bien discerner les différents caracteres d'esprits pour les choisir & pour les appliquer selon leurs talents ; mais il me reste à savoir comment on peut se connoître en hommes.

Alors Mentor lui répondit : il faut étudier les hommes pour les connoître ; & pour les connoître, il en faut voir & traiter avec eux. (1) Les Rois doivent converser avec leurs sujets, les faire parler, les consulter, les éprouver par de petits emplois, dont ils leurs fassent rendre compte pour voir s'ils sont capables des plus hautes fonctions. Comment est-ce, mon cher Télémaque, que vous aviez appris à Ithaque à vous connoître en chevaux ? C'est à force d'en voir, & de remarquer leurs défauts & leurs perfections avec des gens expérimentés : tout de même, parlez souvent des bonnes & des mauvises qualités des hommes avec d'autres hommes sages & vertueux, qui aient long-tems étudié leurs caracteres. Vous apprendrez insensiblemment comment ils sont faits, & ce qu'il est permis d'en attendre. Qui est-ce qui vous a appris à connoître les bons & les mauvais Poëtes ? C'est la fréquente lecture, & la réflexion avec des gens qui avoient le goût de la Poësie. Qui est-ce qui vous a acquis le discernement sur la Musique ? C'est la même application à observer les bons Musiciens. Comment peut-on espérer de bien gouverner les hommes, si on ne les connoît pas ? Et comment les connoîtra-t-on, si l'on ne vit jamais avec eux ? Ce n'est pas vivre avec eux que de

(1) Que penser de ces Princes Orientaux qui, pour se rendre plus respectables, s'emprisonnent en quelque maniere dans leurs Palais d'où ils ne sortent que pour recevoir une espece d'adoration. Veulent-ils être les Idoles plutôt que les Rois de leurs peuples ?

de les voir en public, où l'on ne dit de part & d'autre que des choses indifférentes & préparées avec art: il est question de les voir en particulier, de tirer du fond de leur cœur toutes les ressources secretes qui y sont, de les tâter de tous côtés, & de les sonder pour découvrir leurs maximes. Mais pour bien juger des hommes, il faut commencer par savoir ce qu'ils doivent être; il faut savoir ce que c'est que le vrai & solide mérite pour discerner ceux qui en ont, d'avec ceux qui n'en ont pas. On ne cesse de parler de vertu & de mérite sans savoir ce que c'est précisément que le mérite & la vertu. Ce ne sont que de beaux noms, que de termes vagues pour la plupart des hommes, qui se font honneur d'en parler à toute heure; il faut avoir des principes certains de justice, de raison & de vertu pour connoître ceux qui sont raisonnables & vertueux. Il faut savoir les maximes d'un bon & sage gouvernement pour connoître les hommes qui les ont, & ceux qui s'en éloignent par une fausse subtilité. En un mot, pour mesurer plusieurs corps, il faut avoir une mesure fixe: pour juger, il faut tout de même avoir des principes constants ausquels tous nos jugements se réduisent. Il faut savoir précisément quel est le but de la vie humaine, & quelle fin on doit se proposer en gouvernant les hommes. Ce but unique & essentiel est de ne vouloir jamais l'autorité & la grandeur pour soi; (2) car cette recherche ambitieuse n'iroit qu'à satisfaire un orgueil tyrannique; mais on doit se sacrifier dans les peines infinies du gouvernement, pour rendre les hommes bons & heureux. Autrement on marche à tâtons & au hazard pendant toute la vie. On va comme un Navire en pleine mer, qui n'a point de pilote, qui ne consulte point les astres, & à qui toutes les côtes voisines sont inconnues, il ne peut que faire naufrage.

Souvent les Princes, faute de savoir en quoi consiste la vraie vertu, ne savent point ce qu'ils doivent cher-

cher

(2) Le pasteur n'est que pour les troupeaux, le maître n'est que pour les disciples, *dit Platon*, & il en conclud que le Roi ne doit être que pour les peuples.

cher dans les hommes : la vraie vertu a pour eux quelque chose d'âpre, elle leur paroît trop austere & indépendante : elle les effraie & les aigrit. Ils se tournent vers la flatterie.

Dès-lors ils ne peuvent plus trouver ni de sincérité, ni de vertu. Dès-lors, ils courent après un vain fantôme de fausse gloire, qui les rend indignes de la véritable. Ils s'accoutument bientôt à croire qu'il n'y a point de vraie vertu sur la terre : car les bons connoissent bien les méchants ; mais les méchants ne connoissent point les bons, & ne peuvent pas croire qu'il y en ait. De tels Princes ne savent que se défier de tout le monde également : ils se cachent, ils se renferment, ils sont jaloux sur les moindres choses, ils craignent les hommes & se font craindre d'eux. Ils fuient la lumiere ; ils n'osent paroître dans leur naturel. Quoiqu'ils ne veuillent point être connus, ils ne laissent pas de l'être : car la curiosité maligne de leurs sujets pénetre & devine tout ; mais ils ne connoissent personne. Les gens intéressés, qui les obsédent, sont ravis de les voir inaccessibles. Un Roi inaccessible aux hommes l'est aussi à la vérité. (3) On noircit par d'infames rapports, & on écarte de lui tout ce qui pourroit lui ouvrir les yeux. Ces sortes de Rois passent leur vie dans une grandeur sauvage & farouche, où craignant sans cesse d'être trompés, ils le sont toujours inévitablement, & méritent de l'être. Dès qu'on ne parle qu'à un petit nombre de gens, on s'engage à recevoir toutes leurs passions & tous leurs préjugés. Les bons mêmes ont leurs défauts & leurs préventions. De plus on est à la merci des rapporteurs, nation basse & maligne, qui se nourrit de venin, qui empoisonne les choses innocentes, qui grossit les petites, qui invente le mal plutôt que de cesser de nuire, qui se joue pour son intérêt de la défiance

& de

(3) Louis XIV se communiquoit très-peu. Toutes les fois qu'il donnoit des Audiences, tout y étoit concerté ; le tems où on le voyoit le plus, c'étoit à son lever ; mais on ne l'entretenoit que de ce qui pouvoit lui plaire. Il étoit sérieux, même dans le particulier ; ce qui empêchoit les Courtisans de prendre en sa présence aucune liberté.

& de l'indigne curiosité d'un Prince foible & ombrageux (4).

Connoissez donc, ô mon cher Télémaque ; connoissez les hommes ; examinez-les ; faites-les parler les uns sur les autres ; éprouvez-les peu à peu ; ne vous livrez à aucun ; profitez de vos expériences, lorsque vous aurez été trompé dans vos jugements : car vous serez trompé quelquefois ; les méchants sont trop profonds pour ne surprendre pas les bons par leurs déguisements : apprenez par-là à ne juger promptement de personne, ni en bien ni en mal ; mais vos erreurs passées vous instruiront très-utilement. Quand vous aurez trouvé des talents & de la vertu dans un homme, servez-vous en avec confiance ; car les honnêtes gens veulent qu'on sente leur droiture. Ils aiment mieux de l'estime & de la confiance que des trésors ; mais ne les gâtez pas en leur donnant un pouvoir sans bornes. Tel eût été toujours vertueux, qui ne l'est plus, parce que son maître lui a donné trop d'autorité & trop de richesses. Quiconque est assez aimé des Dieux pour trouver dans tout un Royaume (5) deux ou trois vrais amis d'une sagesse & d'une bonté constante, trouve bientôt par eux d'autres personnes qui leur ressemblent, pour remplir les places inférieures. Par les bons, auxquels on se confie, on apprend ce qu'on ne peut pas discerner par soi-même dans les autres sujets.

Mais faut-il, disoit Télémaque, se servir des méchants, quand ils sont habiles, comme je l'ai oui dire tant de fois ? On est souvent, répondit Mentor, dans la nécessité de s'en servir. Dans une nation agitée & en désordre, on trouve souvent des gens injustes & artifi-

(4) Louis XIV étoit fort ombrageux, ce qui faisoit qu'il ne se laissoit approcher que de très-peu de personnes. Il n'eut jamais de favoris ; mais il se laissoit aisément prévenir. Il étoit superstitieux, & cette foiblesse fit qu'on abusoit souvent de sa crédulité.

(5) Le Roi n'eut point d'amis ; il avoit trop de hauteur & de réserve : il n'eut que de lâches flatteurs qui l'empoisonnerent dès l'enfance par leur encens, autant qu'il étoit sensible à l'amour, autant l'étoit-il peu à l'amitié qui naît de la communication & de la confiance.

tificieux, qui sont déjà en autorité: ils ont des emplois importants qu'on ne peut leur ôter ; ils ont acquis la confiance de certaines personnes puissantes, qu'on a besoin de ménager ; il faut les ménager eux-mêmes, ces hommes scélérats, parce qu'on les craint, & qu'ils peuvent tout bouleverser : il faut bien s'en servir pour un tems ; mais il faut aussi avoir en vue de les rendre peu à peu inutiles. Pour la vraie & intime confiance, gardez-vous bien de la leur donner jamais ; car ils peuvent en abuser, & vous tenir ensuite malgré vous par votre secret ; chaîne plus difficile à rompre, que toutes les chaînes de fer. Servez-vous d'eux pour des négociations passageres ; traitez-les bien ; engagez les par leurs passions mêmes à vous être fideles ; car vous ne les tiendrez que par-là : mais ne les mettez point dans vos délibérations les plus secretes. Ayez toujours un ressort prêt pour les remuer à votre gré ; mais ne leur donnez jamais la clef de votre cœur (6) ni de vos affaires. Quand votre Etat devient paisible, réglé, conduit par des hommes sages & droits, dont vous êtes sûr, peu à peu les méchants, dont vous étiez contraint de vous servir, deviennent inutiles. (7) Alors il ne faut pas cesser de les bien traiter ; car il n'est jamais permis d'être ingrat, même pour les méchants : mais en les traitant bien, il faut tâcher de les rendre bons. Il est nécessaire de tolérer en eux certains défauts qu'on pardonne à l'humanité. Il faut néanmoins relever peu à peu l'autorité, & réprimer les maux qu'ils feroient ouvertement, si on les laissoit faire. Après tout, c'est un mal que le bien se fasse par les méchants ; & quoique ce mal soit souvent inévitable, il faut tendre néanmoins

peu

(6) C'est ce que Louis XIV. sut très-bien pratiquer, moins à la vérité par prudence que par habitude à la dissimulation. Il étoit impénétrable ; comme il parloit toujours laconiquement, on ne pouvoit guere savoir ce qu'il pensoit. Il ne s'ouvroit pas même à ses maîtresses ; il eut la gloire de n'en être pas possédé.

(7) C'est un des plus grands avantages de la paix ; en affermissant un Prince sur son trône, elle le met en état d'user librement de son sceptre : mais dans les guerre, civiles, *dit Homere*, les honneurs sont pour les méchants.

peu à peu à le faire cesser. Un Prince sage, qui ne voudra que le bon ordre & la justice parviendra avec le tems à se passer des hommes corrompus & trompeurs; il en trouvera assez de bons qui auront une habileté suffisante.

Mais ce n'est pas assez de trouver de bons sujets dans une Nation, il est nécessaire d'en former de nouveaux. Ce doit être, répondit Télémaque, un grand embarras. Point du tout, reprit Mentor. L'application que vous avez à chercher les hommes habiles & vertueux pour les élever, excite & anime tous ceux qui ont du talent & du courage; chacun fait des efforts. Combien y a-t-il d'hommes qui languissent dans une oisiveté obscure, & qui deviendroient de grands hommes, si l'émulation & l'espérance du succès les animoit au travail? combien y a-t-il d'hommes que la misere & l'impuissance de s'élever par la vertu, tentent de s'élever par le crime? Si donc vous attachez les récompenses & les honneurs au génie & à la vertu, combien de sujets se formeront d'eux-mêmes! Mais combien en formerez-vous, en les faisant monter de degré en degré, depuis les derniers emplois jusqu'aux premiers! Vous exercerez leurs talents; vous éprouverez l'étendue de l'esprit & la sincerité de la vertu. Les hommes qui parviendront aux plus hautes places, auront été nourris sous vos yeux dans les inférieures. Vous les aurez suivis toute votre vie de degré en degré: vous jugerez d'eux, non par leurs paroles, mais par toute la suite de leurs actions.

Pendant que Mentor raisonnoit ainsi avec Télémaque, ils apperçurent un vaisseau Phéacien (*c*) qui avoit relâché dans une petite Isle déserte & sauvage, bordée de rochers affreux. En même tems les vents se turent: les plus doux zéphyrs même semblerent retenir leur haleine. Toute la mer devint unie comme une glace. Les voiles abattues ne pouvoient plus animer le vaisseau. L'effort

(c) *Phéacien; c'est à-dire, de Corcire, aujourd'hui Corfou, Isle de la mer Jonienne sur les côtes de l'Epire, dont elle n'est séparée que par un canal d'une à deux lieues de largeur.*

L'effort des rameurs déjà fatigués, étoit inutile. Il fallut aborder en cette Isle, qui étoit plutôt un écueil qu'une terre propre à être habitée par des hommes. En un autre tems moins calme, on n'auroit pu y aborder sans un grand péril. Ces Phéaciens qui attendoient le vent, ne paroissoient pas moins impatients que les Salentins de continuer leur navigation. Télémaque s'avance vers eux sur ces rivages escarpés. Aussi-tôt il demande au premier homme qu'il rencontre, s'il n'a point vu Ulysse Roi d'Itaque dans la maison du Roi Alcinoüs (*d*).

Celui auquel il s'étoit adressé par hazard, n'étoit pas Phéacien. C'étoit un étranger inconnu, qui avoit un air majestueux, mais triste & abattu. Il paroissoit rêveur, & à peine écouta-t-il d'abord la question de Télémaque. Mais enfin il lui répondit : Ulysse, vous ne vous trompez pas, a été reçu chez le Roi Alcinoüs comme en un lieu où l'on craint Jupiter, & où l'on exerce l'hospitalité ; mais il n'y est plus, & vous l'y chercheriez inutilement. Il est parti pour revoir Ithaque, si les Dieux appaisés souffrent enfin qu'il puisse jamais saluer ses Dieux Penates.

A peine cet étranger eut prononcé tristement ces paroles, qu'il se jetta dans un petit bois épais, sur le haut d'un rocher, d'où il regardoit attentivement la mer, fuyant les hommes qu'il voyoit, & paroissant affligé de ne pouvoir partir. Télémaque le regardoit fixement : plus il le regardoit, plus il étoit ému & étonné. Cet inconnu, disoit-il à Mentor, m'a répondu comme un homme qui écoute à peine ce qu'on lui dit, & qui est plein d'amertume. (8) Je plains les malheureux, depuis que je le suis. Je sens que mon cœur s'intéresse pour cet homme, sans savoir pourquoi. Il m'a assez mal reçu. A peine a-t il daigné m'écouter & me répon-

(d) *Alcinoüs étoit Roi des Phéaciens, qui reçut Ulysse après son naufrage.*

(8) Autant que Louis XIV plaignoit peu les malheureux parce qu'il étoit trop accoutumé aux prospérités, autant le Duc de Bourgogne son petit-fils étoit compatissant & plein de sensibilité pour les misérables.

pondre. Je ne puis cesser néanmoins de souhaiter la fin de ses maux. Mentor souriant, répondit : voilà à quoi servent les malheurs de la vie : ils rendent les princes modérés, & sensibles aux peines des autres. Quand ils n'ont jamais goûté que le doux poison des prospérités, ils se croïent des Dieux ; (9) ils veulent que les montagnes s'applanissent pour les contenter ; ils comptent pour rien les hommes ; ils veulent se jouer de la nature entiere. Quand ils entendent parler de souffrances, ils ne savent ce que c'est : c'est un songe pour eux ; ils n'ont jamais vu la distance du bien & du mal. L'infortune seule peut leur donner de l'humanité, & changer leur cœur de rocher en un cœur humain. Alors ils sentent qu'ils sont hommes, & qu'ils doivent ménager les autres hommes qui leur ressemblent. Si un inconnu vous fait tant de pitié, parce qu'il est comme vous errant sur ce rivage, combien devrez-vous avoir plus de compassion pour le peuple d'Ithaque, lorsque vous le verrez un jour souffrir ? Ce peuple que les Dieux vous auront confié, comme on confie un troupeau à un berger, sera peut-être malheureux par votre ambition, ou par votre faste, ou par votre imprudence ; car les peuples ne souffrent que par les fautes des Rois, (10) qui devroient veiller pour les empêcher de souffrir.

Pendant que Mentor parloit ainsi, Télémaque étoit plongé dans la tristesse & dans le chagrin. Il lui répondit enfin avec un peu d'émotion : si toutes ces choses sont vraies, l'état d'un Roi est bien malheureux : il est l'esclave de tous ceux auxquels il paroît commander ; il n'est pas tant fait pour leur commander qu'il est fait pour eux ; il se doit tout entier à eux ; il est chargé de tous leurs besoins ; il est l'homme de tout le peuple & de

(9) C'est ce que fit Louis XIV. Il fit couper une montagne pour conduire des eaux à Versailles. Il ne trouva rien d'impossible pour contenter sa somptuosité, & se joua de la nature entiere pour faire de Versailles un séjour délicieux.

(10) Les fautes des grands hommes sont d'autant plus remarquables, que ce sont des éclipses de grandes lumieres. *Gratian. Max.* 136.

& de chacun en particulier ; il faut qu'il s'accommode à leurs foiblesses, qu'il les corrige en pere, qu'il les rende sages & heureux. L'autorité qu'il paroît avoir, n'est pas la sienne ; il ne peut rien faire ni pour sa gloire, ni pour son plaisir : son autorité est celle des loix ; il faut qu'il leur obéisse, pour en donner l'exemple à ses sujets. A proprement parler, il n'est que le défenseur des loix pour les faire régner : il faut qu'il veille & qu'il travaille pour les maintenir : il est l'homme le moins libre & le moins tranquille de son Royaume : c'est un esclave qui sacrifie son repos & sa liberté pour la liberté & la félicité publique.

Il est vrai, répondit Mentor, que le Roi n'est Roi que pour avoir soin de son peuple, comme un berger de son troupeau, ou comme un pere de sa famille (11). Mais trouvez-vous, mon cher Télémaque, qu'il soit malheureux d'avoir du bien à faire à tant de gens ? Il corrige les méchants par des punitions ; il encourage les bons par des récompenses ; il représente les Dieux en conduisant ainsi à la vertu tout le genre humain. N'a-t-il pas assez de gloire à faire garder les loix ? Celle de se mettre au dessus des loix est une gloire fausse, qui n'inspire que de l'horreur & du mépris. S'il est méchant, il ne peut être que malheureux ; car il ne sauroit trouver aucune paix dans ses passions & dans sa vanité. S'il est bon, il doit goûter le plus pur & le plus solide de tous les plaisirs, à travailler pour la vertu, & à attendre des Dieux une éternelle récompense.

Télémaque agité au dedans par une peine secrete sembloit n'avoir jamais compris ces maximes, quoiqu'il en fût rempli, & qu'il les eût lui-même enseignées aux autres. Une humeur noire lui donnoit contre ses véritables sentiments un esprit de contradiction & de subtilité pour rejetter les vérités que Mentor expliquoit. Téléma-

(11) Un bon Prince doit vivre avec ses sujets, comme un pere vit dans sa famille avec ses enfants. *Pline le Jeune dans son Panégyrique de Trajan.*

lémaque opposoit à ces raisons l'ingratitude des hommes. Quoi! disoit il, prendre tant de peine pour se faire aimer des hommes, qui ne vous aimeront peut-être jamais, & pour faire du bien à des méchants qui se serviront de vos bienfaits pour vous nuire?

Mentor lui répondit patiemment: il faut compter sur l'ingratitude des hommes, & ne pas laisser de leur faire du bien: il faut les servir, moins pour l'amour d'eux, que pour l'amour des Dieux qui l'ordonnent. Le bien qu'on fait n'est jamais perdu. Si les hommes l'oublient, les Dieux s'en souviennent & le récompensent. De plus, si la multitude est ingrate, il y a toujours des hommes vertueux qui sont touchés de votre vertu. La multitude même, quoique changeante & capricieuse, ne laisse pas de faire tôt ou tard une espece de justice à la véritable vertu. Mais voulez-vous empécher l'ingratitude des hommes? Ne travaillez pas uniquement à les rendre puissants, riches, redoutables par les armes, heureux par les plaisirs: cette gloire, cette abondance & ces délices les corrompent: ils n'en seront que plus méchants, & par conséquent plus ingrats. C'est leur faire un présent funeste: c'est leur offrir un poison délicieux. Mais appliquez-vous à redresser leurs mœurs, à leur inspirer la justice, la sincérité, la crainte des Dieux, l'humanité, la fidélité, la modération, le désintéressement: en les rendant bons, vous les empêcherez d'être ingrats; (12) vous leur donnerez le véritable bien, qui est la vertu: & la vertu, si elle est solide, les attachera toujours à celui qui la leur aura inspirée. Ainsi en leur donnant les veritables biens, vous vous ferez du bien à vous-même, & vous n'aurez point à craindre leur ingratitude. Faut-il s'étonner que les hommes soient ingrats pour des Princes qui ne les ont jamais exercés qu'à l'injustice, qu'à l'ambition sans bornes, qu'à la jalousie contre leurs voisins, qu'à l'inhumanité, qu'à la hau-

(12) C'est la pensée de Socrate que Xenophon nous a conservée: *Travaillez efficacement à rendre les hommes vertueux, & vous n'aurez jamais à souffrir de leur ingratitude*, disoit ce Philosophe.

hauteur, qu'à la mauvaiſe foi. Le Prince ne doit attendre d'eux que ce qu'il leur a appris à faire. Que ſi au contraire il travailloit par ſes exemples & par ſon autorité à les rendre bons, il trouveroit le fruit de ſon travail dans leur vertu, ou du moins il trouveroit dans la ſienne & dans l'amitié des Dieux de quoi ſe conſoler de tous les mécomptes.

A peine ce diſcours fut-il achevé, que Télémaque s'avança avec empreſſement vers les Phéaciens, (13) dont le vaiſſeau étoit arrêté ſur le rivage. Il s'adreſſa à un Viellard d'entr'eux pour lui demander, d'où ils venoient, où ils alloient, & s'ils n'avoient point vu Ulyſſe. Le Viellard répondit: nous venons de notre Isle, qui eſt celle des Phéaciens; nous allons chercher des marchandiſes vers l'Epire. Ulyſſe, comme on vous l'a déjà dit, à paſſé dans notre patrie, mais il en eſt parti.

Quel eſt, ajouta auſſi-tôt Télémaque, cet homme ſi triſte, qui cherche les lieux les plus déſerts en attendant que votre vaiſſeau parte? C'eſt, répondit le Viellard, un Etranger, qui nous eſt inconnu; mais on dit qu'il ſe nomme Cléomenes; qu'il eſt né en Phrygie; qu'un Oracle avoit prédit à ſa mere avant ſa naiſſance qu'il ſeroit Roi, pourvu qu'il ne demeurât point dans ſa patrie; & que s'il y demeuroit, la colere des Cieux ſe feroit ſentir aux Phrygiens par une cruelle peſte.

Des qu'il fut né, ſes Parents le donnerent à des matelots, qui le porterent dans l'Isle de Lesbos (*e*) Il y fut nourri en ſecret, aux dépens de ſa patrie, qui avoit un ſi grand intérêt de le tenir éloigné. Bientôt il devint grand, robuſte, agréable & adroit à tous les exercices du corps. Il s'appliqua même avec beaucoup de goût & de génie aux ſciences & aux beaux arts; mais on ne put le ſouffrir dans aucun pays.

La

(13) C'eſt dans l'Isle des Phéaciens qu'Ulyſſe prit uu vaiſſeau pour retourner à Ithaque; & ce Poëme eſt pour ainſi dire enchaſſé dans l'Odiſſée. L'auteur ne pouvoit pas ſuivre plus heureuſement la regle que donne Horace dans ſon art poëtique ſur le choix de la Fable.

(*e*) *Lesbos, aujourd'hui Metelin, eſt une Isle de l'Archipel, à deux lieues de la Côte de la Natolie, entre Smirne & le détroit de Gallipoli.*

La prédiction faite sur lui devint célebre. On le reconnut bientôt par-tout où il alla ; par-tout les Rois craignoient, qu'il ne leur enlevât leus diadêmes. Ainsi il est errant depuis sa jeunesse, & il ne peut trouver aucun lieu du monde où il lui soit libre de s'arrêter. Il a souvent passé chez des peuples fort éloignés du sien; mais à peine est-il arrivé dans une ville, qu'on y découvre sa nassance, & l'Oracle qui le regarde. Il a beau se cacher & choisir en chaque lieu quelque genre de vie obscure, ses talents éclatent, dit-on, toujours malgré lui, & pour la guerre & pour les lettres, & pour les affaires les plus importantes. Il se présente toujours en chaque pays quelque occasion imprévue, qui l'entraîne & qui le fait connoître au public. C'est son mérite, qui fait son malheur: il le fait craindre & l'exclut de tous les Pays où il veut habiter. Sa destinée est d'être estimé, aimé, admiré par-tout, mais rejetté de toutes les terres connues.

Il n'est plus jeune, & cependant il n'a pu encore trouver aucune côte, ni de l'Asie, ni de la Grece, où l'on ait voulu le laisser vivre en quelque repos. Il paroît sans ambition, & il ne cherche aucune fortune. Il se trouveroit trop heureux, que l'Oracle ne lui eût jamais promis la Royauté. Il ne lui reste aucune espérance de revoir jamais sa Patrie, car il sait qu'il ne pourroit porter que le deuil & les larmes dans toutes les familles. La Royauté même, pour laquelle il souffre, ne lui paroît point desiderable. Il court malgré lui après elle, par une triste fatalité, de Royaume en Royaume, & elle semble fuir devant lui pour se jouer de ce malheureux jusqu'à sa vielleffe: funeste présent des Dieux, qui trouble tous ses plus beaux jours, & qui ne lui cause que des peines dans l'âge où l'homme infirme n'a plus besoin que de repos!

Il s'en va, dit-il, chercher vers la Thrace quelque peuple sauvage & sans loix, qu'il puisse assembler, policer & gouverner pendant quelques années, après quoi l'Oracle étant âccompli, on n'aura plus rien à craindre de lui dans les Royaumes les plus florissants. Il compte te de se retirer alors en liberté dans un village de Carie, où il s'adonnera à l'agriculture, qu'il aime passionément. C'est un homme sage & modéré, qui craint les Dieux, qui connoît bien les hommes, & qui sait vivre en paix avec eux sans les estimer. Voilà ce qu'on raconte de cet étranger, dont vous me demandez des nouvelles.

Pendant cette conversation, Télémaque tournoit souvent les yeux vers la mer, qui commençoit à être agitée. Le vent soulevoit les flots, qui venoient battre les rochers, les blanchissant de leur écume. Dans ce moment le Vieillard dit à Télémaque; il faut que je parte; mes compagnons ne peuvent m'attendre. En disant ces mots, il court au rivage; on s'embarque: on n'entend que des cris confus sur le rivage par l'ardeur des Mariniers impatients de partir.

Cet inconnu avoit erré quelque tems au milieu de l'Isle, montant sur le sommet de tous les rochers, & considérant delà l'espace immense des mers avec une tristesse profonde. Télémaque ne l'avoit point perdu de vue, & il ne cessoit d'observer ses pas. Son cœur étoit attendri pour un homme vertueux, errant, malheureux, destiné aux plus grandes choses, & servant de jouet à une rigoureuse fortune loin de sa patrie. Au moins, disoit-il en lui-même, peut-être reverrai-je Ithaque; mais ce Cléomenes ne peut jamais revoir la Phrygie. L'exemple d'un homme encore plus malheureux que lui, addoucissoit la peine de Télémaque.

Enfin, cet homme voyant son vaisseau prêt, descendit de ces rochers escarpés, avec autant de vîtesse & d'agilité, qu'Apollon dans les forêts de Lycie, ayant noué ses cheveux blonds, passe au travers des précipices pour aller percer de ses fleches les cerfs & les sangliers. Déjà cet inconnu est dans le vaisseau qui fend l'onde amere, & qui s'éloigne de la terre. Alors une impression secrete de douleur saisit le cœur de Télémaque. Il s'afflige sans savoir pourquoi; les larmes coulent de ses yeux, & rien ne lui est si doux que de pleurer. En même-tems il apperçoit sur le rivage tous les

Ma-

Mariniers de Salente, couchés sur l'herbe, & profondément endormis. Ils étoient las & abattus : le doux sommeil s'étoit insinué dans leus membres, & tous les humides pavots de la nuit avoient été répandus sur eux en plein jour par la puissance de Minerve. Télémaque est étonné de voir cet assoupissement universel des Salentins, pendant que les Phéaciens avoient été si attentifs & si diligents à profiter du vent favorable; mais il est encore plus occupé à regarder le vaisseau Phéacien prêt à disparoître au milieu des flots, qu'à marcher vers les Salentins pour les éveiller. Un étonnement & un trouble secret tiennent ses yeux attachés vers ce vaisseau déjà parti, dont il ne voit plus que les voiles, qui blanchissent un peu dans l'onde azurée. Il n'écoute pas même Mentor, qui lui parle; & il est tout hors de lui-même dans un transport semblable à celui des Ménades (*f*), lorsqu'elles tiennent le Thyrse en main, & qu'elles font retentir de leurs cris insensés les rives de l'Hébre (*g*), & les montagnes de Rhodope & d'Ismare (*h*).

Enfin, il revient un peu de cette espece d'enchantement; ses larmes recommencent à couler de ses yeux. Alors Mentor lui dit : je ne m'étonne point, mon cher Télémaque, de vous voir pleurer : la cause de votre douleur, qui vous est inconnue, ne l'est pas à Mentor; c'est la nature qui parle & qui se fait sentir; c'est elle qui attendrit votre cœur. L'inconnu qui vous a donné une si vive émotion, est le grand Ulysse. Ce qu'un viellard Phéacien vous a raconté de lui sous le nom de Cléomenes, n'est qu'une fiction pour cacher plus sûrement le retour de votre Pere dans son Royaume. Il s'en va droit à Ithaque; déjà il est bien près du port, & il revoit enfin ces lieux si long-tems desirés. Vos yeux l'ont vu, comme on vous l'avoit pré-

(f) *Les Ménades, ou Bacchantes étoient les Prêtresses de Bacchus.*

(g) *L'Hébre est un fleuve de Thrace, appellé aujourd'hui Mariza.*

(h) *Rhodope & Ismare sont aussi dans la Thrace.*

prédit autrefois, mais sans le connoître. Bientôt vous le verrez, vous le connoîtrez, & il vous connoîtra: mais maintenant les Dieux ne pouvoient permettre votre reconnoissance hors d'Ithaque. Son cœur n'a point été moins ému que le vôtre; il est trop sage pour se découvrir à nul mortel dans un lieu où il pourroit être exposé à des trahisons, & aux insultes des cruels amants de Pénélope. Ulysse, votre pere, est le plus sage de tous les hommes: son cœur est comme un puits profond; on ne sauroit y puiser son secret. Il aime la vérité, & ne dit jamais rien qui la blesse: mais il ne la dit que pour le besoin; & la sagesse, comme un sceau, tient toujours ses levres fermées à toute parole inutile. Combien a-t-il été ému en vous parlant! Combien s'est-il fait de violence pour ne se point découvrir! Que n'a-t-il pas souffert en vous voyant! Voilà ce qui le rendoit triste & abbattu.

Pendant ce discours, Télémaque attendri & troublé, ne pouvoit retenir un torrent de larmes; les sanglots l'empêcherent même long-tems de répondre. Enfin, il s'écria: Hélas! mon cher Mentor, je sentois bien dans cet inconnu je ne sais quoi qui m'attiroit à lui, & qui remuoit toutes mes entrailles: mais pourquoi ne m'avez-vous pas dit avant son départ, que c'étoit Ulysse, puisque vous le connoissiez? Pourquoi l'avez-vous laissé partir sans lui parler & sans faire semblant de le connoître? Quel est donc ce mystere? Serai-je toujours malheureux! Les Dieux irrités veulent-ils me tenir comme Tantale altéré, qu'une eau trompeuse amuse, s'enfuyant de ses levres avides? Ulysse, Ulysse! m'avez-vous échappé pour jamais? Peut-être ne le verrai-je plus? Peut-être que les amants de Pénélope le feront tomber dans les embûches qu'ils me préparoient? Au moins, si je le suivois, je mourrois avec lui! O Ulysse! ô Ulysse! si la tempête ne vous rejette pas encore contre quelque écueil; (car j'ai tout à craindre de la fortune ennemie) je tremble que vous n'arriviez à Ithaque avec un sort aussi funeste qu'Agamemnon à My-

(i) à Mycenes. Mais pourquoi, cher Mentor, m'avez-vous envié mon bonheur? Maintenant je l'embrasserois; je serois déjà avec lui dans le port d'Ithaque; nous combattrions pour vaincre tous nos ennemis.

Mentor lui répondit en souriant: voyez, mon cher Télémaque, comment les hommes sont faits. Vous voilà tout désolé, parce que vous avez vu votre Pere sans le reconnoître. Que n'eussiez-vous pas donné hier pour être assuré qu'il n'étoit pas mort? Aujourd'hui vous en êtes assuré par vos propres yeux, & cette assurance qui devroit vous combler de joie, vous laisse dans l'amertume. Ainsi le cœur malade des mortels compte toujours pour rien ce qu'il a le plus desiré, dès qu'il le possede, & il est ingénieux pour se tourmenter sur ce qu'il ne possede pas encore. C'est pour exercer votre patience que les Dieux vous tiennent ainsi en suspens. Vous regardez ce tems comme perdu. Sachez que c'est le plus utile de votre vie; car ils vous exercent dans la plus nécessaire de toutes les vertus pour ceux qui doivent commander. Il faut être patient pour devenir maître de soi & des autres: l'impatience qui paroît une force & une vigueur de l'ame, n'est qu'une foiblesse & une impuissance de souffrir la peine. Celui qui ne sait pas attendre & souffrir, est comme celui qui ne sait pas se taire sur un secret. L'un & l'autre manquent de fermeté pour se retenir, comme un homme qui court dans un charriot, & qui n'a pas la main assez ferme pour arrêter quand il le faut, les coursiers fougueux. Ils n'obéissent plus au frein, ils se précipitent, & l'homme foible, auquel ils échappent, est brisé dans sa chûte. Ainsi l'homme impatient est entraîné par ses desirs indomptés & farouches dans un abyme de malheurs: plus sa puissance est grande, plus son impatience lui est funeste. Il n'attend rien; il ne se donne le

(i) *Agamemnon Roi de Mycenes, étant revenu de la guerre de Troye chargé de lauriers, fut tué dans sa maison par Egiste, aidé de Clitemnestre sa propre femme qui l'avoit déshonoré pendant son absence.*

le tems de rien mesurer ; il force toutes choses pour se contenter ; il rompt les branches pour cueillir le fruit, avant qu'il soit mûr ; il brise les portes plutôt que d'attendre qu'on les lui ouvre ; il veut moissonner, quand le sage Laboureur seme : tout ce qu'il fait à la hâte & à contre-tems, est mal fait, & ne peut avoir de durée non plus que ses desirs volages. Tels sont les projets insensés d'un homme, qui croit pouvoir tout, & qui se livre à ses desirs impatients pour abuser de sa puissance. C'est pour vous apprendre à être patient, mon cher Télémaque, que les Dieux exercent tant votre patience, & semblent se jouer de vous dans la vie errante, où ils vous tiennent toujours incertain. Les biens, que vous espérez, se montrent à vous & s'enfuyent comme un songe léger que le réveil fait disparoître, pour vous apprendre que les choses mêmes, qu'on croit tenir dans ses mains, s'échappent dans l'instant. Les plus sages leçons d'Ulysse ne vous seront pas aussi utiles que sa longue absence, & les peines que vous souffrez en le cherchant.

Ensuite Mentor voulut mettre la patience de Télémaque à une derniere épreuve encore plus forte. Dans le moment, où le jeune homme alloit avec ardeur presser les Matelots pour hâter le départ, Mentor l'arrêta tout-à-coup, & l'engagea à faire sur le rivage un grand sacrifice à Minerve. Télémaque fait avec docilité ce que Mentor veut. On dresse deux autels de gazon, l'encens fume, le sang des victimes coule. Télémaque pousse des soupirs tendres vers le Ciel, il reconnoît la puissante protection de la Déesse.

A peine le sacrifice est-il achevé, qu'il suit Mentor dans les routes sombres d'un petit bois voisin. Là il apperçoit tout-à-coup que le visage de son ami prend une nouvelle forme. Les rides de son front s'effacent, comme les ombres disparoissent, quand l'aurore de ses doigts de rose ouvre les portes de l'Orient, & enflamme tout l'horizon ; ses yeux creux & austeres se changent en des yeux bleus d'une couleur céleste, & pleins d'une d'une flamme divine ; sa barbe grise & négligée disparoît ; des traits nobles & fiers, mêlés de douceur & de grace, se montrent aux yeux de Télémaque ébloui. Il reconnoît un visage de femme, avec un teint plus uni qu'une fleur tendre & nouvellement éclose au Soleil. On y voit la blancheur des lis mêlée de roses naissantes. Sur ce visage fleurit une éternelle jeunesse, avec une majesté simple & négligée ; une odeur d'ambroisie se répand de ses cheveux flottants ; ses habits éclatent comme les vives couleurs dont le Soleil en se levant peint les sombres voûtes du Ciel, & les nuages qu'il vient dorer. Cette Divinité ne touche pas du pied à terre ; elle coule légérement dans l'air, comme un oiseau le fend de ses ailes ; elle tient de sa puissante main une lance brillante, capable de faire trembler les Villes & les Nations les plus guerrieres. Mars même en seroit effrayé ; sa voix est douce & modérée, mais forte & insinuante ; toutes ses paroles sont des traits de feu, qui percent le cœur de Télémaque, & qui lui font ressentir je ne sais quelle douleur délicieuse ; sur son casque paroît l'oiseau triste d'Athenes (k), & sur sa poitrine brille la redoutable Egide. A ces marques Télémaque reconnoît Minerve.

O Déesse ! dit-il, (14) c'est donc vous-même, qui avez daigné conduire le fils d'Ulysse pour l'amour de son pere ! Il vouloit en dire davantage, mais la voix lui manqua : ses levres s'efforçoient en vain d'exprimer les pensées qui sortoient avec impétuosité du fond de son cœur. La Divinité présente l'accabloit, & il étoit comme un homme, qui dans un songe est oppressé jusqu'à per-

(k) *L'oiseau triste d'Athenes est le Hibou, dont les Athéniens regardoient le vol comme un présage de la victoire, parce que cet oiseau étoit consacré à Minerve, leur Déesse.*

(14) La mort d'Hector dans l'Iliade & celle de Turnus dans l'Enéide, mettent fin à l'action sans terminer la curiosité du Lecteur, qui semble n'être point entiérement satisfaite. Ici l'on n'attend plus de merveilleux quand la Déesse a disparu.

perdre la respiration, & qui par l'agitation pénible de ses levres, ne peut former aucune voix.

Enfin, Minerve prononça ces paroles : Fils d'Ulysse, écoutez-moi pour la derniere fois. Je n'ai instruit aucun mortel avec autant de soin que vous. Je vous ai mené par la main au travers des naufrages, des terres inconnues, des guerres sanglantes, & de tous les maux qui peuvent éprouver le cœur de l'homme. Je vous ai montré par des expériences sensibles, les vraies & les fausses maximes par lesquelles on peut régner. Vos fautes ne vous ont pas été moins utiles que vos malheurs ; car quel est l'homme qui peut gouverner sagement, s'il n'a jamais souffert, & s'il n'a jamais profité des souffrances où ses fautes l'ont précipité ? Vous avez rempli, comme votre pere, les terres & les mers de vos tristes aventures. Allez, vous êtes maintenant digne de marcher sur ses pas. Il ne vous reste plus qu'un court & facile trajet jusqu'à Ithaque, où il arrive dans ce moment. Combattez avec lui. Obéissez-lui comme le moindre de ses sujets ; donnez-en l'exemple aux autres. Il vous donnera pour épouse Antiope, & vous serez heureux avec elle pour avoir moins cherché la beauté, que la sagesse & la vertu. Lorsque vous régnerez, mettez toute votre gloire à renouveller l'âge d'or ; écoutez tout le monde ; croyez peu de gens ; gardez-vous bien de vous croire trop vous-même. Craignez de vous tromper : mais ne craignez jamais de laisser voir aux autres, que vous avez été trompé. Aimez les peuples, n'oubliez rien pour en être aimé. La crainte est nécessaire, quand l'amour manque ; mais il la faut toujours employer à regret, comme les remedes les plus violents, & les plus dangereux. Considérez toujours de loin toutes les suites de ce que vous voudrez entreprendre. Prévoyez les plus terribles inconvénients, & sachez, que le vrai courage consiste à envisager tous les périls, & à les mépriser, quand ils deviennent nécessaires. Celui qui ne veut pas les voir, n'a pas assez de courage pour en supporter tranquillement la vue : celui qui les voit

voit tous, qui évite tous ceux qu'on peut éviter, & qui tente les autres sans s'émouvoir, est le seul sage & magnanime. Fuyez la mollesse, le faste, la profusion; mettez votre gloire dans la simplicité: que vos vertus & vos bonnes actions soient les ornements de votre personne & de votre palais; qu'elles soient la garde qui vous environne, & que tout le monde apprenne de vous, en quoi consiste le vrai honneur. N'oubliez jamais, que les Rois ne régnent point pour leur propre gloire, mais pour le bien des peuples. Les biens qu'ils font, s'étendent jusques dans les siecles les plus éloignés: les maux qu'ils font, se multiplient de génération en génération, jusqu'à la postérité la plus reculée. Un mauvais regne fait quelquefois la calamité de plusieurs siecles. Sur-tout, soyez en garde contre votre humeur. C'est un ennemi, que vous porterez par-tout avec vous jusqu'à la mort; il entrera dans vos conseils, & vous trahira, si vous l'écoutez. L'humeur fait perdre les occasions les plus importantes; elle donne des inclinations & des aversions d'enfant, au préjudice des plus grands intérêts; elle fait décider des plus grandes affaires par les plus petites raisons; elle obscurcit tous les talents, rabaisse le courage, rend un homme inégal, foible, vil & insupportable. Défiez-vous de cet ennemi. Craignez les Dieux, ô Télémaque! cette crainte est le plus grand trésor du cœur de l'homme: avec elle vous viendront la sagesse, la justice, la paix, la joie, les plaisirs purs, la vraie liberté, la douce abondance, & la gloire sans tache.

Je vous quitte, ô fils d'Ulysse! mais ma sagesse ne vous quittera point, pourvu que vous sentiez toujours que vous ne pouvez rien sans elle. Il est tems que vous appreniez à marcher tout seul. Je ne me suis séparée de vous en Egypte & à Salente, que pour vous accoutumer à être privé de cette douceur, comme on sevre les enfants, lors qu'il est tems de leur ôter le lait pour leur donner des aliments solides.

A peine la Déesse eut achevé ce discours, qu'elle s'éleva

éleva dans les airs, & s'enveloppa d'un nuage d'or & d'azur, où elle disparut. Télémaque soupirant, étonné, & hors de lui-même, se prosterna à terre, leva les mains au Ciel; puis il alla éveiller ses compagnons, se hâta de partir, arriva à Ithaque, & reconnut son pere chez le fidele Euménes (l).

(l) Euménes. *Homere donne à ce fidele serviteur le nom* d'Eumée : *c'étoit l'intendant des Troupeaux d'Ulysse, qui avoit soin de ses autres Pasteurs, & chez qui Ulysse alla d'abord à son arrivée en Ithaque.*

Fin des Aventures de Télemaque.

ODE

ODE.

MOntagnes, * de qui l'audace
Va porter jusques aux Cieux
Un front d'éternelle glace,
Soutien du sejour des Dieux:
Dessous vos têtes chenues
Je cueille au dessus des nues
Toutes les fleurs du Printemps;
A mes pieds, contre la terre,
J'entends gronder le tonnerre,
Et tomber mille torrents.

Semblables aux monts de Thrace,
Qu'un géant audacieux
Sur les autres monts entasse
Pour escalader les Cieux,
Vos sommets sont des campagnes,
Qui portent d'autres montagnes,
Et s'élevant par degrés,
De leurs orgueilleuses têtes
Vont affronter les tempêtes
De tous les vents conjurés.

Dès que la vermeille Aurore
De ses feux étincelants
Ces vertes montagnes dore,
Les tendres agneaux bêlants
Errent dans les pâturages;
Bientôt les sombres bocages
Plantés le long des ruisseaux,
Et que les Zéphyrs agitent,
Bergers & troupeaux invitent
A dormir au bruit des eaux.

Mais

* Montagnes d'Auvergne, où il étoit alors.

Mais dans ce rude paysage,
Où tout est capricieux
Et d'une beauté sauvage,
Rien ne rappelle à mes yeux
Les bords que mon fleuve arrose,
Fleuve où jamais le vent n'ose
Les moindres flots soulever;
Où le Ciel serein nous donne
Le Printemps après l'Automne,
Sans laisser place à l'Hiver.

Solitude, * où la riviere
Ne laisse entendre aucun bruit
Que celui d'une onde claire,
Qui tombe, écume & s'enfuit,
Où deux isles fortunées,
De rameaux verds couronnées,
Font pour le charme des yeux
Tout ce que le cœur desire:
Que ne puis-je sur ma lyre
Te chanter du chant des Dieux!

De zéphyr la douce haleine,
Qui reverdit nos buissons,
Fait sur le dos de la plaine
Flotter les jaunes moissons,
Dont Cérès remplit nos granges.
Bacchus lui-même aux vendanges
Vient empourprer le raisin,
Et du penchant des collines
Sur les campagnes voisines
Verse des fleuves de vin.

Je

* *Carenac*, petite Abbaye sur la Dordogne, qu'il avoit alors.

Je vois au bout des campagnes,
Pleines de ſillons dorés,
S'enfuir vallons & montagnes
Dans des lointains azurés,
Dont la bizarre figure
Eſt un jeu de la nature.
Sur les rives du canal,
Comme en un miroir fidele
L'horizon ſe renouvelle
Et ſe peint dans ce cryſtal.

Avec les fruits de l'Automne
Sont les parfums du Printemps,
Et la vigne ſe couronne
De mille feſtons pendants.
Ce fleuve aimant les prairies,
Qui dans les isles fleuries
Ornent ſes canaux divers,
Par des eaux ici dormantes,
Là rapides & bruyantes,
En baigne les tapis verds.

Danſant ſur les violettes,
Le Berger mêle ſa voix
Avec le ſon des muſettes,
Des flûtes & des haut-bois:
Oiſeaux, par votre ramage
Tous ſoucis dans ce bocage
De tous cœurs ſont effacés.
Colombes & tourterelles
Tendres, plaintives, fidelles,
Vous ſeules y gémiſſez.

Une herbe tendre & fleurie
M'offre des lits de gazon,
Une douce rêverie
Tient mes ſens & ma raiſon.
A ces charmes je me livre,
De ce nectar je m'enivre,
Et les Dieux en ſont jaloux.
De la Cour flatteurs menſonges
Vous reſſemblez à mes ſonges,
Trompeurs comme eux, mais moins doux.

A l'abri des noirs orages,
Qui vont foudroyer les Grands,
Je trouve ſous ces feuillages
Un aſyle en tous les temps.
Là, pour commencer à vivre,
Je puiſe ſeul & ſans livre
La profonde vérité:
Puis la fable avec l'hiſtoire
Viennent peindre à ma mémoire,
L'ingénue antiquité.

Des Grecs je vois le plus ſage, *
Jouet d'un indigne ſort,
Tranquille dans ſon naufrage,
Et circonſpect dans le port.
Vainqueur des vents en furie
Pour ſa ſauvage patrie,
Bravant les flots nuit & jour.
O combien de mon bocage
Le calme, le frais, l'ombrage
Méritent mieux mon amour!

Je

* Ulyſſe.

Je goûte loin des alarmes
Des Muses l'heureux loisir :
Rien n'expose au bruit des armes
Mon silence & mon plaisir.
Mon cœur content de ma lyre,
A nul autre honneur n'aspire
Qu'à chanter un si doux bien.
Loin, loin, trompeuse Fortune,
Et toi Faveur importune,
Le monde entier ne m'est rien.

En quelque climat que j'erre,
Plus que tous les autres lieux,
Cet heureux coin de la terre
Me plaît & rit à mes yeux.
Là, pour couronner ma vie,
La main d'une Parque amie
Filera mon dernier jour;
Là reposera ma cendre;
Là Tyrcis * viendra répandre
Les pleurs dus à notre amour.

* Mr. l'Abbé de Langeron.

FIN.

TABLE
DES MATIERES

Contenues dans ce second Volume.

A

Anti-

B

C

Char-

D

E

Escu-

Gar-

H

He-

I

Jeu-

MA-

M

Mon-

N

O

PALLA-

P

Phi-

Q

R

SALEN-

S

T

— Télé-

VAL-

V

X

Z

FIN.

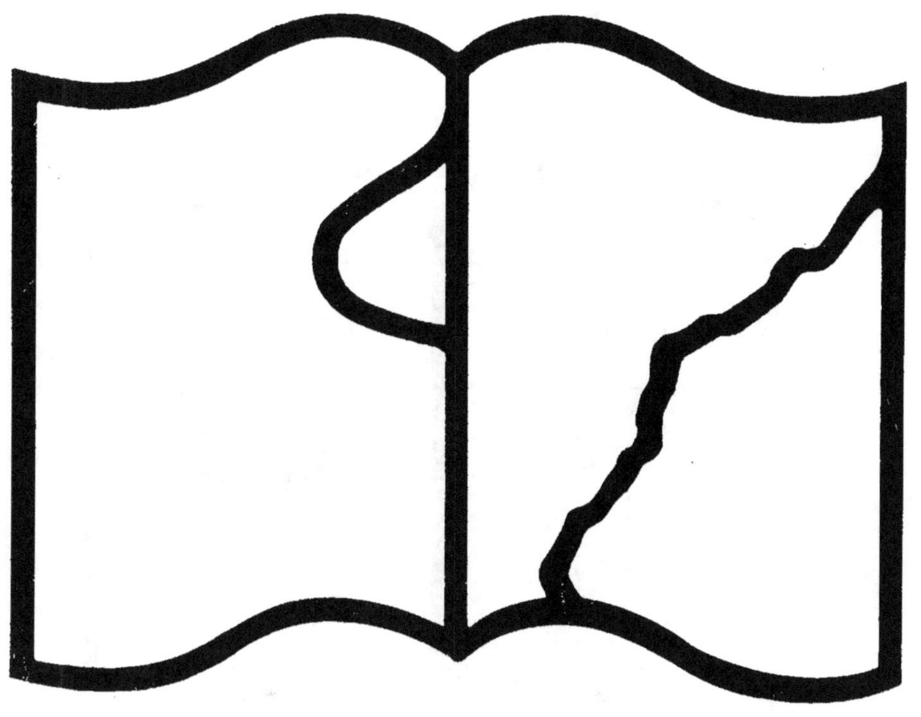

Texte détérioré — reliure défectueuse

NF Z 43-120-11

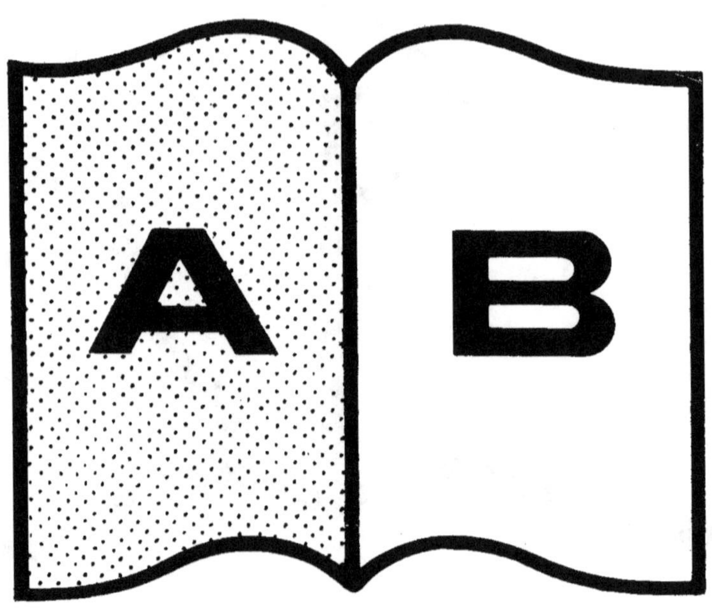

www.ingramcontent.com/pod-product-compliance
Lightning Source LLC
LaVergne TN
LVHW010550110826
845149LV00003B/620

* 9 7 8 2 0 1 1 8 5 5 0 3 9 *